海外中国研究丛书

——

到中国之外发现中国

商会与近代中国的社团网络革命

Modern China's Network Revolution
Chambers of Commerce and Sociopolitical Change
in the Early Twentieth Century

[加] 陈忠平 著

江苏人民出版社

图书在版编目(CIP)数据

商会与近代中国的社团网络革命 / (加) 陈忠平著.
-- 南京：江苏人民出版社，2023.7
(海外中国研究丛书 / 刘东主编)
书名原文：Modern China's Network Revolution:
Chambers of Commerce and Sociopolitical Change in
the Early Twentieth Century

ISBN 978 - 7 - 214 - 28129 - 6

Ⅰ. ①商… Ⅱ. ①陈… Ⅲ. ①商会—商业史—研究—
中国—近代 Ⅳ. ①F729.5

中国版本图书馆 CIP 数据核字(2023)第 086233 号

书　　　名	商会与近代中国的社团网络革命
著　　　者	[加]陈忠平
责 任 编 辑	李　旭
装 帧 设 计	陈　婕
责 任 监 制	王　娟
出 版 发 行	江苏人民出版社
地　　　址	南京市湖南路 1 号 A 楼,邮编:210009
照　　　排	江苏凤凰制版有限公司
印　　　刷	江苏凤凰扬州鑫华印刷有限公司
开　　　本	652 毫米×960 毫米　1/16
印　　　张	23.75　插页 4
字　　　数	267 千字
版　　　次	2023 年 7 月第 1 版
印　　　次	2023 年 7 月第 1 次印刷
标 准 书 号	ISBN 978 - 7 - 214 - 28129 - 6
定　　　价	78.00 元

(江苏人民出版社图书凡印装错误可向承印厂调换)

序"海外中国研究丛书"

中国曾经遗忘过世界，但世界却并未因此而遗忘中国。令人嗟讶的是，20世纪60年代以后，就在中国越来越闭锁的同时，世界各国的中国研究却得到了越来越富于成果的发展。而到了中国门户重开的今天，这种发展就把国内学界逼到了如此的窘境：我们不仅必须放眼海外去认识世界，还必须放眼海外来重新认识中国；不仅必须向国内读者迻译海外的西学，还必须向他们系统地介绍海外的中学。

这个系列不可避免地会加深我们150年以来一直怀有的危机感和失落感，因为单是它的学术水准也足以提醒我们，中国文明在现时代所面对的绝不再是某个粗蛮不文的、很快就将被自己同化的、马背上的战胜者，而是一个高度发展了的、必将对自己的根本价值取向大大触动的文明。可正因为这样，借别人的眼光去获得自知之明，又正是摆在我们面前的紧迫历史使命，因为只要不跳出自家的文化圈子去透过强烈的反差反观自身，中华文明就找不到进入其现代形态的入口。

当然，既是本着这样的目的，我们就不能只从各家学说中筛选那些我们可以或者乐于接受的东西，否则我们的"筛子"本身就可能使读者失去选择、挑剔和批判的广阔天地。我们的译介毕竟还只是初步的尝试，而我们所努力去做的，毕竟也只是和读者一起去反复思索这些奉献给大家的东西。

刘　东

献给我的父母

目 录

表格目录

中译本序言

在人类历史上,农业革命、工业革命以及近来的信息革命都导致了极其深远的社会经济和文化变迁。它们与 18 世纪后期到 20 世纪中期曾经席卷美国、法国、俄国、中国等国家的暴力政治革命相比,通常延续的时间更长并以更为平静的方式进行。本书的主题就是这种由新式社团在清末民初社会经济和政治方面领导的一场革命运动及其带来的历史性变迁。作为这场近代中国网络革命的先锋,清末出现的商会并非仅是商人组成的最早由国家法律承认的新式社团,而是社会政治关系和影响都极为广阔的绅商等社会精英组织。

本书原稿始于笔者在 1995—1998 年间完成的博士论文,此后经过 10 多年的继续研究和反复修改,于 2011 年由斯坦福大学出版社发行英文版。所以,它反映了 20 世纪末到 21 世纪初中西学术界对于明清到民国时期中国社会政治史的高度兴趣,特别是对于清末民初商会史的特殊关注。其中所引用的中西学者关于商会研究的论著也截止于 2009 年全书完稿之前。但是,与专注于上海、苏州、天津等都会城市商会历史的绝大多数论著不同,本书的焦点是清末江浙地区的 200 多个大小城镇的商务总会、分会和分所,它们与该地区农会、教育会等组织之间的社团网络,及其在地方、省区和全国社会政治领域之中直到民国初期的影响。①

在历史实证研究方面,本书充分利用了关于清末民初江浙商会的丰富历史资料以及考证、统计、个案分析等方法,并从人物生平、地方史、社会政治史等角度,对此专题进行了深入探索和广泛考察。本书揭示了江浙地区大小城镇商会的人员和组织构成、相互之间关系及其与其他新式社团之间从乡镇到全国层面的联系和社会政治影响,也对明清以来工商业行会和商会、清末民初绅商等地方精英与社会演变及其与国家政治变化等诸方面的关系提出了许多新的观点。

以此历史实证研究为基础,本书发展了新的"社团网络"概念来改进社会学、人类学、政治学、商业史等学科以人际性关系为焦点的传统网络分析方法,从而推进了此前中国商会史中使用组织分析、阶级分析,或公共空间、公民社会等理论所取得的研究成果,也对其中西方理论过分强调公私界限分明,社会与政府对立等观念提出了不同看法。这一新的理论概念突破了以往学者通过所谓个人"关系"的研究而在人际性和制度化关系之间制造的鸿沟,指出网络发展和变化的真正动力和意义在于其中的人际性关系的制度化(即关系的规范化、组织化、正式化等),由此实现超

① 本书将使用"社团网络革命"的概念来分析商会所领导的近代中国社会政治变迁,但为方便起见,全书将此概念简称为"网络革命"。由于西方一般读者缺乏关于中国地理的详细知识,本书英文版使用了较为常人所知的"长江下游地区"一词,但在中文版全部改为"江浙地区",用以概指江苏、浙江两省,特别是其中的长江三角洲地带。为了中文读者的方便,中文版对注解的体例也作了适当调整,请见《征引文献》首页说明。

越个人层次的关系扩大化,卷入不同人物和组织等因素而达到的多样化,并导致网络成员之间的互动强化,从而产生推动社会和历史发展的互动力量。通过使用这一新的网络理论对有关史料进行分析,本书指出清末商会在江浙地区的率先出现和其他多种新式社团在近代中国的普遍发展导致了社会政治结构当中的一场社团网络革命,即其中空前未有的关系制度化、扩大化、多样化及其各种网络成员互动程度的强化。这种商会与各种新式社团之中及其与清末民初连续更迭的政府之间的互动提供了推进改良、革命、民族主义运动以及经济现代化的历史发展动力(详见本书内容,特别是《英文版序言》和《前言》)。

2011 年本书英文版发表后,笔者个人的研究主要转向 1898—1918 年之间的海外华人政治史研究。1898 年戊戌变法失败后,康有为组织、利用保皇会及其改名的宪政会、宪政党,在跨太平洋的海外华人社区推动了国内和唐人街的政治改革运动。但在 1918 年之前,孙中山则在海外先后通过兴中会、同盟会、[美洲]国民党和中华革命党来领导共和革命,捍卫民国政体。笔者就此专题研究而成的新著进一步发展了本书的结论,也由斯坦福大学出版社于 2023 年出版。它指出,1898—1918 年间康有为和孙中山在海外分别领导的政治改良和革命运动均以新型政党组织推进了跨太平洋华人世界的网络革命,即其中社会政治关系的制度化、扩大化、多样化以及成员之间互动强化,导致了这种党派团体基础上的华侨社会空前联合及其与祖国政治、与所在国家关系的根本性改变。①

---

① Zhongping Chen(陈忠平), *Transpacific Reform and Revolution：The Chinese in North America，1898－1918*(《跨太平洋的北美华人改良与革命,1898—1918》), Stanford，California：Stanford University Press，2023.

近来的 10 多年间,笔者也通过考察郑和下西洋及同时代的海上丝绸之路、近代中国大众文化等不同专题,努力将本书首倡的新型网络分析方法扩展、运用到社会政治组织的研究之外。①在这些论著中,笔者关于大众文化的研究特别阐述了新的网络分析理论方法的普遍适用性:

> 从这种网络分析的观点看来,世界上所有的自然、社会现象都是相互联系和保持互动的网络。从微观角度来看,作为物质基本元素的原子实际是由无限可分的粒子组成,并存在于后者的相互、持续运动之中。在最为宏观的自然世界,太阳系和其他宇宙中的星系也是由各类星球及万有引力等互动关系所组成。在社会中,一个"单独"的人不仅由复杂的生物系统组成,而且其个人或社会的身份"认同",即姓、名、职称、体格特点等,总是反映了他(她)与某一家庭、文化、组织、族群之间可以识别的关系。在政治领域,权力的本质是人际之间的支配性关系。在经济领域,个人财富也只能在交换关系中才能真正体现其价值。②

本书所发展的社团网络分析方法最初曾受到社会网络研究的权威学者、美国著名社会学家马克·格兰诺维特(Mark Granovetter)的鼓励。他在本书英文版封底特意书写赞辞推荐,还在一封私人电邮中对笔者将网络分析运用于环境史研究的设

---

① 陈忠平:《走向全球性网络革命:郑和下西洋及中国与印度洋世界的朝贡—贸易关系》,陈忠平编:《走向多元文化的全球史》,北京:三联书店 2017 年版,第 22—73 页;陈忠平:《郑和时代的海上丝绸之路与多元文化的世界网络》,《丝路文明》2020 年第 5 辑,第 157—173 页;陈忠平:《近代中国大众文化历史研究的回顾与反思》,《江南社会历史评论》2018 年第 13 期,第 315—326 页。
② 陈忠平:《近代中国大众文化历史研究的回顾与反思》,第 325 页。

想表示支持。① 正是由于受到这种支持和鼓励,我在近年转向了明清小冰期时期(1400—1900)人类与环境互动之中的中国农村经济演变的网络分析,并在 2021 年获得了加拿大社会科学与人文研究委员会(The Social Sciences and Humanities Research Council of Canada)对此项目的 5 年资助。② 因此,使用中文翻译、出版本书的目的不仅是将笔者关于近代中国的商会研究成果贡献给国内学者,也期望本书的读者能够与笔者共勉,将网络分析的方法推广到中国研究的不同领域,提高这些领域的理论水平。特别重要的是,这一理论可以促使我们突破国别史、断代史及其他专门史的限制,使用注重普遍联系的分析方法克服目前中国历史研究碎片化的倾向,推动这一学科更为整体化的研究及其与全球史的结合。③

2022 年初本书翻译工作开始之际,笔者正好收到江苏人民出版社"海外中国研究丛书"主编刘东先生贺年电邮和热情鼓励。刘东先生与我为南京大学 1977 级同学,分属哲学和历史两系。他在 1995 年出席夏威夷东西方中心举行的会议后,就曾帮助笔者获得虞和平先生帮助,复印在京收藏的有关清末商会资料,为此书的最初写作提供了关键性的帮助。除了借此中文译本出版

---

① Mark Granovetter's email to the author,June 4,2010(马克·格兰诺维特致笔者电邮,2010 年 6 月 4 日)。

② 笔者此项受到加拿大社会科学与人文研究委员会资助的研究课题为"Human-Environment Interactions in the Yangzi Delta and Rural China's Transition during the Little Ice Age,1400 - 1900"(长江三角洲的人类与环境互动及中国农村在小冰期的变迁,1400—1900)。实际上,从 2002 年开始,笔者所从事的上述有关清末民初江浙地区商会、1898—1918 年间北美华人的跨太平洋改良和革命运动以及郑和下西洋的研究均曾分别得到该委员会为期三年或七年的基金资助,在此一并致谢。

③ 陈忠平:《郑和时代的海上丝绸之路与多元文化的世界网络》,特别是其中《附记》,第173 页。

之际向刘东、虞和平两位先生致谢,我还希望对刘广京、章开沅这两位已经仙逝的中国近代史学界大师表示深切怀念,并对他们在此书写作过程中的指教奉上永恒的感激之意。刘广京为费正清(John King Fairbank)先生高足,曾担任夏威夷大学客座教授。他最先建议我以近代中国商会作为博士论文题目,也是我的博士项目导师之一,从而引导了我从明清经济史领域进入清末民初社会政治史研究。在1991年夏威夷东西方中心举行的辛亥革命纪念会议期间,我也曾有幸接待章开沅先生一周,得到他在中国近代史研究方面的启蒙教诲,并在此后的商会研究中得到他及其高足朱英、马敏的帮助。

由于本书所使用的许多珍贵罕见史料难以寻找查对,所以笔者与斯坦福大学出版社的合同规定作者保留翻译权力。在本书的翻译过程中,绝大部分章节由我指导的博士研究生付奕雄首先译成初稿,然后由我逐段修改润饰。对于付奕雄和其他学生、师友为这一中文版的翻译、出版工作提供的帮助,特此表示衷心感谢。我也希望对江苏人民出版社的王保顶、康海源和李旭等先生在本书联系出版及编辑校对过程中的严肃、认真、高效的工作表示敬意和谢意。

陈忠平

2012年7月26日写于加拿大维多利亚市、2022年12月24日改定

英文版序言
从中国研究中探索更为宽泛、能动的网络分析理论和方法[①]

1902 年到 1911 年的清末新政期间,200 多家商会如雨后春笋一般涌现于江浙地区,特别是长江三角洲地带。我最初就此专题进行研究时,自然采用了组织分析方法。我的研究聚焦于这些商会组织在这一近代中国最为重要的经济区域内的改革、革命和民族主义运动及其工商业活动。不过,在以往的 10 年中,我的研究焦点大为扩展,其范围包括从清末到民初的更长历史时期和超越江浙地区的商会网络及其社会政治影响的扩张。从这个广阔的视角来看,商会从江浙地区开始的率先发展不仅标志了中国数千年历史上法人社团的首度出现,[②]它们的社团网络从该地区向全国的发展也给这个世界上人口最为众多的国家带来了一场社会政治关系的革命性变迁。

从网络分析角度研究这个课题的灵感源自我对一场学术会

---

① 关于本书的注解体例,请见《征引文献》首页说明。
② 虞和平:《商会与中国早期现代化》,第 76—84 页。

议的反思以及此后在中国大陆的一次空中旅行经历。2000 年 7
月，我从当时任教的加拿大蒙特利尔市麦哲尔大学（McGill
University）启程，参加了香港大学举办的第三届中国商业史国
际研讨会。由于这次会议的主题是近代中国商人、商会与商业网
络之间的关系，该主题自然引发了我从类似的角度改进商会史研
究的想法。然而，当时中国研究领域的网络分析主要关注人际性
的关系（interpersonal ties），似乎并不适用于关于商会组织制度
的研究。

xii 　　确实，在 2000 年前后，这种传统网络分析的主要研究对象是
中国社会内部的人际"关系"。在中文口语中，人际"关系"的俗称
带有某种贬义，主要指"基于亲属、籍贯、族群等具有先天或原生
性质"的私人之间的联系，以及通过校友、同事、商业来往的经历
及在其他特殊事件中获得的个人之间感情。以往的研究认为这
种人际"关系"通常会在正式组织、法律等制度化关系确立之前得
到发展，但在此之后就会走向衰落。① 换言之，这些研究将正式
组织和其他制度化关系仅仅视作人际性社会网络的背景，而非其
组成部分。

　　关于中国商会的一些早期研究论著和上述香港会议期间宣读
的几篇论文也或多或少地使用了"网络"（network）一词。但是，这
些研究仍然受到组织分析方法的局限，主要强调商会和其他机构
之间的组织关系，忽视了传统网络分析所关注的人际关系。② 因

---

① Thomas Gold（高棣民），Doug Guthrie（顾道格），and David Wank（王达伟），"An
　Introduction to the Study of *Guanxi*"（《关系研究导论》），pp. 5-17.
② 见马敏、朱英：《传统与近代的二重变奏：晚清苏州商会个案研究》，第 107—117 页；
　虞和平：《商会与中国早期现代化》，第 117—120 页。关于这种学术倾向的最近两
　个范例，见应莉雅：《天津商会组织网络研究》，特别是第 35、309—311 页；李培德
　编：《近代中国的商会网络及社会功能》。

此,在为期三天的会议中,我开始思考在中国商会史研究中将网络分析与组织分析方法加以结合的可能性。

会议结束后,我乘坐飞机从香港前往南京。飞机起飞后,我便将商会研究的方法论问题暂时置之脑后,开始担心到达南京禄口国际机场后的旅行安排。那时的禄口国际机场新建不久,远离南京市区中心。尽管 10 年之前我曾经长期在南京学习、工作和生活,但我完全不知道如何从禄口机场前往南京市区,也没有预订当晚需要入住的旅馆。然而,与一位邻座旅客的随意攀谈消除了我所有关于旅行的顾虑,并引导我从一个全新的角度看待网络问题。

十分巧合,这位旅客是我的校友,并担任南京一所大学的副校长,而我曾在这所大学工作过。由于该大学安排了车辆前去机场接他,他便主动提出将我载到市区,并且承诺帮我在该校酒店预订房间。交谈过程中,这位校友进而发现我们的籍贯同为扬州一个郊县,更为高兴,立即邀请我当晚去他家里共进晚餐。因为他与禄口机场的海关官员彼此熟悉,我也从中获益,受到了历来国际旅行中最为殷勤的海关人员关照。在他的帮助下,我顺利到达了位于南京的那所大学并在其校园酒店入住。

与这位大学副校长的空中邂逅使我陷入沉思,他的慷慨相助也令我感触良深。这段经历一方面提醒我重新认识中国研究领域之内网络分析所经常强调的同乡、同事及其他中国社会内部人际关系的重要作用,另一方面又促使我质疑这个分析模式所过分强调的个人之间关系及其负面影响。

就此事例而言,那位大学官员和我共有的籍贯不仅是我们"先天或原生性质"的出生地,而且也是一个政治制度下的行政区(该地原为扬州郊县,后来改属该市区)。尽管我们了解到相互间的同乡关系后均感到十分高兴,但如果我没有在他所任职的大学工作过的经历,我们的人际关系很可能会随着旅程结束而告终。其实,我一直都是主要通过这所大学及中国和加拿大的类似教育、研究机构来保持与以往国内同事的个人联系,并进行双方组织之间的学术交流与合作的。毫无疑问,制度化关系可以与人际性关系相融合,并且使后者变得更加坚固、更为广泛、更具有社会意义。那一刻,我意识到网络分析可以反映这两种关系在社会生活中的实际结合,而不应该将它们人为地分开。

我与这位大学官员的邂逅后来还衍生了一段小插曲,并由此促使我思考中国社会网络的另一个方面。大约在我们空中相遇一年之后,我家乡的一位旧日同学听说了此事,于是给我当时在蒙特利尔市的住处打了国际电话。因为他的侄儿参加了当年的全国大学入学考试,但高考成绩勉强达到了这位副校长任职的大学录取的最低分数线,所以这位旧日同学希望能够通过我和该官员的关系以及他和我们共为同乡的关系为他侄子争取进入该大学的资格。婉言谢绝了他的请求后,我不仅诧异于这种人际关系的全球化,同时也对其潜在的负面影响感到不安。如果人际关系和私人帮派(personal clique)可以不受抑制地控制和腐蚀组织体制和制度化的关系,由此产生的社会危害将远远大于传统网络研究所揭示的人际关系可能造成的不良社会影响。

这件事情让我想起在不同场合下与中国社会网络碰撞的诸番经历,而这种实际人生经验又引导我将本书的研究方法从组织分析转变为网络分析。网络分析最初吸引我的原因在于它提供了考察江浙地区数百个商会及其众多参与者的一种崭新并具有内在联系的框架。甚至深奥难懂的网络分析术语,如关系密度(density)、联系程度(connectivity)、向心程度(centrality),都似乎提供了精确处理历史文献之中关系数据的新工具，①使我沉迷其中。

然而，对于以往有关网络分析论著的批判性阅读也证实了我 xiv 对这一研究方法缺陷的顾虑。这一研究方法声称能够帮助从部分到整体以及从个人到结构的社会关系分析，但"社会网络分析通常研究个人关系而不是网络整体"。② 关于个人关系的"经典"定义典型地体现了这种强调人际性关系、忽视制度化关系的传统学术倾向："［人际性］关系涉及两个相识的个人之间的一系列互动，包括行为、认知和感情等层面。个人关系不同于正式关系。"③与此相反，制度分析（institutional analysis）理论，尤其是历史制度理论（historical institutionalism），认为"制度"包括"规范个人行为的正式组织和非正式的规则与程序"。④ 也就是说，制度结构不仅包括正式组织、组织规章及组织之间的关系，也包含个人层次的社会规则，如人际关系中的正式婚姻制度和非正式习俗，而后者涉及正式制度规定之外的个人之间的行为、认知和感情互动。因此，历史制度理论肯定了我此前的看法：制度结构并不一定消弭中国社会内的人际"关系"或与其完全分离。相反，这种正式组织制度框架可以兼容、扩展并改变人际关系，但这种关

---

① 关于这些网络分析术语的定义，见 John Scott（约翰·斯科特），*Social Network Analysis：A Handbook*（《社会网络分析介绍》）。

② Barry Wellman（巴里·威尔曼），Wenhong Chen（陈文泓），and Dong Weizhen（董渭贞），"Networking *Guanxi*"（《网络化的"关系"》），p. 232.

③ Robert A. Hinde（罗伯特·亨德），*Towards Understanding Relationships*（《走向关系研究》），pp. 14 - 15，37 - 38，cited by Daniel Perlman（丹尼尔·帕尔曼）and Anita L. Vangelisti（安妮塔 L. 万杰利斯蒂），"Personal Relationships：An Introduction"（《人际关系研究导论》），p. 3.

④ Kathleen Thelen（凯瑟琳·泰伦）and Sven Steinmo（斯文·斯坦莫），"Historical Institutionalism in Comparative Politics"（《比较政治中的历史制度主义》），p. 2.

系制度化过程尚未引起中国研究领域内网络分析的注意,也未在关于商会的组织分析中得到关注。

在就本书相关文献资料进行检验的过程中,我又意识到传统的网络分析方法具有描述社会关系的长处,但在解释社会关系变化方面存在方法论的缺陷。在亚洲研究领域,一位倡导该方法的学者也坦率承认:"除非对于长期的关系进行重复研究,社会网络分析无法较好处理关系变化。"①即使历史文献数据允许这种历时性的重复研究,它也难以揭示网络变化的动力。因此,我的研究显然无法直接使用此前的网络理论及其术语。在对历史资料进行网络分析的基础上,我必须改进现有理论、提出新的概念。

循此思路向前,我为本书进行的艰辛研究过程也变成探寻更为宽泛、能动的网络理论方法的兴奋旅程。结果,本书与此前对中国商会进行组织分析的论著大相径庭,其中新的理论方法也与专注人际关系的传统网络分析具有重要区别。这一新的理论方法不仅扩展了网络分析的广度,包括了人际性关系和制度化关系,而且也帮助揭示了商会网络的变化及其关系变革的动力。

本书的一个中心概念是社团网络(associational network)。它使本书所使用的新的理论方法有别于传统的网络分析,也区分了清末以来江浙地区的商会网络与此前中国历史上已经存在的社会组织关系。这个关键概念帮助本书将其历史叙述归结为一个中心论点:从江浙地区的商会衍生而来的新式社团网络所具有的历史动力和意义在于它们通过人际性和制度化关系的大力扩展,日益卷入多样化的个人和组织进行互动,从而为社会政治变

xv

①Stwart Gordon(斯图尔特·戈登),"Social Networking in Pre-modern Asian History"(《传统亚洲历史中的社会网络》),p. 16.

革、特别是社会整合和社会—政府关系的长期转型提供了互动力量。具体而言,这种商会社团网络对清末民初时期的改革、革命、民族主义政治运动以及经济复兴和现代化产生了尤为重要的影响。

因此,贯穿本书的主题也可以概括为一句话:从江浙地区发展的商会社团网络通过空前程度的关系制度化、扩大化、多元化及其成员的互动强化而在近代中国的社会政治版图中激发了一场网络革命。就其表现形式和历史影响而言,这一近代中国政治社会关系的结构性变革不仅类似,而且超越了池上英子(Eiko Ikegami)所指出的"德川时代网络革命",即在日本史上这一关键时期文化交流网络的突然扩展。①

从这个意义上来讲,本书认为江浙地区的商会不仅是全国类似商业组织及其他行业内得到国家法律认可的新式社团的先驱和样板,而且也是全国范围内网络革命及其带来的社会政治变革的先锋和代表。当然,本书分析的焦点仍然是江浙地区的商会。实际上,它主要超越了此前论著中关于近代中国大城市内商会或其全国联盟进行的单独组织研究,转而对于清末民初江浙地区大小城市及乡镇的数百个商会进行了系统网络分析。

在这样一个地方历史背景下,江浙地区商会在众多小城镇的网络扩张展现了独有的特征,20世纪初期的中国其他地区罕

---

① Ikegami Eiko(池上英子), *Bonds of Civility : Aesthetic Networks and the Political Origins of Japanese Culture*(《文明纽带:艺术网络和日本文化的政治起源》), p. 10. 关于各种"革命"的定义和晚清知识和制度结构的"平静"革命,包括涉及商会的商务法律改革,见 Douglas R. Reynolds(任达), *China，1898 - 1912：The Xinzheng Revolution and Japan*(《中国,1898—1912:新政革命和日本》), pp. 12 - 14, 184 - 185.

xvi　有其匹。① 鉴于江浙地区商会历史发展的独有特性,本书搜集、使用了丰富的地方历史资料,包括政府档案、统计数据、地方志书、报纸杂志以及个人日记、回忆录、传记、各种文集。这些资料中包括此前学者从未使用过的有关基层商会网络的信息。本书也充分利用了定量分析法来处理这些历史数据。

借助地方史研究与宽泛、能动的网络分析相结合的方法,本书既集中阐明了江浙地区众多商会的区域特征,又揭示了它们在全国范围内的联系、影响和意义。然而,由于本书旨在历史研究,我在遵循网络分析基本原则的同时也避免了使用其中过于专门的术语。另外,我的网络理论从实证研究中提取了新的概念,也吸收了组织分析、制度分析、阶级分析以及人类学、社会学、商业史和政治学等学科的研究方法。

我希望本书对于近代中国社会网络的宽泛和能动的阐释可以深化中国史学界关于社会阶级、地方精英问题的学术讨论以及多种人文、社会科学学科中关于中国社会"关系"、非正式政治(informal politics)、公共领域(public sphere)和公民社会(civil society)等问题的探讨。这项历史研究指出了以制度化网络为坚固基础来建立公共领域、公民社会和社会—政府关系的新途径,并借此对社会政治中人际关系的有害因素进行制度化限制的必要性,所以它对当今中国也有实际意义。因此,本书不仅关注中国的过去,也关注其现状和未来。

---

① 除了上海和苏州的商会,天津及其周围的商会也得到了系统性的研究。参见宋美云:《近代天津商会》。但该书(第153—156页)显示,在20世纪早期的天津及其周边的商会只形成了两个层次的网络,而同期的江浙商会网络迅速地发展了三个层次的等级关系,见本书第二章。

鸣　谢

　　我为本书进行的工作有 10 年以上，曾经受益于太多个人和 ^{xvii} 机构的帮助，无法在此全部列名致谢。但我首先要特别感谢在网络理论研究领域的先驱学者马克·格兰诺维特教授。他向斯坦福大学出版社推荐了我的书稿，并进一步鼓励我"将网络分析从单纯的人际关系框架扩展到历史、文化、制度与网络相互关联的架构之中"。① 两位由斯坦福大学出版社聘请的匿名审稿人也提供了令人鼓舞、具有真知灼见的建议。这些建议帮助了书稿的最后修改工作，并突出了其中主题。斯坦福大学出版社的编辑斯苔茜·罗宾·瓦格纳（Stacy Robin Wagner）和杰西卡·沃而什（Jessica Walsh）对本书表现出同样的热情，并通过她们专业、高效和耐心的工作，指导我完成了书稿的修订和出版。

　　我还要衷心感谢以下曾经阅读过全部或部分书稿的同事和

---

① Mark Granovetter's email to the author，August 31，2009（马克·格兰诺维特致笔者电邮，2009 年 8 月 31 日）.

朋友(以罗马字母姓氏音序排列):格力高利·布鲁(Gregory Blue)、阿里夫·德里克(Arif Dirlik)、顾琳(Linda Grove)、韩孝荣、黎明恺(Liam Kelly)、王仁强(Richard King)、裴宜理(Elizabeth J. Perry)、裴约翰(John Price)、冉玫铄(Mary Backus Rankin)、史义华(Edward R. Slack,Jr.)和叶山(Robin Yates)。他们的建议、关心和鼓励不断鼓舞着我的精神,也增强了我的信心。我特别要感谢冉玫铄博士反复阅读一再修改的书稿,并提出发人深省的批评意见。裴宜理教授关于澄清网络分析概念的忠告也影响了我对网络理论方法的发展。此外,我很感激奥利·赫根(Ole Heggen)为本书绘制地图,并极为感谢唐纳德·巴罗努斯基(Donald Baronowski)和已故的尼尔·伯而顿(Neil Burton)在英文书稿校读、订正方面提供的多方帮助。

xviii 　　在我的中国国内的同行当中,武汉的章开沅、马敏和朱英,北京的虞和平和刘东,上海的徐鼎新、唐力行和马学强,南京的吕作燮、张宪文和范金民,杭州的陈学文和重庆的张守广都值得深切感谢。他们或者与我分享了对于中国行会和商会的研究成果,或者在史料收集方面提供了热情帮助。在我以前指导的学生当中,北京的陶鹏旭和上海的赵骥在搜集资料方面也提供很多帮助。

　　上海、南京、苏州、杭州、南通等地的档案馆和图书馆,以及美国夏威夷大学、加拿大麦吉尔大学、英属哥伦比亚大学和维多利亚大学的图书馆工作人员对我的资料搜集工作同样提供了支持,美国国会图书馆的居蜜博士在此方面的帮助尤其重要。在我为本书工作的不同阶段,曾经提供研究资金和其他经费支持的机构包括夏威夷东西方中心、《时报》文化基金会、夏威夷大学中国研究中心、加拿大社会科学与人文研究委员会以及维多利亚大学的亚太研究中心。

　　我还要衷心感谢我的博士项目导师蓝厚理（Harry J. Lamley）、刘广京、本特利（Jerry H. Bentley）、莎伦·米尼谢罗（Sharon Minichiello）、章生道和陶天翼。他们睿智的建议和细心的指导为本书奠定了坚实的基础。我最为深切地感谢蓝厚理教授和已故的刘广京教授，特别是他们推动我将研究兴趣从明清经济史扩展到清末民初社会政治史的教诲。本特利教授让我了解到广阔的全球史领域的不同理论，并启发了我应用新的网络理论和方法来研究全球华人历史以及中国和印度洋世界的关系。

　　最后，我要感谢我的妻子黄丽敏在我们共同生活的 20 多年里对于我的学术追求所作出的支持和牺牲。我们的儿子陈厚伟（Victor Houwei Chen）在我于 2002 年加入维多利亚大学后诞生。他的出生为我赢得了半年的育儿假期，从而开始紧张改写本书。他对这本书作出的特殊贡献还在于，他诞生后的初啼、襁褓中的微笑及童稚期的喧闹总是在这原本孤独的研究、写作过程之中给我带来无限快乐。他在 5 岁时就声称已经制作了几本毕加索式的"书"，从而促使我更加努力和迅速工作。我将本书敬献给我的父亲陈兆江和母亲崔文英。他们在"文化大革命"前后的艰难时期将我抚养长大，并在后来忍受我在遥远的历史和远方的国度闯荡。我的父母均未能生活到本书完成之际，但他们都给了我精神力量，让我在任何情况下都能尽力做得最好。

　　本书的第一、二、六章的部分内容曾出现在我的两篇学术论文之中，即"The Origins of Chinese Chambers of Commerce in the Lower Yangzi Region"（《长江下游地区商会的兴起》），载 *Modern China*（《现代中国》）2001 年第 27 卷第 2 期第 155—201 页；"The Quest for Elite Dominance，Associational Autonomy and Public Representation：The Lower Yangzi Chambers of

Commerce in the 1911 Revolution"(《寻求精英控制、社团自主和公共代表权力：辛亥革命中的长江下游商会》)，载 *Twentieth-Century China*(《二十世纪中国》)2002 年第 27 卷第 2 期第 41—77 页。这两篇文章中的有关内容都已经过笔者的进一步修改和组织，并纳入本书及其新的理论框架。我特别感谢这两个期刊及其各自的出版商，即赛吉出版公司(Sage Publications)和密歇根大学出版社允许我重复使用这两篇论文中的资料。

前　言

商会在 20 世纪初期的发展是近代中国社会政治变革的关键
之一。1902 年,即清朝政府推行新政改革的次年,中国第一家商
会以上海商业会议公所的名义出现,并很快获得官方批准。1904
年,这类商会成为中国历史上最早一批得到国家法律认可的非政
府组织。当 1911 年辛亥革命爆发,推翻清朝统治及 2 000 多年的
帝国制度之际,1 000 多家商务总会、分会、分所已经在全国范围
内成立。这些组织逐渐成功结合起来,它们的集体行动对近代中
国的改革、革命、民族主义运动及经济现代化都产生了深刻
影响。①

这些商会组织能够在工商业领域内外带来深远的社会政治
变迁,其原因不仅在于商会组织的高度整合和扩张,也在于商会
成员在工商界、政界及社会各界都具有广泛的关系和影响。按照
晚清商会开始起草,但由民国政府于 1914 年颁行的《商人通例》
等商业法规,当时所谓的"商人"包括从事各种商业买卖、制造加

---

① 虞和平:《商会与中国早期现代化》,第 74—87、92—109、276—295、341—346 页。
虞氏的研究表明,在 1902 到 1912 年之间中国建立了 998 个商会,其中 151 个商会
出现于江苏和浙江两省。但我的数据分析显示,至 1911 年为止,江浙两省拥有至
少 210 个商会,参见本书附录 1—3。

工、供给服务、金融保险、牙行经纪等行业的人员。[①] 事实上，晚清商会成员背景更为复杂，包括拥有商业财富和官绅头衔的绅商、城市工商业行会领袖、半官方企业的经营管理人物等。[②] 这类精英商人以新兴的商会网络为基础，形成相互联系，并将其影响力从地方工商行业扩展到广阔的社会层面乃至国家政治领域。因此，商会引发了社会精英之间及整个社会的关系变迁。商会网络也促成了20世纪初期中国工商界与政府以及更为广大的社会与政府之间关系的永久转型。这些深刻的关系变革成为近代中国网络革命中最先发生和极为重要的组成部分。

关于晚清以来商会在全国范围或在上海、苏州等大城市的组织发展和活动的论著日益增多，这无疑体现了此项专题研究工作的重要历史意义。但是，设立于小城镇中的绝大多数商会及其从地方到全国的网络尚未受到充分关注。[③] 本书力图弥补这一学术研究空白，放眼考察江浙地区这一近代中国社会经济核心区域内的200多家商会，着重探究它们的网络发展及其对20世纪早期社会政治变迁的广泛影响。

江浙地区包括上海和近代中国的两大经济发达省份，即江苏和浙江，尤其是高度商业化、城市化的长江三角洲地带。然而就

[①] 江苏省商业厅、中国第二历史档案馆编：《中华民国商业档案资料汇编》第1卷，第166—168页。

[②] Wellington K. K. Chan（陈锦江），*Merchants, Mandarins, and Modern Enterprise in Late Ch'ing China*（《清末现代企业与官商关系》），pp. 216 - 221；马敏：《官商之间》，第80—147页。

[③] 关于这一主题既有研究的文献综述，参见冯筱才：《中国商会史研究之回顾与反思》，第148—167页，但与其中所讨论的论著不同的一个例外是 Linda Grove（顾琳），*A Chinese Economic Revolution: Rural Entrepreneurship in the Twentieth Century*（《中国经济革命：二十世纪的农村企业》）。该书详细探讨了20世纪早期华北高阳县的基层商会。

社会经济状况而言,处于该地区中心的长江三角洲与其边缘地带悬殊极大,上海、苏州等大城市与小城镇也有天壤之别。① 因此,本书以整个江浙地区的众多商会作为研究对象,其原因并非在于它们环境和组织的相似雷同,而是重在它们之间的相互关联和网络扩张。此外,该地区的商会网络也大力向外扩展,对 20 世纪早期的广大社会和国家政治都产生了重大影响,并由此促进了从地方到全国的政治社会变革。

江浙地区的环境及其倡办商会的社会精英

江浙地区商会及其网络的率先发展得益于该地区历史悠久的城镇系统,其中上海位于长江入海口附近,19 世纪中期之后就逐渐成为全国工商业中心。上海的公共租界和法租界深受西方文化浸淫,并处于外国列强政治控制之下和清朝官员直接管辖之外,因而吸引了大批激进的改良和革命人物。江宁省城(南京)位于该地区内的长江上游,是两江总督的官邸所在地。这一清朝政府的高级官员主管江苏、安徽、江西 3 个省份,并兼任南洋通商大臣,督办南方沿海通商口岸事务。大运河是连接该区域与帝国首都北京及北方地区的水上交通枢纽,它与长江交汇后,流经长江三角洲内地商业中心和江苏巡抚驻地的苏州城。位

----

① 关于晚清长江下游和其他"宏观区域"中"核心—边缘"地带差异的讨论,参见 G. William Skinner(施坚雅),"Regional Urbanization in Nineteenth-Century China"(《19 世纪中国的区域性城市化》),pp. 211 - 249。本书所指"江浙地区"和该文中所谓长江下游"宏观区域"大致相应,但以江苏和浙江的省界作为该区边界,以便分析江浙两省之内、特别是长江三角洲核心地带内商会形成的相互联系。

于大运河南端的杭州城则是另一个商业中心,时为浙江巡抚的驻地。[1]

商务总会通常成立于上海等大城市,它们所属的商务分会和商务分所进而在江浙地区的中小城市和地方市镇得到发展。这些城镇包括数十个府级城市(或直隶州、直隶厅城),100多个县级城市(或散州、厅城)以及数千个市镇。[2] 1910年前后,上海的城市人口约为100万,江宁、苏州、杭州的人口在17万到27万之间。在长江三角洲及其周边地区,大多数府级城市人口在1万到10万之间,县级城市和大镇人口在1 000到1万之间。[3]

江浙地区也涌现了大量政治上颇为活跃的绅士和富商。绅士阶层包括通过科举考试取得功名的前任官员和其他拥有职衔的人物,并且都是地方社会的上层领袖。他们通过从事商业活动而成为绅商,但富裕商人也可以通过向政府捐纳银两,取得官绅头衔,从而进入这一阶层。这种混杂的绅商阶层扩大的途径还包括同一家族内男性成员在绅、商两途分工合作,由绅士和富商家

---

[1] Rhoads Murphey(罗兹·墨菲),*Shanghai:Key to Modern China*(《上海:现代中国的钥匙》);H. S. Brunnert(H. S. 布伦特)and V. V. Hagelstrom(V. V. 黑格尔斯特罗姆),*Present Day Political Organization of China*(《中国当代政治组织》),pp. 398-401.

[2] 清代将地方行政区划为省、府(直隶州、直隶厅)、县(厅、州)三级,府、厅、州、县为省级以下行政区划。这些城镇的大致数目来自刘锦藻:《清朝续文献通考》第4卷,第10555、10579页。

[3] 東亞同文會编『支那省別全誌』(《中国省别全志》)第13卷,23、36、42、55、84—176页;第15卷,36、74、97、104页。王树槐指出,该日文资料对很多江苏城市的人口记载过低,他并提供了该省27个城市从1905到1916年之间的人口数字。但他的数据仍然主要来自日本人的调查或其他估计,见王树槐:《中国现代化的区域研究:江苏省(1860—1916)》,第482—489页。

庭成员通婚联姻，以及他们在工商业行会和城镇善堂兼任领袖职位。① 这些富有财产和声望的精英商人长期支配了江浙地区各城镇的地方工商业和社区组织，进而他们也在 20 世纪初期创建了商会。

在晚清时期的江浙地区，尤其内陆城镇，绝大多数精英商人仍然在经营传统商业贸易活动的同时追求社区支配权力，甚至于研习儒家学术。但在上海等较为现代化的城市，精英商人往往已经涉足新兴工业和商业，进入官方企业担任半官僚职务，或是成为外国洋行买办。这些精英商人通过与外国商业组织的直接接触或竞争，成为中国最早的商会发起人。②

清末商会的主要倡导者之一是来自江苏省通州直隶州（今江苏省南通市）的张謇，他也是广为人知的绅商改革家和实业家。张氏曾经为了通过科举考试，前后耗时 20 余年，最终于 1894 年在全国会试及随后殿试中脱颖而出，成为当年的状元。同年，清廷在甲午战争中惨败。鉴于国家危机的深重和南方家乡出现的实业机遇，张謇放弃了他在北京清朝政府的官职，转而投身于通州的棉纺织业。由于他以高级绅士身份与当地官、商建立了密切关系，张氏冒险经营的棉纺织实业取得了极大成功。③ 因此，张

5

---

① Chang Chung-li(张仲礼), *The Chinese Gentry*：*Studies on their Role in Nineteen-century Chinese Society*(《中国绅士：关于其在十九世纪中国社会中作用的研究》),pp. xviii‐xix，102‐111，132‐141；Chang Chung-li(张仲礼)，*The Income of the Chinese Gentry*(《中国绅士的收入》),pp. 149‐188，282‐284；马敏：《官商之间》，第 45—63 页。

② Wellington K. K. Chan（陈锦江），*Merchants，Mandarins，and Modern Enterprise in Late Ch'ing China*(《清末现代企业与官商关系》),pp. 21‐25，49‐63，69‐74，214‐219。

③ Samuel C. Chu(朱昌峻)，*Reformer in Modern China*(《近代中国的改革者》),pp. 9‐52；Elisabeth Köll(柯丽莎)，*From Cotton Mill to Business Empire*(《从棉纺工厂到商业帝国》),pp. 58‐80。

謇决定以"通官商之邮"为途径来追求其社会政治抱负。1895年前后,他开始倡导发展商会,希冀以此为纽带联合商人与官府,振兴中国实业。①

与张謇不同,上海商业会议公所的主要创始人严信厚是绝大多数从商人背景进入绅商精英阶层的典型代表。严氏出生于浙江省宁波府的一个贫困家庭,但在早年通过宁波同乡人士的关系成为上海一家银楼学徒。此后,严氏凭借红顶商人胡雪岩的举荐,成为直隶总督李鸿章的随员之一。由于李氏是晚清中国军事现代化和早期工业化的主要领袖人物,严信厚受其提携,获得候补道台职位,并在1885年后担任天津盐务帮办,以此发家致富。但严氏很快离开官场前往上海,兼营旧式商业和新式工业。他曾担任多家行会、善堂、半官方企业头领,由此取得显赫社会地位。② 1899年,严信厚与张謇等精英商人及一些清朝官员仿照西方商会创立上海商务局,但后来以失败告终。1902年,严氏受到官方鼓励创立上海商业会议公所。他计划利用这一清末首家商会,消除中国官商之间隔阂,共同抵御外国经济入侵。③

张謇和严信厚的个人经历展示了晚清江浙地区精英商人阶层的复杂社会背景,但他们都致力于倡办商会,以此促进官商合作,抵抗外国经济侵略。这一事实对于以往研究中关于清末商会的阶级和组织分析方法提出质疑。此类以往的研究通常强调商会成员共同的阶级利益或其组织成员身份的同质性,

① 张謇:《张謇全集》第2卷,第11页;第6卷,855页。
② 沈雨梧:《为宁波帮开路的严信厚》,第65—71页。
③ 上海市工商业联合会、复旦大学历史系编:《上海总商会组织史资料汇编》上册,第42、45页。

并关注他们与政府之间的矛盾。① 为了突破这类严格的阶级、组织分析方法的限制,本书采用新的网络分析理论来考察 20 世纪早期江浙地区商会及其在全国范围的社会政治影响。

网络的互动力量与晚清中国商会的兴起

网络分析已在西方学术界成为广为接受的研究方法。"它认为社会结构是由网络成员及其关系所形成的组织模式。网络分析从一组**网络成员**(有时称为网结)和一套连接全部或部分网结的**关系**着手。这种关系包括一种或多种特定的**联系**,比如亲属成员、频繁接触、信息传递、互相冲突和情感支持。"②

这种方法可以用来分析人际与组织之间的相互关系,并弥补传统社会科学研究中仅仅关注个人特征和行为,或是仅仅关注组织结构和功能的不足之处。③ 特别重要的是,强调人际与组织之间的互动关系可以帮助本书充分揭示江浙地区商会兴起的动力及从此开启的近代中国网络革命。

梁漱溟、费孝通等中国学者很早就注意到中国社会之中人际关系的重要性。近年来,来自西方的网络理论也已经被用以分析

---

① 朱英:《辛亥革命时期新式商人社团研究》,第 1—2、5—9 页;虞和平:《商会与中国早期现代化》,第 76—84、99 页。
② Barry Wellman(巴里·威尔曼),Wenhong Chen(陈文泓),and Dong Weizhen(董渭贞),"Networking *Guanxi*"(《网络化的"关系"》),p. 224. 粗体字为原文以斜体英文字句强调之处。
③ Barry Wellman(巴里·威尔曼),"Structural Analysis"(《结构分析:从方法和隐喻到理论和实质》),p. 20;Stanley Wasserman(斯坦利·沃瑟曼)and Katherine Faust(凯瑟琳·福斯特),*Social Network Analysis*:*Methods and Applications* (《社会网络分析:方法和应用》),p. i.

此类关系。① 这些研究自然显示了强调人际性关系、忽视制度化关系的倾向,并导致学者仅用亲属与同乡关系来分析中国的所谓关系资本主义及其他贸易活动。② 关于近代上海工会和同乡团体的历史研究也阐明了这一类原生关系的延续及其对于此类城市组织的支配。③ 但是,为了探索这类人际关系在新的制度化格局中的演变及其变化的动力,本书仍有必要突破传统网络分析的局限,进行更为广泛和深入的研究。

7 在中国研究领域中,此前关于个人网络的研究通常重在分析私人派系及其腐败倾向。人类学家对于中国社会内部人际性关系的研究主要将这类关系视为腐败猖獗的根源,但也有研究发现这种关系为人际感情和社会自治提供了基础。④ 中国研究领域内的历史学家和政治学家更加抨击人际性关系所引发的

---

① 梁漱溟:《中国文化要义》,第 86 页;Fei Xiaotong(费孝通),*From the Soil:The Foundation of Chinese Society*(《乡土中国》),p. 20,65;Barry Wellman(巴里·威尔曼),Wenhong Chen(陈文泓),and Dong Weizhen(董渭贞),"Networking *Guanxi*"(《网络化的"关系"》),pp. 221 - 41.

② S. Gordon Redding(S. 戈登·雷丁),*The Spirit of Chinese Capitalism*(《中国资本主义精神》);Gary G. Hamilton(韩格理) ed.,*Asian Business Networks*(《亚洲商业网络》).

③ Elizabeth J. Perry(裴宜理),*Shanghai on Strike*(《上海罢工》);Bryna Goodman(顾德曼),*Native Place,City,and Nation:Regional Networks and Identities in Shanghai*(《家乡、城市和国家:上海的地缘网络与认同》).

④ Mayfair Mei-hui Yang(杨美惠),*Gifts,Favors,and Banquets:The Art of Social Relationships in China*(《礼物、关系学与国家:中国人际关系与主体性建构》);Yunxiang Yan(阎云翔),*The Flow of Gifts:Reciprocity and Social Networks in a Chinese Village*(《礼物的流动:一个中国村庄中的互惠原则与社会网络》);Andrew B. Kipnis(任柯安),*Producing Guanxi:Sentiment,Self and Subculture in a North China Village*(《建立关系:一个华北村庄内的情感、自我及亚文化》).

党派之争，肯定其破坏政治发展的副作用。[1] 相比之下，近来发表的有关著作更为关注近代中国个人网络与社会组织及商业公司的交融。[2] 这些近来的研究还发现了近代中国以新兴机构为基础的"新型网络"，[3]但其主要学术焦点仍然限于"个人网络"。[4]

　　本书以清末民初商会为研究对象，力图将网络分析从其专注的人际性关系焦点扩大到制度化联系的层面。尤其重要的是，本书采用"社团网络"这一概念来反映由个人结成的特定群体、其中人际性关系和制度化的联系，及其与不同社会经济和政治势力的互动。这个扩展的网络分析概念肯定了亲属、朋友、同乡等人际性关系在商会和类似新式社团中的连续性，但它也指出新的制度规范、组织原则、等级结构能够融合、改变并超越人际性关系。

　　中国历史上先前存在的宗族、行会、善堂等组织已经分别达到一定程度的关系制度化和扩大化。但这类传统组织的发展主

---

[1] Lloyd E. Eastman（易劳逸），*The Abortive Revolution*（《流产的革命》）；Andrew J. Nathan（黎安友），*Peking Politics*（《北京政治》）；Bradley K. Geisert（布拉德利 K. 盖泽特），*Radicalism and Its Demise*（《激进主义及其消亡》）. 黎安友还对此问题进行了理论分析，见 Andrew J. Nathan（黎安友），"A Factionalism Model for CCP Politics"（《中共政治的派系模式》）. 但邹谠批评了他的理论分析模式，认为它忽视了制度约束，见 Tang Tsou（邹谠），"Prolegomenon to the Study of Informal Groups in CCP Politics"（《中共政治中非正式团体研究导论》），p. 102. 对于黎安友理论分析模式的进一步批判，见 Lowell Dittmer（罗德明），"Chinese Informal Politics"（《中国的非正式政治》），pp. 2 - 5。

[2] Prasenjit Duara（杜赞奇），*Culture，Power，and the State*（《文化、权力与国家》）；Sherman Cochran（高家龙），*Encountering Chinese Networks*（《进入中国网络》）.

[3] Wen-hsin Yeh（叶文心），"Huang Yanpei and the Chinese Society of Vocational Education in Shanghai Networking"（《黄炎培与中国职业教育学会在上海的网络》），p. 28.

[4] Nara Dillon（奈拉·狄龙）and Jean C. Oi（戴慕珍），"Middlemen, Social Networks, and State-Building in Republican Shanghai"（《民国上海的中介人物、社会网络和国家建设》），p. 7.

要基于同宗、同乡、同业及在同一城市或市镇的熟人等有限群体内的人际性关系。它们超越地方社区层次的相互联系通常是不经常、非正式和不稳定的。① 与此相较,商会从一开始就发展出正式的会员、领导、组织等级等制度,并在各城镇得到普遍发展。如以下各章所述,这种制度化关系不仅使其中人际性关系保持活力,更将后者纳入组织框架以及从地方到全国广泛分布的社团网络之中。② 因此,研究商会的社团网络可以结合网络分析与组织分析的长处,并超越它们各自专注于人际关系和正式组织的局限性。

8　　　这种网络分析方法也可以用来吸收对清末商会进行阶级分析的有益见解,同时又避免过分强调其成员的共同阶级利益以及他们与清朝政府之间的单纯阶级斗争。网络分析肯定具有紧密亲属关系或共同经济关系的人们容易组成个人派系或社会阶级,追逐派系或阶级利益。然而,网络分析也认为,"随着[关系或]系统的扩大化和复杂化,组织制度化的需求会超越家族、阶级利益"。③ 因此,在江浙地区商会的社团网络取得超越人际性关系的局限、成功取得扩张之后,它们便可以联合来自不同社会背景的商人,尤其是精英商人。通过广泛的商会网络,这些精英商人能够将私人利益融入对公共事务的关切,并且与清朝官府进行阶

---

① Michael Szonyi(宋怡明),*Practicing Kinship*(《实践宗亲关系》),pp. 5 - 6,197 - 98;Bryna Goodman(顾德曼),*Native Place,City,and Nation:Regional Networks and Identities in Shanghai*(《家乡、城市和国家:上海的地缘网络与认同》),pp. 29 - 38;夫馬進『中国善会善堂史研究』,246—249 頁。

② 在 19 世纪 90 年代中期,清末改良派士大夫发展了拥有正式的会员、领导制度及其他组织规则的学会,但这些组织从来没有受到朝廷的法律承认,并在戊戌变法失败后被清政府禁止,见张玉法:《戊戌时期的学会运动》,第 5—26 页。

③ David Knoke(大卫·诺克),"Networks of Elite Structure and Decision Making"(《精英结构和决策网络》),p. 290.

级斗争或其他多种形式互动,有效改变社会与政府之间的关系。

从网络分析角度探究这种关系变化可以提出关于晚清商会起源的新见解。根岸佶、雪莉·S.加勒特(Shirley S. Garrett)等研究这一问题的先驱学者最早强调商会由清末商人行会在西方影响之下经过组织演变而来,甚至将商会称作超级行会或是"西式外衣"包裹的行会联盟。[①] 但陈锦江认为清末商会是清政府将其控制权力从官方设立的企业和商务局扩展到更为广大的工商界的结果。相反,冉枚铄(Mary Backus Rankin)将清末商会和其他新式社团的发展归因于19世纪中期开始的社会精英的行动。[②] 这些以往的研究对于该问题的进一步探讨都有启发意义。但它们难以解释这些问题:为何江浙地区的工商业行会历经数百年的组织演变,当地社会精英在19世纪后期也介入了数十年的改革行动,但直到1902年商会才姗姗来迟?为何商会及其社团网络在此后短短数年之间突然席卷整个江浙地区,尤其是在不受官方直接控制的市镇得到发展?

本书的第一、二章从网络理论角度广泛分析了江浙地区工商业行会等组织之中和倡办商会的社会精英与地方官员之间关系在西方冲击下的演变,并由此提出了关于商会起源的较为全面的解释。该地区工商界的旧式和新型组织均为精英商人扩展其正

---

① 根岸佶『上海のギルド』(《上海行会》),27—29、341—342、379 页;Shirley S. Garrett(雪莉 S. 加勒特),"The Chambers of Commerce and the YMCA"(《商会和基督教青年会》),pp. 216-219.

② Wellington K. K. Chan(陈锦江),*Merchants, Mandarins, and Modern Enterprise in Late Ch'ing China*(《清末现代企业与官商关系》),p. 213;Mary Backus Rankin(冉枚铄),*Elite Activism and Political Transformation in China*(《中国精英行动主义与政治转型》),pp. 202-211. 一些西方学者和中国大陆的学者强调商会是资产阶级崛起的结果,但冉枚铄将此一阶级成员视为晚清社会精英的一部分。这个问题将在下一部分讨论。

式领导体制及其相互关系提供了制度化基础,由此增强了他们与其他社会精英及地方官员在管理工商活动和公共事务等方面的互动,并交流对外国经济入侵、特别是在华西人商会的关注。因此,工商业行会、半官方企业以及商务局的组织制度发展,尤其是它们的商人领袖与其他改革派社会精英和官员的互动,为清末新政时期江浙城镇中的商会及其网络的兴起提供了根本动力。

江浙地区新兴的商会通常为精英商人发起和领导,并通过他们保持与政府和其他社会政治组织之间的互动。但是,精英商人不仅主导了商会,也帮助扩展了它们与其他社团组织之间的联系。这种形式的网络扩张影响了工商界内外广大范围的社会变迁。因此,商会的出现和发展体现并强化了整个社会关系的变革。

商会、精英商人的网络及近代社会整合

清末商会引起学术界广泛关注的主要原因在于,其中云集了为数众多的拥有财富、声望和权力的商人精英。上述阶级和组织分析方法试图将这些精英商人定义为统一的资产阶级或这一阶级组织内的同质成员,但另有学者强调他们是背景多样、控制不同社会经济资源的地方精英。[①] 就江浙地区商会进行的网络分析可以兼容、调和并改进这两种对立的学术观点。

事实上,这些商会通过扩展其网络并发展多样化关系,集合了资产阶级企业家以及更多样的商人精英,尤其是不同工商业行

---

① Joseph W. Esherick(周锡瑞)and Mary Backus Rankin(冉枚铄), eds. *Chinese Local Elites and Patterns of Dominance*(《中国地方精英及其社会支配模式》).

会及其他实业团体的领袖人物。同时,商会借助其与各种社会政治组织之间的联系,将其网络迅速扩展到工商界之外。因此,江浙地区商会的关系扩大化和多样化趋势相辅相成、共同发展,形成其网络革命的两个重要组成方面。商会网络在日趋多样化的过程中日益融合众多不同成员,但并未散漫为个人帮派团伙,其原因在于它们内部关系的逐渐制度化。

如本书第三、四两章所示,江浙地区城镇中的商会都发展了 *10* 大致相似的组织结构,将精英和非精英商人纳入不同等级的成员中,使他们参与不同级别的选举、会议等活动。关于年度选举和其他强制性人事变动的制度化安排有助于商会从不断增加和更为多样的行会等工商业组织及商业化的绅士阶层中招募具有影响的领袖。同时,商会与不同社区和新兴职业社团之间的联系逐渐从人际性关系扩展为制度化关系。结果,商会网络的发展不仅逐渐打破了亲属、同乡、同业等派系限制,而且整合了多样化的精英商人,促进了商人群体乃至更为广泛的社会群体的整合。

确实,江浙地区商会不仅集结了富有资财和声望的精英商人,还通过他们与众多行会及其他工商业组织建立了联系。尽管上述日本和西方学者长期将商会看作是超级行会,中国历史学家对于这两种新旧商人组织之间的关系仍争执不已。马敏、朱英在关于晚清苏州商会的研究中指出,商会与封闭、保守的行会有着本质的区别。这是因为商会接纳所有行业的商人,鼓励商业竞争和创新,并赋予会员民主权利,但行会是限于特定地域或行业的团体,禁止商人竞争,对其参与者施行封建控制。①

但是,绝大多数中国历史学家都认为先前存在的行会并入了

---

① 马敏、朱英:《传统与近代的二重变奏:晚清苏州商会案例研究》,第 122—140 页。

后起的商会，其原因或是由于前者在早期现代化过程中演变为后者，或是由于两者在某种程度上都是类似的传统组织。总之，这些学者都强调传统与现代组织之间的区别，并都主张商会只接纳同质性行会中社会背景相同的成员。[①] 但是本书强调：这些商会实际是可以从"传统"行会和"现代"实业机构中广泛吸收、兼容并蓄多样成员的社团网络。

另一个备受争议的问题是，商会是仅仅接纳行会的精英商人领袖，还是其中所有成员？马敏、朱英的上述研究认为晚清苏州商会仅从行会领袖当中招收正式会员，而将其中普通成员和其他小商人归为没有实际权力参与商会活动的会友或外围成员。马敏在随后的研究中仍将商会成员统称为绅商，但朱英的新著中指出会友也是商会活动的"实际"参与者。[②] 显然，如此严格的组织分析难以将商会中背景多样的商人统一归类为同质性会员。

本书关于江浙地区商会的网络分析，对上述组织分析方法提出商榷，并特别对将其成员定义为少量、微弱和无力的资产阶级的传统阶级分析观点提出疑问。中国大陆历史学家以往认为，清末商会是控制官办企业、为帝国主义列强服务的官僚买办资产阶级的工具。近来的研究则强调商会与反帝的工商企业家组成的民族资产阶级的联系，甚至将拥护共和革命的知识分子和其他社会力量都视为这一阶级的成员。但是，以往和近来的研究均强调中国资产阶级及其商会组织的软弱，特别是这一阶级的力量弱小

[①] 冯筱才：《中国商会史研究之回顾与反思》，第 156—157 页。
[②] 马敏、朱英：《传统与近代的二重变奏：晚清苏州商会案例研究》，第 61、134—135 页；马敏：《官商之间》，第 108 页；朱英：《转型时期的社会与国家》，第 121 页。

及其在辛亥革命前后的政治立场动摇。①

　　与此相较，白吉尔（Marie-Claire Bergère）认为清末商会是更具包容性的资产阶级组织，其成员包括"与现代实业相关的城市精英"，比如从事现代制造业、运输业以及新式商贸和金融活动的工商人士。但是她也指出，在上海等少数现代都市之外，这一资产阶级及其商会组织尚未发展成熟，力量微弱，难以领导辛亥革命。② 即使采用白吉尔关于包容性的资产阶级的广泛定义进行历史数据分析，本书发现其阶级成员也只组成了上海等地个别商会中的少数或极少数会员和领袖，其阶级力量确实微弱。但就整体而言，商会并非微弱的资产阶级组织，而是汇集了众多最为富有、最具影响力的商人及其他多样化商人精英的强有力网络。

　　本书强调商会领袖和成员的社会背景多样化，这与近来学术界关于中国社会内地方精英的研究非常接近。在北美学术界，关于绅士阶层的分析深刻影响了 20 世纪 50 年代以来的中国历史研究。因此，路康乐（Edward J. M. Rhoads）就将清末广州及其周边的商会描述为拥有绅士头衔的工商企业家所组成的绅商组织。陈锦江在他关于晚清中国商会的更为广泛的研究中提出了相同的观点。近年来，中国大陆学者详细阐释了绅商这个概

12

① 杜恂诚、周元高：《建国以来资产阶级研究概述》，第 2182—2184 页；徐鼎新、钱小明：《上海总商会史，1902—1929》，第 24、138、166 页；马敏、朱英：《传统与近代的二重变奏：晚清苏州商会案例研究》，第 259—280、406—409 页；虞和平：《商会与中国早期现代化》，第 27—29、279—295 页。

② Marie-Claire Bergère（白吉尔），"The Role of the Bourgeoisie"（《资产阶级的角色》），p. 241，279，295；Marie-Claire Bergère（白吉尔），*The Golden Age of the Chinese Bourgeoisie*（《中国资产阶级的黄金时代》），pp. 191 - 199.

念,以此拓宽对商会组织和相关资产阶级的解释。①

与此同时,周锡瑞(Joseph W. Esherick)、冉枚铄等西方学者根据绅商、资产阶级企业家、行会领袖及其他上层人物在地方社会的支配地位,将他们重新定义为地方精英。按照这一新的定义,这些地方精英控制着各式各样的物质、社会及文化资源,难以被简单划分为由官方授予头衔的绅士或属于特定资产阶级的成员。与以往的有关研究相比,这个新的地方精英概念包罗广泛,更能揭示该群体成员复杂、多变的特征。②

本书将详尽阐释江浙地区商会中精英商人群体的多样和变化,但其中的网络分析更强调他们之间的相互联系。与周锡瑞和冉枚铄关于地方精英的定义相比,本书讨论的精英商人甚至更为庞杂,包括地方市镇的商人领袖,县、府、省城的绅商,直到上海等全国都会中的资产阶级企业家。他们可以被称为"地方精英",但这只是意味着他们对工商界的支配权力主要集中于各自所在的城镇"地方"社会。事实上,很多城镇精英商人都与遥远的故乡或长途贸易保持联系,并借助新建的商会网络取得了跨地域的影响。

当然,江浙地区商务总会、分会、分所的等级区分仍然证实了孔飞力(Philip Kuhn)关于全国、省级和地方精英之间存在社会区别的假设。冉枚铄也强调商会网络在区域核心和边缘地带的

---

① Edward J. M. Rhoads(路康乐),*China's Republican Revolution*(《中国的共和革命》),pp. 80 - 81;Wellington K. K. Chan(陈锦江),*Merchants, Mandarins, and Modern Enterprise in Late Ch'ing China*(《清末现代企业与官商关系》),pp. 213 - 234,p. 216;马敏:《官商之间》,第 97—108、205—213 页。

② Joseph W. Esherick(周锡瑞) and Mary Backus Rankin(冉枚铄),"Introduction"(绪论),pp. 10 - 11.

发展程度不同,反映了两地精英之间的社会关系分裂。① 尽管如此,商会网络对社会精英的主要影响是加强了他们的相互联系。它们的社团网络扩张不仅使其中很多商人领袖能够在扮演城镇地方社会精英角色的同时追求全省乃至全国范围的影响力,而且促进了核心与边缘地带商人精英之间的空前紧密接触和联系。

此外,江浙地区商会及其他新式社团通过人际性特别是制度 *13* 化的相互联系,进而将精英商人与其他各界的更为多样的社会精英结合起来。结果,尽管这些社会精英分居不同地方、背景纷繁复杂并且从事的职业日益专业化,他们却取得了空前程度的社会联系。更值得注意的是,商会及其领袖人物广泛参与民族主义运动、城市市政制度改革、乡镇善堂管理等公共事务活动,促进了社会精英与普通民众的联系。这些社会转型自然影响了社会与政府之间的政治关系变革。

商会网络、精英社团行动及社会与政府关系

江浙地区的商会网络逐渐整合了精英商人,将他们带入组织化的集体活动及与其他社会政治团体的联合行动。这种社团行动将商会的领袖和成员带入与民众和清政府之间的更为激烈和复杂的互动过程。精英商人、普通民众、清朝政府这三方面的互动强化标志着 20 世纪初期江浙地区商会所领导的网络革命达到了高潮,为该地区以及全国的社会政治变革,特别是近代中国社

① Philip Kuhn(孔飞力), *Rebellion and Its Enemies in Late Imperial China*(《中华帝国晚期的叛乱及其敌人》), p. 217; Mary Backus Rankin(冉枚铄), *Elite Activism and Political Transformation in China*(《中国精英行动主义与政治转型》), p. 4.

会与政府之间关系的长期转型提供了强大动力。

由于江浙地区商会网络兼容了其中精英商人领袖和成员的亲属、同乡等各种人际性关系,它们的行动自然反映了这些上层商人的家族、地方及其他私人利益。但更值得注意的是,商会网络又将这些精英商人的社会关系扩展到了他们人际关系之外,而这种关系扩张自然促使精英商人将私人利益与更大范围的社会公共事务结合起来。结果,商会领袖和成员不仅介入他们的集体组织活动,而且在某些场合下也与民众采取联合行动。这种商会网络的关系变革在以往关于中国地方精英或资产阶级的研究中均未受到充分关注。

此前关于清末中国地方精英的研究通常强调他们对社会支配权力的追求及其与普通民众的冲突。早在 20 世纪 60 年代,市古宙三就提出一个著名的推论。他认为晚清绅士阶层尤其是地方绅员出于自我保护的目的,支持了官方改革活动,并发展了改革派组织。他们增强了个人声望、权力和利益,但削弱了政府控制能力,并牺牲了民众利益。路康乐关于清末广州及其周边商会的研究更多揭示了它们对实业发展和政治改革的正面影响,但仍然认为它们活动的主要目的在于加强地方绅商的支配权力。① 在某种程度上,追求地方精英支配权力这一动机确实可以解释商会的诸多活动,比如精英商人与普通民众在地方市场上的冲突。但是,这个观点无法解释精英商人跨越更大区域的集体活动,特别是他们与民众的联合行动,包括他

---

① Ichiko Chūzō(市古宙三), "The Role of the Gentry:An Hypothesis"(《绅士的角色推论》), pp. 301 - 304, p. 312;Edward J. M. Rhoads(路康乐), *China's Republican Revolution*(《中国的共和革命》), pp. 80-81, p. 224, p. 262, pp. 276-277.

们共同反对清朝政府或外国资本蚕食他们共同利益的社会抗议活动。

中国大陆学者对晚清商会的阶级分析提供了有关商会组织活动的更有影响的解释。相关研究从阶级利益角度出发阐释新兴但微弱的资产阶级在辛亥革命中的有限参与及最终退却。① 然而,如上所述,资产阶级成员并没有在晚清江浙地区商会中占据主体。因此,他们的阶级利益难以动员众多的商会领袖和成员进行集体行动。与此说法相反,都市商会中的资产阶级会员与小城镇商会中从事传统商业活动的绝大多数成员并无共同的阶级利益。实际上,他们之所以能够采取统一行动的原因是商会网络协调了他们的不同利益,并通过具有广泛影响的追求公众利益的诉求将他们联合在一起。

显然,晚清商会的社团网络在一定程度上改变了其中精英商人的追求,将他们带入超越个人、地方甚至阶级利益的集体行动。因此,冉枚铄将商会及类似精英社团定义为一个"公共领域",其中的社会精英介入了与他们个人追求和官方行政完全不同的公共事务管理活动。冉枚铄认为,这些精英及其社团的公共活动与清政府的冲突愈演愈烈,不可逆转,最终导致他们走向辛亥革命。② 此外,罗威廉(William T. Rowe)和史谦德(David Strand)等学者进一步将尤尔根·哈贝马斯(Jürgen Habermas)的公共领域概念引入中国历史研究领域。在此公共领域内,理性和批判性的公共舆论不断扩大影响,保护了社会和公共利益不受政府

---

① 杜恂诚、周元高:《建国以来资产阶级研究概述》,第 2181—2184 页;冯筱才:《中国商会史研究之回顾与反思》,第 158—159 页。

② Mary Backus Rankin(冉枚铄),*Elite Activism and Political Transformation in China*(《中国精英行动主义与政治转型》),pp. 15 - 33,206 - 211,p. 269,283.

权力侵犯。①

15　　同时,罗威廉和另外一些学者坚持严格区分晚清中国的公共领域与西方关于公民社会(又译为"市民社会")的概念,而后者所指的是"与国家相对立的自主公民社会",尚未在清末得到发展。② 与此相反,朱英将晚清商会直接阐释为中国市民社会的主要组成部分,认为其是体现民主原则、自我管理、组织自治的社团组织。他认为商会在与清朝政府的日益激烈的冲突中代表了广泛的社会利益,并最终介入辛亥革命。③ 这一解释淡化了商会的资产阶级性质,与爱德华·希尔斯(Edward Shils)的公民社会概念相一致。希尔斯认为,公民社会与家庭、地方性组织及政府机构不同,其发展依赖于其中成员的公民精神,比如优先考虑公共福利而非个人利益,并依据法律进行自我管理和限制政府权力。④ 基于这种公共领域或公民社会理念,近年关于近代中国商会的论著强调其中精英商人活动的动力源自他们公益精神和社会动机。

　　但从网络分析的角度来看,精英商人为公益服务的动机和他们的个人利益紧密联系,而不是互相分离。根据哈贝马斯对近代早期欧洲公共领域的界定,该领域属于资产阶级,是这一阶级的

---

① William T. Rowe(罗威廉),*Hankow: Conflict and Community in a Chinese City*(《汉口:一个中国城市的冲突和社区》);David Strand(史谦德),*Rickshaw Beijing*(《北京的人力车夫》).

② William T. Rowe(罗威廉),"The Problem of 'Civil Society' in Late Imperial China"(《中华帝国晚期的"公民社会"问题》),p. 141;May Backus Rankin(冉枚铄),"Some Observations on a Chinese Public Sphere"(《对中国公共领域的一些观察》),pp. 158 - 159,170 - 177.

③ 朱英:《转型时期的社会与国家:以近代商会为主体的历史透视》,第162、216—262页。

④ Edward Shils(爱德华·希尔斯),"The Virtue of Civil Society"(《公民社会的美德》),pp. 3 - 20.

个人成员从事针对政府权力的公共舆论活动空间。① 相对而言，
清末民初的商会包括更为多样的精英商人，他们也有着更加不同
的个人、群体、阶级利益。但是，商会能够带领其中精英商人会员
甚至普通商人参与者进行集体行动，其原因在于商会的社团网络
有效地结合了其中各种成员的不同利益，并进而使用广大社会共
同关心的公共事务问题将他们团结一致。

　　更为重要的是，江浙地区商会集体行动的动力不仅源于其中
精英商人对个人和公共利益相结合的追求，也来自他们和清朝政
府多种形式的互动。在公共领域和公民社会的观念影响之下，以
往关于这一问题的研究已经深入分析了清末民初商会和其他社
会组织为了争取公共权力和社团自主权而与政府进行的激烈斗
争。但这些研究过分强调社会与政府之间的对立，已经引起其他
学者批评。在这些持批评态度的学者之中，黄宗智主张晚清商会
典型地体现了社会和政府互相渗透和合作的"第三领域"。② 同
样，尽管小浜正子（Kohama Masako）使用公共领域这个概念来
描述近代上海的各类社团，但其著作强调此类城市组织与官方的
合作以及它们改变社会与国家关系的失败。③ 徐小群对民国时
期职业团体的研究也批评这类组织"缺少完全的自主权"，并建议

---

① Jürgen Habermas（尤尔根·哈贝马斯）, *The Structural Transformation of the
　Public Sphere: An Inquiry into a Category of Bourgeois Society*（《公共领域的结
　构转型：资产阶级社会范畴研究》）.
② Philip C. C. Huang（黄宗智）, "'Public Sphere'/'Civil Society' in China? The
　Third Realm between State and Society"（《中国的"公共领域"或"公民社会"？政府
　与社会之间的第三领域》）, pp. 224–232. "第三领域"的概念已经被应用于关于清
　末民初天津商会的研究，见 Xiaobo Zhang（张晓波）, "Merchant Associational
　Activism in Early Twentieth-Century China"（《20 世纪初中国的商人社团行动主
　义》）, p. 33。
③ 小浜正子『近代上海の公共性と国家』, 8—12、327 頁。

使用共生动力（symbiotic dynamics）的概念，突出这些职业团体与国家政权之间相互依存的关系。①

与此不同，本书提出的社团网络概念强调社会与政府之间的互动力量以及两者之间变动的关系。具体说来，这个概念主要关注由社团和政府之间多种形式的互动所产生的动力，以及随之而来的超越双方合作或对立的关系变革。最为重要的是，本书的网络分析说明 20 世纪早期的中国商会并未简单从清朝或民初政府那里追求"完全的自主权"。实际上，这些商会在与政府互动关系中追求的是网络分析所揭示的"结构性自主权"，或网络成员在与他者互动关系中获取所需资源，并减少被后者控制的能力。②

确实，江浙地区商会正是通过与晚清政府的多种形式互动才获得法律认可，并进而在官方直接控制的范围之外追求社团网络的扩展。在此过程中，商会网络通过持续制度化、扩大化和多样化，又集合、代表了多种商人团体甚至更广大的社会，与政府进行了从地方到全国范围的多种形式互动。因此，商会与政府及大众的互动关系日益扩大规模、更为复杂，从而增强了其"结构性自主权"和社会政治影响力。

本书第五、六两章分别详细探索了江浙地区商会的社团行动及其对清末工商事务和政治变化的影响。这些商会积极追求其精英商人的私人和公共利益，通过与清朝官员和外国资本的合作、冲突及其他形式的互动，将其活动从地方市场逐渐扩展到省级铁路建设、全国性博览会和中美合资企业。以长江三角洲为中

---

① Xiaoqun Xu（徐小群），*Chinese Professionals and the Republican State*（《专业人士与民国政府》），p. 18，272.

② David. Knoke（大卫·诺克），"Networks of Elite Structure and Decision Making"（《精英结构和决策网络》），p. 290.

心舞台的江浙商会还通过与清朝开明官员、各类改革派组织或反清革命党的多种形式互动，推动了清末立宪运动，并促使辛亥革命取得成功。精英商人与普通民众在地方社区和市场确实存在着阶级矛盾和冲突，但商会的社团网络在更为广大的社会政治舞台得到发展，从而以其活动促进了近代中国经济现代化和政治转型，并增强了其代表公共利益的形象和权力。

尽管本书的前六章聚焦于清末江浙地区商会及其社团网络，但其中的文献和理论分析时常涉及其网络革命在该地区以外的影响。特别的是，本书第七章揭示了该地区商会在全国范围内的网络发展及其与民国初期历届政府的持续互动。在结论部分，本书就商会领导的网络革命及其在 20 世纪后期的历史遗产进行了理论概括，进一步显示了它们对近代中国社会整合及对社会与政府关系变化的深远影响。

当然，20 世纪早期江浙地区商会的社团网络仅仅反映了近代中国社会政治关系革命的开端和一个主要方面。这场网络革命并非发生于历史真空之中，而是以数百年来社会政治关系演变为基础的。事实上，江浙地区商会本身也是中华帝国晚期城镇工商业行会和精英商人之间及其与官府之间关系长期演变的结果。

第一章　面对国内外挑战的城镇行会和精英商人

　　在 19 世纪后期来到中国的西方人士有一惊讶发现："从乡镇到全国范围,人们都结成团体,从事买卖、竞争和政治活动。"[1]从 19 世纪中期开始的外国势力入侵强化了中国人结成社会团体进行自我防卫的趋向,社会达尔文主义的传播也刺激了晚清的社会精英为了民族生存和复兴而组织起来。[2] 因此,除了传统的宗族、行会、善堂、秘密会社等,反清革命党组织在 1894 年后开始出现,维新派的学会等组织也在戊戌变法之前经历了短暂发展。[3]在这些形形色色的团体和组织中,工商业行会是中国商会形成的组织基础之一,但商会的发展也受到西方的强烈影响。

　　需要指出的是,江浙地区的商会既不是传统工商业行会自然演变的结果,也不是对西方商会的简单模仿。与晚清改良、革命组织一样,这些商会代表了当时行会领袖和其他社会精英面对国内外挑战所作出的集体反应。因此,行会中的精英商人领导力量的上升为商会的兴起提供了重要先决条件,并显示在行会到商会的发展过程中,但其中从人际性到制度化关系的变革比组织演变

---

① S. Wells Williams(卫三畏),*The Middle Kingdom*(《中国》),Vol. 2, pp. 87 - 88.

② James Reeve Pusey(浦嘉珉),*China and Charles Darwin*(《中国和查尔斯·达尔文》),pp. 62 - 66, 107 - 109.

③ 陈宝良:《中国的社与会》。

更为重要。

　　此前的有关研究通常将中国的传统工商业组织划分为同乡性行会和同业性行会。事实上，正如顾德曼（Bryna Goodman）对　19
上海的同乡社团和其他商人组织的研究所示，晚清行会是按照同乡和同业的双重原则发展起来的。虽然如此，本书仍然将江浙地区的工商业行会粗略地归类为同乡性行会或同业性行会，其原因在于它们的名称、成员、职能等都更加强调这两种组织原则之一。① 这种工商业行会的发展得益于地方官员的非正式赞助，而不是法律的承认和保证，而其中的精英商人领袖对于取得这种官方支持至关重要。②

　　为了在商业竞争、政府干预、社会动荡和外国经济入侵加剧的环境下发展、保护和控制江浙城镇内的行会，其中的商人领袖不断地努力扩大和强化他们的同乡、同业及与官府的关系。结果，他们促进了行会的发展，并将其个人和家族在这些组织中的支配权力转变为正式化的精英商人领导体制。面对 19 世纪中叶以来的内忧外患，这些行会领袖既担心市场和社会危机，更关注个人财富和权力，从而将他们的活动从工商业经营扩展到善举等社区公共事务。这些精英商人也加入了激进改良派，对通商口岸中西方商会的挑战作出了积极反应，计划成立类似的中国商人组织。这种计划具有加强精英商人社会经济支配地位以及解救晚

---

① 顾德曼的研究指出，即使很多近代上海的商人行会特别是本地居民的行会以某一行业来命名，实际上所有的商人组织都是或多或少以同乡或同地的地域关系为基础的，见 Bryna Goodman（顾德曼），*Native Place，City，and Nation：Regional Networks and Identities in Shanghai*《家乡、城市和国家：上海的地缘网络与认同》），pp. 29 - 32。尽管如此，许多在以下提及的上海同业性行会毫无疑问地放松了这种地域限制，更为重视同业的组织原则。

② Hosea Ballou Morse（马士），*The Gilds of China*（《中国的行会》），p. 31，pp. 43 - 44.

清中国实业和民族危机的双重目的。同时,他们的计划还包括了广泛建立商会网络的设计,而这将触发近代中国的一场社团网络革命。

行会和精英商人领导体制发展的上海个案

中华帝国晚期的工商业行会包括不同名称的城镇组织,如会馆和公所。江浙地区孕育了中华帝国晚期最早的一些商人为主的行会,它也是在晚清时期少数几个拥有大量行会组织的地区之一。[1] 虽然本书并不赞同这些行会通过直接联合而形成商会的说法,但不能否认,行会的组织发展确实为商会的出现提供了一个制度化的基础。特别重要的是,精英商人领导体制及其社会经济关系的制度化和扩大化直接为上海商业会议公所和继之而起的江浙地区商会的大批出现准备了条件。

20　　从明朝初期开始,会馆最早作为帝国首都北京官员的同乡组织而出现于 1420 年之后。17 世纪初期,旅居苏州的同乡商人和同籍官员也开始在当地建立名称类似的组织。[2] 但早在 1295 年,苏州就可能已经存在一个丝织工匠的公所,不过直到 17 世纪中叶时,商人们才广泛使用公所这个名称来称呼他们的组织。[3] 这些中国传统行会的同乡关系及其与官府的联系是其独特之处,

[1] 关于中华帝国晚期一份工商业行会的不完整名单,见彭泽益编:《中国工商业行会史料集》下册,第 999—1048 页。

[2] 何炳棣:《中国会馆史论》,第 13—14 页。

[3] 彭泽益:《导论:中国工商业行会史研究的几个问题》,第 15—16 页。彭氏的文章与早期的中、日学者对于中国行会的研究一致,将其历史追溯到公元 8 世纪晚期。这种观点有待于进一步验证,见 Peter J. Golas(葛平德),"Early Ch'ing Guilds"(《清初行会》),p. 555。

与欧洲的行会形成鲜明对比。因此,一些学者试图区分同业公所与同乡会馆,并否定了后者的行会性质。① 实际上,这些商人组织有时将会馆和公所作为可以互相替换的名称,并发展出了类似的行会功能,以求自我保护、相互帮助,推进其成员的共同利益。② 这些行会能够发挥如此重要作用的原因在于,它们使用了同乡、同业及其他社会经济关系将商人结合起来,它们的领袖并与其他社会精英及地方官员形成了密切的联系。

1886 年,美国传教士玛高温(D. J. MacGowan)的早期著作已经注意到晚清中国行会与官员之间的密切关系:"城市贸易中心最主要的建筑物是由行会建立的。它们被用作会议厅堂、戏剧舞台、旅行的高级官员客舍,以及前往京城参加科举考试的士人住处。"他进一步将中国的会馆和公所分为商人行会和工匠行会,并把它们分别比作西方的商会和工会。③

玛高温的早期著作开启了将晚清商会理解为西式招牌下行会联合会的学术倾向,根岸佶、雪莉·S. 加勒特以及其他后来的学者都持同样观点。曾田三郎和仓桥正直也认为中国的商会是行会为了联合起来反对外国侵略,并进行商业管理和社会控制而形成的组织。④ 虞和平的近著进一步强调,晚清行会在近代经济发展影响之下减

① Peter J. Golas(葛平德),"Early Ch'ing Guilds"(《清初行会》),pp. 556 – 559;吕作燮:《明清时期的会馆并非工商业行会》,第 66—79 页。

② Kwang-ching Liu(刘广京),"Chinese Merchant Guilds: An Historical Inquiry"(《中国商人行会的历史探索》),p. 2, 14.

③ D. J. MacGowan(D. J. 玛高温),"Chinese Guilds or Chambers of Commerce and Trades Unions"(《中国行会或商会与工会》),pp. 133 – 139.

④ 根岸佶「中國のギルド」,341、378 頁;Shirley S. Garrett(雪莉 S. 加勒特),"The Chambers of Commerce and the YMCA"(《商会和基督教青年会》),pp. 218 – 219;曾田三郎「商会の設立」(《商会的设立》),43—47、55 頁;倉橋正直「清末の商会と中国のブルジョアジー」(《晚清商会和中国资产阶级》),117—119 頁。

少了传统同乡、同业组织的排他性,从而联合成为商会。①

　　这些研究正确地说明了工商业行会确实为商会奠定了一个组织制度基础,但它们的分析过度简化了前后二者之间的关系变化。从网络分析角度看来,由于来自更小地方或更专门行业的商人之间的社会关系更加紧密、牢固和亲近,同乡或同业行会在积累了足够的成员和资源时就会自然地繁殖增加,分裂为更加地方化和专业化的组织。罗威廉关于晚清汉口的研究指出,由于外来商人在该地长期居留,并在官方和外国干涉其贸易活动时需要与当地人士合作,从而形成了他们的同乡和同业行会的逐渐联合。相比之下,长江下游地区的行会很少以同乡或同业关系进行联合。即使在帝国主义直接控制下的最大通商口岸上海,情况也是如此。②

表1　1601—1911 年间江浙地区城镇工商业行会的发展

城镇名称	成立年份[a]							不详	总计
	1601—1650	1651—1700	1701—1750	1751—1800	1801—1850	1851—1900	1901—1911		
苏州	4	7	14	17	32	35	13	66	188
上海			1	9	13	55	25	47	150

① 虞和平:《商会与中国早期现代化》,第37—39、45—51、148—149 页。
② William T. Rowe(罗威廉),*Hankow: Commerce and Society in a Chinese City*(《汉口:一个中国城市的商业和社会》),pp. 279 - 283, p. 299, 389. 罗威廉使用根岸佶关于中国行会的研究,特别是其中关于上海粤籍人士行会的研究推测:该地在清末时期也有一个行会联合的趋势。但是根岸佶所指出的上海粤籍人士行会及其他商人组织联合的范例主要出现于民国时期,见根岸佶「中國のギルド」(《中国行会》),38—42 页;Bryna Goodman(顾德曼),*Native Place, City, and Nation: Regional Networks and Identities in Shanghai*(《家乡、城市和国家:上海的地缘网络与认同》),p. 231, 295。

续表

城镇名称	成立年份[a]							不详	总计
	1601—1650	1651—1700	1701—1750	1751—1800	1801—1850	1851—1900	1901—1911		
江宁（南京）			1	1	3		1	44	50
杭州					1			38	39
4 座府城[b]	1			1	3		3	29	37
7 座县城[c]				1	5	11	6	2	25
24 个镇[d]		2	8	4	19	14	8	25	80
总计	5	9	24	33	76	115	56	251	569

资料来源:范金民:《明清江南商业的发展》,第 283、286—309 页。范氏原书统计包括少量单纯的同乡官员会馆。

注解:

a. 在中文资料中,许多会馆或公所成立的时间为明清帝王统治期间的年号,所以本表以这些组织出现的年号末年为成立年份。

b. 这 4 座府城为常州、湖州、嘉兴和镇江。

c. 这 7 座县城为德清、富阳、嘉定、江阴、昆山、乌程、和无锡。

d. 这 24 个镇为湖墅、纪王、菱湖、芦墟、南翔、南浔、平望、濮院、青旸、盛泽、双林、四安、同里、王店、王江泾、乌青、硖石、新场、新塍、新市、虞山、乍浦、震泽和周浦(以上城镇均以其拼音名称为序)。

　　实际上,在晚清时期江浙地区的行会发展过程中,其中商人成员通常形成更为亲近、密切的同乡和同业联系,从而导致了他们组织的持续分立与数量增加,而不是走向组织联合。然而,在面对国内外挑战的情况下,它们也通过人际性和制度化的关系,发展了相互之间的密切联系。特别重要的是,精英商人通常参与多样的工商业活动,有着广泛的社会联系,因而得以在多个行会中兼任领袖。他们进而通过在行会和官府之间进行联系的中介活动,将他们对行会的领导权力制度化。正是通过这种制度化关系的发展,江浙地区的工商业行会为商会的兴起铺平了道路。

如表1所示,江浙地区工商业行会大约在17世纪初期开始出现。他们不仅在苏州和上海这两个前后相继的区域经济中心城市得到发展,而且还在其他省、府、厅、州、县城及市镇涌现。1600年后,它们的数量因该地区长期的商业化和城市化趋势逐渐增加,1800年后数量激增。由于这一地区的绝大多数行会都是在太平天国运动(1851—1864)被镇压之后重建或新建的,它们的发展主要体现了商人尤其是精英商人在日益严重的社会和国家危机之下结成团体的趋势。

这些精英商人利用同乡和同业关系建立了大量新的行会,并将原有的行会分立为数量更多、由来自更小同乡范围和更为细致行业的组织。通过这些组织的创建和分立,精英商人扩大了他们在相关行会中兼任的领导体制,还就行会事务加强了与地方官员的联系。就前述上海商业会议公所及其后继的上海商务总会而言,数十个工商业行会为它们输送了精英商人领袖,从而为本书提供了个案研究的典型范例,可以同来说明江浙地区行会中的关系变化及其对未来商会兴起的影响。

严信厚是上海商业会议公所的主要创立者,他来自宁波帮商人所建立的四明公所。四明公所是上海最为庞大、复杂的同乡组织,但它正是通过相互联系的精英商人领导体制之下的组织分立和关系扩展而形成的。1797年前后,四明公所作为府级同乡组织出现于上海,随后它通过两位方氏兄弟领头的募捐活动获得扩大。作为这两位兄弟的侄儿之一,方椿继承了该组织中方氏家族的领导权力,并成功地向宁波籍的上海知县蓝蔚雯呈请,免除了该公所地产的课税。从19世纪70年代开始,严信厚等宁波帮的新贵们通过为清朝官方服务以及经营家族生意和现代工业而成功致富。他们很快加入了方氏和其他业已确立精英地位的家族，成为这个同乡行会的领袖。①

至1911年，四明公所已经衍生出定海直隶厅的同乡组织及42个同业行会或团体。早在1901年，这些正式的行会和非正式的团体就有300多名大小董事，它们都与府级的四明公所保持着人际性和制度化的联系。与此同时，方氏和其他旅沪宁波家族逐渐建立起他们各自的商业帝国。他们从事的贸易领域从糖、丝绸贸易到钱庄、沿海航运活动，并在四明公所中使其家族支配权力正式化。早在1836年，这些精英商人已经建立了由4位董事组成的稳定的行会领导体制，其中包括两位方氏兄弟，并且另外设立了协理的职位。②

20世纪初期，四明公所仍由4位"司年董事"总管，包括严信厚和方氏族人之一。在他们之下，大约12位"司月董事"是从附属的同业行会选举出来的商人领袖，负责具体管理公所事务。另有两位领取薪水的司事，受到这些董事任命来处理常务和账目。③虽然四明公所成立后经历了不断的组织分裂，而且并未与在1902年新设的上海商业会议公所建立组织联系，不过它的精英商人领袖如严信厚等，仍然利用他们在同业行会、

① 上海博物馆图书资料室编：《上海碑刻资料选辑》，第259—260页；彭泽益编：《中国工商业行会史料集》下册，第906—907、913页。
② 東亞同文會编『支那经济全書』（《中国经济全书》）第2册，544、564—566、573—578页；徐鼎新：《上海工商团体的近代化》，第518—522页；上海博物馆图书资料室编：《上海碑刻资料选辑》，第430页；Susan Mann Jones（曼素恩），"The Ningpo Pang and Financial Power at Shanghai"（《宁波帮及其在上海的金融势力》），pp. 77 - 78，84 - 85；彭泽益编：《中国工商业行会史料集》下册，第906—907页。
③ 東亞同文會编『支那经济全書』第2册，564—565页。

半官办企业等机构中兼任的领导职位,创建并主持了这一晚清中国的第一家商会。① 因此,四明公所与上海商业会议公所的人际性关系说明,江浙地区行会主要是通过发展正式和连锁的商人精英领导体制来引导工商界关系变化,从而最终导致商会出现的,并不是简单通过渐进的行会组织联合而形成商会。

在晚清时期的上海,广东帮是宁波帮的竞争对手,这两个同乡团体中的精英商人都发展了各自的正式领导体制,并且一道加入了上海会议公所。上述宁波籍上海知县蓝蔚雯镇压了该地许多广东人所加入的小刀会起义(1853—1855)后,早期的广东同乡会馆被迫迁出上海市区,并从此一度绝迹。直到1872年,新上任的上海知县是一位广东籍贯官员,在他的鼓励下,来自广州和肇庆两府的精英商人共同成立了广肇公所。②

这个公所的创立者包括数位通过捐纳获取官绅头衔的富裕商人及洋行买办,特别是徐荣村和他的侄儿徐润。他们从籍贯广州、肇庆两府的商人和官员那里募集了大量捐款。所以,广肇公所及其领导阶层随后得到扩大,包括管理两府各县会员的本县绅董、每月轮流管理收支账目的司月以及最高层的常任董事和司事。在这个府级同乡行会中,来自南海和顺德两县的商人成员后来分化出来,分别成立了他们自己的县级同乡团体。但是,这3

---

① 很多宁波的商人领袖作为特定的工商企业和半官办企业的代表加入了上海商业会议公所,但在其中,他们没有一人代表四明公所。参见東亜同文書院编『清國商業慣習及金融事情』(《清代商业习惯及金融事情》)第1卷,109、115—120页。

② 彭泽益编:《中国工商业行会史料集》下册,第878页;東亜同文書院编『清國商業慣習及金融事情』第1卷,116—119页;Leung Yuen Sang(梁元生),"Regional Rivalry in Mid-Nineteenth Century Shanghai: Cantonese vs. Ningbo Men"(《19世纪中叶上海的广东帮与宁波帮竞争》),pp. 29 - 43.

个广东商人组织与上述四明公所相似,无疑通过他们的精英商人领袖继续保持着相互联系。因此,广肇会馆的组织分立并未妨碍其领袖代表整个广东人同乡群体加入上海商业会议公所。1904年,徐润进而作为广肇公所的主要领导人物加入了上海商务总会。但他能够成为上海商务总会首任协理的主要原因还在于他与半官方企业的关系。①

在近代上海,另一个来自广东的较大同乡群体是粤东的潮州帮,但其中商人在方言和贸易上与福建人更为亲近。虽然潮州和福建的商人同乡行会各自经历了内部的分化,但它们仍然通过共享的精英商人领袖加入了上海商业会议公所。潮州会馆于1759年出现在上海后,其中来自揭阳、普宁、丰顺三县以及来自潮阳和惠来两县的商人先后于1822年和1839年前后脱离这一府级会馆,成立了两个独立的县级同乡组织,即揭普丰会馆和潮惠会馆。25虽然福建商人在19世纪50年代中期小刀会起义之前已在上海成立了福建会馆,但该起义失败后,他们并没有重建这一省级会馆。相反,1863年左右,来自福州府的商人建立了位于公共租界的府级三山公所,后来又从中分裂出位于上海县城的沪南三山公所。②

尽管潮州和福建的同乡会馆各自经历了内部组织分裂,它们都将背景不同的精英商人纳入了类似的正式领导体制。1804年

---

① 彭泽益编:《中国工商业行会史料集》下册,第878—79页;徐鼎新:《上海工商团体的近代化》,第518页;東亜同文書院編『清國商業慣習及金融事情』第1卷,119页;徐润:《徐愚斋自叙年谱》,第14a—15a、49a—b、212a—b页。
② Bryna Goodman(顾德曼),*Native Place,City,and Nation:Regional Networks and Identities in Shanghai*(《家乡、城市和国家:上海的地缘网络与认同》),pp. 55 - 56;上海博物馆图书资料室编:《上海碑刻资料选辑》,第68、325、359、507—513页。

前后,潮州会馆先后聘请了两位举人作为董事,而他们两人也是堂兄弟。在上海的福建商人中,属于建宁、汀州府商人的建汀会馆主要是由曾古卿等人于 18 世纪 90 年代末创立的。此后直到 19 世纪 80 年代末,曾古卿的两个儿子和一个孙子相继管理着建汀会馆。在其他旅居上海的福建人士中,泉州、漳州同乡建立了泉漳会馆。曾初泰自 19 世纪 60 年代便开始担任泉漳会馆董事,后来其子曾铸继续担任这一职位。1902 年,曾铸在帮助官僚兼实业家的盛宣怀建立了红十字会在中国的分会之后,又代表福建和潮州两帮商人,参加了盛氏赞助之下成立的上海商业会议公所。①

其余两个与上海商业会议公所直接相关的同乡商人团体是江西会馆和四川会馆。这两个会馆由于来自各自省份的商人不多,只能以省为单位招集足够多的成员,而不是府级和县级同乡团体在省级联合的产物。有关江西会馆的现存文献表明,它也像前面提到的上海同乡行会那样,发展了精英商人的领导体制。1841 年,江西 6 位有功名的绅商出资购买了一座建筑,用作同乡集会的场所。他们的行动很快得到了当时的江西籍上海知县赞助。这 6 位精英商人由此成了该同乡团体最早的董事。1894 年,上海道台和上海知县凑巧都是江西人士。因此,以陈润夫为首的江西商人精英发起了一项新的募捐活动,并受到现任上海知县、道台及其他江西籍官员的支持。他们借此成功地扩大了江西会馆。此外,陈润夫在南帮汇业的领导地位也使他成为上海商业

---

① 上海博物馆图书资料室编:《上海碑刻资料选辑》,第 249—252、275—279 页。《上海县续志》第 3 卷,第 6a 页;第 18 卷,第 47a—b 页。東亞同文書院編『清國商業慣習及金融事情』第 1 卷,119 頁。

会议公所的创办人之一。[①]

　　事实上,这一通商口岸的绝大多数同乡会馆或公所都没有正 [26]
式隶属于上海商业会议公所,但是它们的商人领袖作为 20 多个
同业行会的代表加入了这个晚清中国的第一商会。虽然这些同
业行会也有伴随专业化而来的组织分立趋势,但它们之间及其与
同乡行会之间仍然通过正式、连锁的精英商人领导体制形成了密
切关系。特别重要的是,这些同业行会积极地招募了本地有名望
的士绅进入它们的精英商人领导阶层,以便与地方官府打交道。
因此,它们的发展特别是其中精英商人领导体制通过与官府联系
的扩大,直接影响了上海商业会议公所的崛起。

　　商船会馆是在 1715 年出现的上海最早同业性行会,其中从
事海上航运的沙船号商船主最初轮流担任该公司的司月或月度
经理。19 世纪中期开始,这个会馆为清政府从海上运输江南漕
粮到北京,从而设立常任董事职位。1844 年至 1891 年间,商船
会馆先后聘请了 15 名董事与商人出身的月度经理一起工作,并
充当该会馆与地方官员之间的联系人物。这些董事包括来自官
宦之家的显贵士绅,甚至包括前任官员。[②] 1819 年,从事沿海航
运业务的宁波富商家族,如董氏、方氏、李氏等,创办了单独的浙
宁会馆。到了 19 世纪 90 年代,李氏家族的李慎记和另一宁波家
族的镇康号在商船会馆和浙宁会馆中都兼有领导地位。因此,宁
波李氏家族的一位商人领袖李咏裳后来成为所有沙船号商人在

---

① 東亜同文書院編『清國商業慣習及金融事情』第 1 卷,107、115、120 頁;上海博物館
　图书资料室编:《上海碑刻资料选辑》,第 332—345 页;彭泽益编:《中国工商业行会
　史料集》下册,第 856—857 页。
② 上海博物馆图书资料室编:《上海碑刻资料选辑》,第 196—202 页。《上海县续志》
　第 2 卷,第 22a—b 页;第 3 卷,第 1a—b 页;第 18 卷,第 15a—b、18b 页。

上海商业会议公所的代表。①

在上海从事沿海航运的商人也长期将北方的大豆、豆饼和豆油贩运到南方。因此,行会在这些贸易活动中形成了密切的联系,并通过它们之中类似的或通常兼任的精英商人领袖与当地官府保持着联系,但它们都经历了组织分立,而不是自动联合成为商会的过程。1813 年左右豆业公所萃秀堂出现后,来自苏北青口镇和皖南的豆业运输船商在 1822 年建立了他们分立的祝其公所。尽管如此,豆业公所受到当地官府的特许,占据了城隍庙旁豫园内的萃秀堂等建筑,并负责向所有从事这一行业的商人收取"庙捐"等赋税,因而仍然得以控制大豆、豆饼和豆油贸易。豆业公所还领导了 20 个职业团体,包括 15 个同业行会和艺人、乞丐等团体,共同负责维修、管理豫园内的所有建筑。在这些同业行会组织中,至少有 5 个后来派出了精英商人领袖作为代表,进入上海商业会议公所。②

作为这些上海同业性行会的典型组织,豆业公所从 19 世纪 40 年代到 90 年代的早期领导阶层主要由几个司月或月度经理组成,并不稳定。1890 年,它的 8 名司月是由一家沙船商号的经理单独挑选的。在其他相关行业,米麦杂粮业最初于 1867 年组成了一个联合行会,即仁谷堂,但其中米业商人在 1870 年另建米业公所嘉谷堂。1898 年,米业公所商人公举一名举人担任董事,

① 《上海县续志》第 3 卷,第 5a—b 页;上海博物馆图书资料室编:《上海碑刻资料选辑》,第 201 页;東亜同文書院编『清國商業慣習及金融事情』第 1 卷,119 页;中国人民银行上海市分行编:《上海钱庄史料》,第 734—737 页。
② 上海博物馆图书资料室编:《上海碑刻资料选辑》,第 281—282、304—307、362—364 页;彭泽益编:《中国工商业行会史料集》下册,第 791—795 页;《上海县续志》第 3 卷,第 6b 页;東亜同文書院编『清國商業慣習及金融事情』第 1 卷,115—119 頁。

并得到了当地政府的认可。次年,豆业公所和米麦杂粮公所也挑选了一位当地的士绅作为它们兼任的董事及与政府联系的人物。因此,作为它们兼任的董事,张乐君(嘉年)便在 1902 年代表豆、米两业商人加入了上海商业会议公所。①

通过扩展对于沿海航运、大豆、米粮等行业的金融服务,上海钱庄业逐渐主导了本地市场。1776 年,这一行业的第一个行会晴雪堂在城隍庙东侧的内园建立。它的 12 个早期董事承诺帮助当地官府维护修缮内园,从而赢得了官方对他们行会的庇护。但在 1883,上海县城又出现另立的沪南钱业公所,公共租界内也于1889 年出现了分立的沪北钱业会馆。在这个组织一分为三之后,这两个新的钱业行会的领袖仍然保持着对内园的共同管理,并将此处变为钱业总公所,作为它们举办年度或特别会议的场所。这两个钱业行会都设立了对外联络的董事,它们各自的成员逐渐包括了来自浙江、江苏、安徽、广东等省及从事染料、洋货和其他主要贸易的商人。与此同时,上述的宁波方氏、李氏等商人家族也将他们的支配权力从沿海航运和大豆贸易扩展到了钱庄业。这两个家族钱庄的经理屠云峰和谢纶辉是长期的钱业行会领袖,也是这一行业在上海商业会议公所内的代表。②

如同上述沿海航运、大豆、粮食和钱庄等传统商业中的行会 *28*一样,上海通商口岸的新兴同业性行会也经历了组织上的不断分立和快速增殖,并同样形成了稳定的甚至是连锁的领导体制。这

---

① 上海博物馆图书资料室编:《上海碑刻资料选辑》,第 281—283、364—366 页;彭泽益编:《中国工商业行会史料集》下册,第 793—794、797—799 页;《上海县续志》第3 卷,第 9b 页;東亜同文書院編『清國商業慣習及金融事情』第 1 卷,119 頁。
② 中国人民银行上海市分行编:《上海钱庄史料》,第 9、11、31—35、645—646、731、769—770 页;上海博物馆图书资料室编:《上海碑刻资料选辑》,第 256—257、400—402 页;東亜同文書院編『清國商業慣習及金融事情』第 1 卷,115—117 頁。

些行会中的精英商人通常通过帮助官府征税的活动而发展了他们的正式领导体制，并获得了官方对其权力的承认。后来，他们采用了类似的与清政府互动的方式，帮助建立了上海商业会议公所。

在近代上海的出口贸易中，丝、茶两业商人于1855年联合组织了丝茶公所，但他们很快就分裂为两个团体。1860年，浙江巡抚要求上海商人收取附加丝捐来资助他的镇压太平天国军事行动。上海丝业贸易行业中的8个拥有功名的商人安排了这一附加税收，但他们也向该巡抚要求设立一个会馆，以便为丝商经营慈善事业。作为回应，浙江巡抚为该会馆捐助了1 000两银子，并允许它保留一部分丝捐作为经费。这个丝业会馆的主要成员是浙江和广东两省的精英商人，但它的8位绅商创立者声称该会馆将在来自各地的丝商之间培养情谊。这些精英商人借此确立了他们的绅董地位，每人轮流担任一年的执行董事。此外，他们还聘请了两位士绅担任正副司事，负责会馆一般事务。①

由于上述上海丝茶公所在1867年被其绅商领袖捐献给当地官府作为善堂，一个独立的茶业会馆便在1870年出现。该会馆的茶业商人聘请了一位举人担任董事，管理馆内事务，并负责同官府交涉。他们还雇用了另一士绅担任会计，处理财务，并为官府征收厘金。此外，这个会馆挑选了12名经营茶业的富商，每月轮流担任经理，协助两位绅董处理日常事务和财务问题。这个茶业会馆的主要创始人和长期管理者之一就是前述广肇公所和丝

---

① 《上海县续志》第3卷，第8a页；彭泽益编：《中国工商业行会史料集》下册，第766—769、777页。

业会馆的兼职领袖徐润,而他也是上海商务总会的首位协理。①

　　与此类似,上海土布公所曾向清政府供应土制棉布,洋货公所曾在公共租界中帮助地方官员征收洋布贸易的厘金。因此,这 *29* 两个棉布贸易行会均将地方士绅纳入其精英商人领袖之中,并发展了正式的董事制度。到 19 世纪末,这样的精英商人主导的行会领导体制也出现在棉花、煤炭、水果、木材、典当等行业。尽管很难详细描述所有这些行会领袖之间的相互关系,现有资料显示煤炭和洋布业的行会领袖如陈乐庭和许春荣等也参与了当地的钱庄行会。② 这种正式、连锁的行会领导体制初步整合了这个最大通商口岸的各类精英商人,加强了他们与地方官员的接触,以至于他们可以通过与清政府的进一步互动,在 1902 年联合起来建立上海商业会议公所。

行会和精英商人突破商业及地方社区的联系

　　从上海到江浙地区的其他城镇,晚清商人精英领导下的行会也呈现出类似的组织分立、数量增加及其相互之间和对外关系的制度化与扩大化。许多行会不仅确立了精英商人的领导体制,而且发展了跨越不同城、镇之间的联系。它们的商人领袖进一步加入其他社会精英,进行地方善举等公共活动,有时甚至帮助官员在其他省份救济饥荒。结果,这些行会领袖将他们的社会关系扩

①《上海县续志》第 3 卷,第 8a 页;東亞同文會編「支那経済全書」第 2 卷,299 页;徐润:《徐愚斋自叙年谱》,第 14b、16b、102a、105b 页。

② 上海博物馆图书资料室编:《上海碑刻资料选辑》,第 204、355、361、402、409 页;彭泽益编:《中国工商业行会史料集》下册,第 815 页;《上海县续志》第 3 卷,第 8b—9a、12b 页;中国人民银行上海市分行编:《上海钱庄史料》,第 34、743 页;江苏省博物馆编:《江苏省明清以来碑刻资料选集》,第 508—509 页。

展到当地工商业和社区事务的范围之外。这种行会及其精英商人领袖之中的关系变化直接导致了后来的商会发展遍布江浙地区的社团网络,并且将其网络延伸到该地区之外。

在晚清时期的上海,较大的商人行会逐渐与江浙地区内外其他城镇的类似组织形成了制度上的联系。早在 1882 年,上海四明公所就在宁波设立了分所。它们通过密切合作为其成员服务,其活动主要是帮助运送死亡成员的棺柩回到故乡安葬。四明公所后来扩大了与江浙地区,乃至该地区以外的其他宁波同乡组织的制度性关系。从 19 世纪 70 年代初开始,上海茶业会馆也开始与长江中游的另一通商口岸——汉口的茶业行会密切合作,管理两地之间的茶业贸易。值得注意的是,四明公所和茶业会馆的主要领袖分别包括了严信厚和徐润,而他们分别是未来上海商务总会的首任总理和协理。①

商会兴起之前,上海的商人行会就已在其城市社区内外开展公共活动,这种活动进一步让精英商人得以进入整个城市范围的机构。早在 1789 年,这些行会就开始为上海本身和松江府城的善堂定期提供资金。主要是在这样的行会资助之下,1855 年上海同仁辅元堂合并了该城两个原有善堂,并随后在公共租界和法租界分别建立了分堂。它还接管了 3 个收容弃婴和寡妇及为渡轮乘客设立的善堂。在数十名士绅、行会领袖以及其他精英商人的领导下,这个全市性的善堂将其活动扩大到市政服务的领域。它不仅负责修建道路、桥梁和寺庙,而且积极组织民团、架设路

---

① 彭泽益编:《中国工商业行会史料集》下册,第 907—909 页;William T. Rowe(罗威廉),*Hankow: Commerce and Society in a Chinese City*(《汉口:一个中国城市的商业和社会》),p. 138;上海市工商业联合会、复旦大学历史系编:《上海总商会组织史资料汇编》上册,第 94 页。

灯、维护街道卫生。①

　　1878 年前后,上海和其他江浙地区城市的商人行会和城镇善堂的领袖甚至组织了大型赈灾活动,救济直隶、河南、山西和陕西四省饥民。这是一场大规模的组织制度化的合作,预示了未来商会网络的发展。在这场赈灾活动中,浙江籍商人慈善家经元善与曾任买办的广东籍人士郑观应发挥了领导作用,而郑氏将是商会的主要倡办者之一。1879 年,他们集合了 20 多位来自江苏、浙江和其他省份的士绅和精英商人,成立了上海协赈公所。该公所最初设在经氏的钱庄,后来就设在郑氏的家中。它在江浙地区内外设有 10 余个分支机构,与多个行会、善堂、商铺密切合作,为中国北方的救济灾民活动募集和分发资金。②

　　冉枚铄曾就浙江精英经管慈善事业和这次赈灾活动进行研究,强调他们扩大了有别于私人利益和官方行政的公共领域。③然而,经元善带头赈灾的一个原因是希望以此善举帮助他在 40 岁时生育一个儿子传宗接代。1880 年经元善的长子出生,这进一步激发了他对慈善活动的热情。就在这场赈灾活动之后,经元善和郑观应都得到直隶总督李鸿章的任命,办理上海的半官办企业。④ 显然,慈善机构和活动将精英商人的个人利益带入了公共 ^31^ 活动中,并为他们谋求个人影响、声望及其与官府的联系提供了便利。因此,除了商人行会,在上海和其他江浙城市之中的善堂

---

① 《上海县续志》第 2 卷,第 31a—39a 页;第 7 卷,第 9a—10b 页。《上海同仁辅元堂征信录》,第 1a、10a—b、62a—b 页。
② 经元善著、虞和平编:《经元善集》,第 19、36—38、326—327 页;郑观应:《盛世危言后编》第 14 卷,第 13b、24a—25b 页。
③ May Backus Rankin(冉枚铄), *Elite Activism and Political Transformation in China*(《中国精英行动主义与政治转型》), p. 15, pp. 142 – 147.
④ 经元善著、虞和平编:《经元善集》,第 276、286、326—327 页。

也为后来商会的兴起准备了精英商人的领导体制,成为后者的组织制度和网络发展的先声。

徐润是这些精英商人领袖当中的一个典型人物。他既是广东商帮、茶业和丝业的行会领袖,也是上海 3 个善堂的董事。徐氏自传中指出,他从 1868 年开始介入的慈善活动让他得以结交盛宣怀等官员及多位江浙士绅,而盛氏就是在 1902 年出现的上海商业会议公所的赞助人。善堂的领导体制也进一步将精英商人之间的人际关系制度化。如上海仁济堂聘请徐氏等广东精英商人为董事,又将严信厚和朱葆三等浙江精英商人纳入其领导阶层。严氏、朱氏和徐氏后来一同成为上海商务总会的 3 位主要领导人。①

工商业行会和城市善堂在苏州的出现均早于上海。它们在苏州的发展反映了更长时段的商人社区关系变化及其所导致的商会兴起过程。晚清苏州的精英商人与其他有着悠久历史的商业和政治中心城市的商人更为相似,比上海的上层商人具有更强的士绅背景,与官府的关系更加密切。他们更早就已在行会内部设立、占据常设董事职位,并将慈善活动扩展到商人社区甚至是所在城市之外。但由于其他原因,苏州的商务总会直到 1905 年才出现,比上海商业会议公所的成立晚了 3 年。②

在苏州,来自广州府的商人和官员已于 1620 年成立了名为岭南会馆的府级同乡组织。此后,广东商人在苏州至少形成了一

---

① 徐润:《徐愚斋自叙年谱》,第 14b—15a、16b 页;《上海仁济堂征信录》,第 1a—3a、6a—23b 页;東亜同文書院編「清國商業慣習及金融事情」第 1 卷,109、115 页;上海市工商业联合会、复旦大学历史系:《上海总商会组织史资料汇编》上册,第 50—51、94 页。
② 马敏、朱英:《传统与近代的二重变奏:晚清苏州商会案例研究》,第 50—51 页。

个省级、两个府级和两个县级的同乡会馆。1878 年,他们甚至与来自广东和广西的地方官员合作,建立了一个名为两广会馆的省级同乡联合组织。虽然如此,无论广东省级会馆,还是两广会馆,都没有将上述原有的府、县会馆合并。在晚清苏州方志中,所有广东人的会馆仍然是作为相互独立的同乡组织而被记录下来的。[①]

这些苏州的同乡性行会与其上海的同类组织一样,建立了精英商人的领导体制。当地的商会网络出现之前,这些行会领袖也在不同的江南城镇之间形成了彼此之间的联系。作为广东商人在江浙地区的最早同乡组织之一,潮州会馆首先出现在江宁,后来在 17 世纪中叶迁至苏州。它在上海的潮州会馆之前就设立了董事职位,任期 3 年。1781 年至 1784 年,它的董事是一位来自潮州、获得进士头衔的候补官员。两广会馆更将苏州和周边城市的广东、广西籍贯的商人和现任官员联系起来。1878 年前后,它从苏州、上海等城市的官员和"绅商"那里得到捐助,建立了会馆的房屋。这些提供捐助的两广精英商人包括前面提及的徐润,他也是未来的上海商务总会首任协理。[②]

1912 年之前,苏州的外来居民形成的其他同乡会馆或公所大约有 10 个属于省级,20 个处于府级,4 个位于县级,甚至还有一个低至镇级。现有资料表明,10 个省级会馆中至少有 5 个是

[①] 吕作燮:《明清时期苏州的会馆和公所》,第 10—12 页。广东会馆为吕氏的论文遗漏,但见于《吴县志》第 30 卷,第 5b—6b 页。

[②] 江苏省博物馆编:《江苏省明清以来碑刻资料选集》,第 340—350 页;上海市工商业联合会、复旦大学历史系编:《上海总商会组织史资料汇编》上册,第 94 页。关于苏州和上海潮州会馆的其他联系,参见 Bryna Goodman(顾德曼),*Native Place, City, and Nation:Regional Networks and Identities in Shanghai*(《家乡、城市和国家:上海的地缘网络与认同》),pp. 56 - 57。

由同乡商人与同籍的官员一起创办或仅由同乡官员建立。至少8个府级会馆和公所是由商人和官员联合创办。① 这些同乡会馆或公所后来都没有与苏州商务总会发展直接的附属关系,但它们之中的许多精英商人仍然以同业行会领袖的身份加入了这个商会组织。这是因为同乡性和同业性的行会早就通过他们彼此连锁的领导体制形成了相互联系。②

在苏州的同业行会中,丝绸业会馆和公所为1905年诞生的苏州商务总会提供了数量最多的精英商人领袖,并为江浙地区工商业行会的组织分立、数量增加和关系扩大提供了最有戏剧性的案例。如前所述,早在1295年,苏郡机业公所已经作为丝绸业工匠行会的先驱出现在苏州。到19世纪中叶,苏州又出现了另外4个不同的机业公所,均为丝织业工匠行会,其中至少一个是由当地士绅建立的。③

苏州商务总会出现之前,丝绸业中的商人也倾向于分立更小区域的同乡行会与更加专业化的同业行会,以便容纳相互关系更为紧密的同乡和同业成员。1723年以前,当地经营纱缎生意的牙人经纪已经组成了一个雏形行会,但来自浙江杭州的绸缎商人于1758年成立了既是同乡也是同业的钱江会馆。此后,籍贯浙江湖州府的绉绸商人和来自河南武安县的绸业商人于1789年和1886年先后成立了各自的同乡兼同业行会,即吴兴会馆和武安会馆。从事纱缎机业生产的商人也于1822年成立了自己的同

① 范金民:《明清江南商业的发展》,第286—294页。
② 关于苏州商务总会中的非本地籍贯精英商人及同业行会代表,参见章开沅、刘望龄、叶万忠主编:《苏州商会档案丛编1905—1911》,第49—52、67—68页。
③ 顾震涛:《吴门表隐》,第63—65页。

业行会——云锦公所。①

　　除了这 9 个苏州丝绸业机户和商人行会,该城一位监生胡寿康于 1843 年组织了七襄公所,作为绸缎批发和零售商人的慈善机构。胡氏和一位好友各自垫付了 500 两白银,购买了一座私人花园作为该公所建筑。他们向苏州的省、府官员请愿,要求所有绸缎商铺缴纳其销售额的 5% 作为该公所的慈善基金,这一请愿得到了官方批准。苏州知府还与其所属吴、吴江、震泽等县的知县以及浙江省嘉兴、湖州两府的官员联系,通知这些地方的所有丝绸商铺为此公所的慈善事业缴纳同样比例捐款。② 苏州府的吴、吴江、震泽三县知县以及湖州府的乌程县知县也向当地商人发出了类似的通告。③

　　通过这样强有力的官方赞助,七襄公所的影响力从苏州扩展到临近府县的丝织品市场,并发展了正式的精英商人领导体制。该公所主要创始人胡寿康被苏州知府确认为董事。随后,胡氏邀请一位士绅担任会计。在这些绅商领袖管理之下,七襄公所既是一个为绸缎业中老年和残疾商人提供帮助的慈善机构,也是一个监管丝织品价格和质量的同业行会。1859 年,这个公所的领导阶层扩大,包括 2 名监生和其他 5 名精英商人,其中人物之一即

① 苏州历史博物馆、江苏师范学院历史系编:《明清苏州工商业碑刻集》,第 11—15、19—22、42—46 页;江苏省博物馆编:《江苏省明清以来碑刻资料选集》,第 389、661 页。

② 苏州历史博物馆、江苏师范学院历史系编:《明清苏州工商业碑刻集》,第 28—29 页。"七襄"指的是织女星的每日运动轨迹。

③ 王国平、唐力行编:《明清以来苏州社会史碑刻集》,第 298—300 页;苏州历史博物馆、江苏师范学院历史系编:《明清苏州工商业碑刻集》,第 27 页;江苏省博物馆编:《江苏省明清以来碑刻资料选集》,第 29 页。

是与胡寿康排行相同的家人或族人。[1]

虽然七襄公所并没有将苏州绸缎贸易中已经存在的同业行会联合起来,不过它的精英商人领袖在官府的支持下取得了这一行业中的广泛支配权力,并从事商业活动之外的公共事业。1890年,来自绸缎商人家庭的绅士尤先甲甚至成为经管苏南和其他省份赈济事务的领袖。此后,他还担任过两个善堂的董事,并在1900年义和团起义期间担任过当地民团的主要统领。因此,1905年尤氏成为苏州商务总会的主要创始人和首任总理。他和其他苏州精英商人正是在七襄公所之内创立这个商会组织的。[2]

34 根据1843年前后苏州本地史料记载,该城绸缎业中的七襄公所、洋货业中的咏勤公所及其他行业的同业行会都是通过"呈官公建"的过程而正式成立的组织。[3] 就此类行会事务与官府的联系显然有助于精英商人在其所在的同业行会中发展与七襄公所类似的正式领导体制。这些行会领袖和其他精英商人也通过参与慈善机构形成相互关系。比如苏州商务总会的主要创始人尤先甲就与典当业行会的主要领袖建立了姻亲关系,而且他们对当地的慈善事业都有共同兴趣。[4]

苏州酱业公所的案例进一步说明,它的精英商人领袖在参与创立苏州商务总会之前就已经将他们的个人关系和领导权力从他们的同乡和同业行会扩展到公共事务活动之中。1873年,这个公所由来自苏州、江宁以及安徽、浙江等地的86位酱

---

① 苏州历史博物馆、江苏师范学院历史系编:《明清苏州工商业碑刻集》,第26、28—29页。
② 吴琴:《关于尤先甲史料一则》,第146—150页;章开沅、刘望龄、叶万忠主编:《苏州商会档案丛编,1905—1911》,第2、12、50页。
③ 顾震涛:《吴门表隐》,第122—123页。
④ 包天笑:《钏影楼回忆录》,第13—16、79页。

业商人组成,但它的 4 位首任董事中的 3 人是来自苏州和杭州的潘氏宗亲。潘氏家族很早就从安徽迁移到苏州,同时该族成员也在杭州从事盐业贸易。清朝时期,仅潘氏家族在苏州的分支就产生了 11 位进士、31 位举人和 20 名贡生。在入朝为官的潘氏族人中包括一位大学士和另一位军机大臣。这些具有影响的精英商人出面向官府提出创建一个在该业办理慈善事业和监管贸易活动的酱业公所,这一请求极为容易地得到了地方官的批准。①

潘氏家族此后控制了酱业公所的领导权力,来自这一显贵家族的精英商人潘祖谦也积极参与当地的公共活动。当清朝在甲午战争中遭受失败后,1895 年签订的中日《马关条约》规定苏州为新的通商口岸。因此,潘祖谦和前文提及的尤先甲以及一位拥有绅士头衔的钱庄老板张履谦(月阶)受到官府委托,在苏州郊区划定日本租界的边界。1902 年,潘祖谦和另外两位士绅吴子和、彭福孙从地方官府得到支持,又得到徐俊元、倪思九、庞秉铨三位善堂领袖的协助,得以在苏州城外的陆墓镇修建一座桥梁,并在次年就完成了这个工程。仅两年之后,所有这 6 名绅士和绅商与此前提及的尤先甲、张履谦等精英商人一道创办了苏州商务总会。②

与苏州绸缎业中的七襄公所一样,杭州、江宁等江浙城市以

---

① 苏州历史博物馆、江苏师范学院历史系编:《明清苏州工商业碑刻集》,第 260—261 页;Yongtao Du(杜永涛),"Translocal Lineage and the Romance of Homeland Attachment"(《跨地域的宗族与乡情》),pp. 37 - 41;马敏、朱英:《传统与近代的二重变奏:晚清苏州商会案例研究》,第 285 页。

② 苏州历史博物馆、江苏师范学院历史系编:《明清苏州工商业碑刻集》,第 260—261、321—323 页;江苏省博物馆编:《江苏省明清以来碑刻资料选集》,第 193 页;《吴县志》卷 23B,第 19a—21a 页;章开沅、刘望龄、叶万忠主编:《苏州商会档案丛编 1905—1911》,第 2、46—47 页。

及地处长江三角洲中心的吴淞、罗店等镇的行会也为当地商会的
最初建立提供了场所。① 但是,行会领袖和其他精英商人为这些
商会的创立提供了更为重要的社会经济关系资源,包括他们在工
商业和社区公共活动中的正式领导权力、非正式人际关系及其与
地方官员的密切联系。

在浙江省会杭州,富有的商人和显贵的士绅在慈善活动中早
就形成了他们的共同领导体制,从而使他们后来能够协力组成一
个商务总会。在这个省城及其附近的城镇,许多工商业行会向十
几个慈善机构组成的慈善总局提供资金,而后者的"善举总董"
均来自士绅或是商人背景。② 于是,缙绅出身的善局总董之一樊
恭煦后来带领本城商人行会于 1906 年创建了杭州商务总会,并
出任首任总理。③

从上述江浙地区的大城市到较小城镇,行会在 19 世纪后期
都普遍建立了较为正式的由士绅和富商组成的领导阶层,其中具
有较大影响的领袖人物后来都成为商会的创立者和领导者。早
在 1886 年,玛高温就在上海、宁波、温州等地见证了这类商人行
会领袖的广泛影响:

> [行会]领袖包括一名总董及经过年度选举、并可连选连
> 任的委员会成员……其中最为重要的人物是常任书记,一位
> 领取薪酬的士绅。他拥有功名,有权亲自会见官员,并作为
> 行会代表,具有公认的领袖身份。他是商人与官府所有往来
> 的媒介,并在衙门作为行会的合法代表出现,为行会利益辩

---

① 《商务报》1904 年第 8 期,第 27 页;《南洋商务报》1906 年第 1 期,"规律"第 3a 页;
  《宝山县续志》第 6 卷,第 31a—32b 页。
② 夫马进『中国善会善堂史研究』,545—547、557—558、563—583 页。
③ 浙江同乡会编:《浙赣铁路事件》,第 12 页;《中外日报》1906 年 10 月 21 日。

护,为受到损害的成员要求赔偿,并在必要时捍卫和保护所代表的行业。在地方官府为了公共工程、慈善机构和紧急情况需要向行会筹款之时,这位常任书记至关重要。①

显然,这些工商业行会中混杂的绅、商领袖不仅使用了年度选举等制度化措施,还运用了与官府的联系去强化他们的权力。通过与当地官员的联系,他们进一步将其商人组织活动扩大到公共事务之中。确实,在宁波当地的钱庄、草药、典当和其他行业的商人通常都聘请士绅作为他们的行会领导人,并称他们为"公行先生"或"会馆先生"。② 在温州,商人行会则定期从较大商铺中选拔行会领袖,或者聘请士绅作为它们的书记和经理。③ 如第二章所示,在宁波和温州,当地行会的士绅和商人领袖后来共同建立了商会。

与这些城市的行会相比,江浙地区市镇的行会更难集聚足够 *36* 的成员和资源,也更难从具有名望的绅商或同乡的官员那里得到保护。因此,市镇一级的同乡和同业行会往往会扩大其地域和行业联系,招揽临近市镇的商人或者相关行业的商人为会员。尽管这些市镇行会领袖中的许多人缺乏声望,他们仍然通过灵活利用宽泛的地域性关系、资助地方慈善活动或在征税活动中提供服务来确保官府的保护和士绅的支持。因此,市镇行会及其声望较低的领袖也成功地发展了广泛关系和正式领导体制,奠定了未来商会的网络基础。

---

① D. J. MacGowan(D. J. 玛高温), "Chinese Guilds or Chambers of Commerce and Trades Unions"(《中国行会或商会与工会》), p. 138.

②《鄞县通志》第二"政教制",第1522—1523页;第四"文献志",第2637页。

③ "China: Imperial Maritime Customs"(《中华帝国海关》), *Decennial Reports, 1892-1901*(《海关十年报告,1892—1901》), Vol. 2, p. 80;邱百川:《温州商会之创立与沿革》,第156—158页。

位于苏州以南的盛泽镇以绸业贸易著称,其中的商人行会提供了一个罕见的同乡组织合并的范例,它们在镇内外关系的扩展对于后来成立的一个商务分会更为重要。该镇内来自徽州、宁国两府的商人原有各自的会馆及其房屋地产,但他们在 1809 年共同建造了一座徽宁会馆。这个联合建立会馆的行动得到了苏南浙北几个市镇同乡提供的资金支持,不过并未导致该镇其他行会的进一步合并。①

至 19 世纪后期,盛泽镇已有近 20 个同乡和同业行会,在绸业中的商人组织形成了特别广泛的网络。除了他们在该镇的同业行会,盛泽绸商还在苏州成立了一个非正式的团体,在上海建立了一个正式的行会,后者并为上述上海仁济堂及其慈善活动提供资助。所以,1906 年,一位具有绅士头衔的绸业富商顺理成章地成为该镇商务分会的主要创始人和第一任总理,而该商务分会也设在一个善堂之内。就像该镇原有的行会一样,这个商务分会同样接受附近市镇商人为会员,并承诺与苏州和上海的商务总会就丝绸贸易相关的问题进行合作。②

另一个案例显示,浙西丝绸重镇双林的商人行会巧妙地利用了他们为官府提供的征税服务活动,在其组织本身和当地慈善机构之间建立起精英商人的领导体制。从 18 世纪早期开始,该镇商人就建立了大约 6 个同乡和同业行会,但他们早期的组织大多毁于太平天国战乱。1865 年地方官员开始征收厘金后,当地丝

37

---

① 苏州历史博物馆、江苏师范学院历史系编:《明清苏州工商业碑刻集》,第 355—357 页。

② 范金民:《明清江南商业的发展》,第 286—288、294 页;苏州历史博物馆、江苏师范学院历史系编:《明清苏州工商业碑刻集》,第 42—43 页;《上海仁济堂征信录》,第 18a 页;章开沅、刘望龄、叶万忠主编:《苏州商会档案丛编,1905—1911》,第 119—121 页。

商于 1870 年选出一位士绅作为他们新建的丝捐公所董事,为政府收税。1870 年,他们进而每月挑选两名司事,为该同业行会处理财务,并为镇内 3 个善堂管理田产资金。①

　　同时,在双林镇所属的湖州府境内,其他城镇丝商普遍选择士绅作为其行会董事,负责征税活动。在该镇内,绢业商人于 1902 年也选择了一位士绅沈善同作为他们公所董事,试图建造公所房屋。因为沈氏无法在绢业商人中收取足够建筑资金,他又向丝业商人募捐。因此,该镇丝、绸商人随后在沈氏的领导下成立了丝绢公所。同样,该镇米行、典当等业的行会也陆续选出了董事。然而,这些精英商人领袖并没有随丝、绢两业之后,组成联合的行会。直到 1907 年,这些行会领袖才在一位本地出身的官员鼓励下,组成了一个商会分所,借此"联络商情,维持公益"。②

　　双林镇的案例表明,江浙地区的行会不仅在城市而且在市镇之中形成了精英商人的领导体制。这些行会领袖,尤其是大城市的精英商人领袖也将他们的个人关系和利益扩展到工商业和当地社区以外的公共事务之中。因此,这一地区的精英商人已经做好准备,同改良派士大夫一同应对包括西方商会在内的外国势力挑战。在通过行会和善堂建立的广泛关系之上,这种社会精英自然设计了超越单独城、镇的商会网络。

士大夫和精英商人对西方商会的反应

　　19 世纪 30 年代鸦片战争爆发前夕,西方商会随着外国的商

---

① 《双林镇志》第 8 卷,第 1b—2b 页;第 32 卷,第 9b 页。蔡松编《双林镇志新补》,第 718 页。
② 蔡松编《双林镇志新补》,第 717—718 页;《双林镇志》第 30 卷,第 37b 页。

业、军事和政治扩张进入中国。与欧洲和北美的国内商会不同，这些设在中国的西方商会不仅是外国商人的全国性和国际性组织，而且也是外国列强在中国从事冒险事业的政治伙伴。因此，江浙地区的改良派士大夫对这些西方商会的最初反应是为中国商人设计类似组织，超越行会的同乡和同业的局限性来推动华商团结，并促进官商合作，共同对付外国势力入侵。随后，精英商人领袖提出了更有创意的计划，试图发展从大都会到小城镇的广泛商会网络，并要求政府赞助，而不是让官僚控制这些新的商人组织。

中国的第一个西方商会出现于 1834 年，这年正是英国驻华贸易总监律劳卑（William John Napier）试图绕过清政府特许垄断对外贸易的广州牙行或所谓"十三行"，通过与清朝官员直接交涉来扩大英国利益之际。当律劳卑的企图遭到中国官员和商人抵制后，一个英国商会在他的建议下于 1834 年 8 月 25 日出现于广州的外国商馆区内。① 这个英国商人组织的主要目的是"在律劳卑勋爵试图强行打开中国大门的时候，确保统一行动"。② 1836 年，广州和澳门的英国及其他西方国家商人进一步通过成立一个总商会联合起来，并借此扮演了各种商业性或者政治性角色，直到它在鸦片战争爆发之前解散。③

---

① E. J. Eitel（E. I. 艾特尔），*Europe in China*（《欧洲人在中国》），pp. 24 – 35；John King Fairbank（费正清），*Trade and Diplomacy on the China Coast*（《中国沿海的贸易与外交》），Vol. 1，pp. 48 – 51，78 – 79.

② Julean Arnold（朱利安·阿诺德），*China*（《中国》），pp. 378 – 379.

③ E. J. Eitel（E. I. 艾特尔），*Europe in China*（《欧洲人在中国》），p. 67；Julean Arnold（朱利安·阿诺德），*China*（《中国》），p. 379；吴义雄：《广州外侨总商会与鸦片战争前夕的中英关系》，第 91—116 页。

鸦片战争打开了中国大门后,新的通商口岸出现了更多的西方商会,如上海、厦门、福州、汉口、天津以及被英国占领的香港。1847 年,一个英国商会首先在上海成立。它在 1867 年开始吸收这一通商口岸的其他外商,并改名为上海西商总会(Shanghai [Western] General Chamber of Commerce)。① 此后,上海西商总会成为中国通商口岸内的其他外国商会的榜样和领袖。它还与江浙地区的中国商人行会及地方官发生了直接接触甚至卷入冲突,从而对清末士大夫和精英商人设计、建立类似组织产生了显著影响。

如表 2 所示,直到 19 世纪 80 年代,上海西商总会仅由英、德、美、法四国公司组成。那时,它每年选举一个执行委员会,其成员包括"四名英国人,两名美国人和两名欧洲大陆国籍的成员",即法国和德国人。② 至 1890 年前后,这个西方商会开始接纳日本和其他外国公司为其会员。到 1901 年,上海西商总会变得更像一个国际商人协会,拥有来自 11 个国家的 92 名成员。尽管如此,它仍然主要是一个西方组织。除了 3 家日本公司,其余成员都是欧美公司。

19 世纪后期,上海西商总会一直将其会员资格限制为大型

---

① Shanghai [Western] General Chamber of Commerce(上海西商总会),*Annual Report for 1876*(《1876 年年度报告》),Appendix, p. 1; *Report of the Committee of the Shanghai General Chamber of Commerce for the Year Ended 31 December 1904 and Minutes of the Annual General Meeting of Members held on 27 March 1905*(《上海西商总会委员会 1904 年度报告和 1905 年 3 月 27 日年度会员大会记录》),pp. 9 - 10.

② Shanghai [Western] General Chamber of Commerce(上海西商总会),*Minutes of the Annual General Meeting*,*November 26*,*1869*(《1869 年 11 月 26 日年度大会记录》),p. 3.

外国公司,拒绝接受个人会员,并收取高额会员年费。[1] 但它积极从外国外交机构和军队中招募个人成员。根据其规定,上海西商总会接受来自外国政府的重要来访官员作为客座会员,并不收取任何费用。它也邀请列强的外交官和海军军官作为荣誉成员,其中前者无需支付任何会费,后者仅需支付少量会费。[2] 这套规则后来影响了上海商务总会,后者自称具有与上海西商总会"类似的目的和规章"。[3]

表2 1880、1890和1900年间上海西商总会会员国籍

会员国籍	会员数量		
	1880	1890	1900
英国	33	29	47
德国	6	6	21
美国	3	4	7
法国	4	2	6
日本		1	3

---

[1] Shanghai〔Western〕General Chamber of Commerce(上海西商总会),*Annual Report for 1868 - 69*(《1868—1869年度报告》), p. 5；*Minutes of a General Meeting, December 31, 1869*(《1869年12月31日大会记录》), p. 4；*Annual Report for 1891*(《1891年年度报告》), p. 2；*Annual Report for 1892*(《1892年年度报告》), p. 3；*Annual Report for 1896*(《1896年年度报告》), p. 3.

[2]《上海西商总会章程》,第17a—25b页。该文件的原始英文版本尚未找到,但这份中文版本的规章应该对于晚清商人、官员和士大夫改良派更有影响。它于1899年在上海的《时务报》首先发表,而该刊物是一份流传甚广的改良派宣传出版物。这份中文译件后来又转载于《湖北商务报》1899年第23期,第17a—25b页。

[3] Shanghai〔Western〕General Chamber of Commerce(上海西商总会),*Report of the Committee of the Shanghai General Chamber of Commerce for the Year Ended 31 December 1904 and Minutes of the Annual General Meeting of Members held on 27 March 1905*(《上海西商总会委员会1904年度报告和1905年3月27日年度会员大会记录》), p. 51.

续表

会员国籍	会员数量		
	1880	1890	1900
瑞士			3
比利时			1
丹麦			1
荷兰			1
意大利			1
俄国			1
总计	46	42	92

资料来源："Shanghai〔Western〕General Chamber of Commerce"(《上海西商总会》), *Annual Report for 1880*(《1880 年年度报告》), p. 4; *Annual Report for 1890*(《1890 年年度报告》), p. 5; *Annual Report for 1900*(《1900 年年度报告》), p. 5。以上资料中每一年度报告所列会员实际为次年数目。

上海西商总会不仅以其规章制度,还以它努力与外国政府建立直接联系的行动影响了中国的社会精英。1869 年该组织的大会上,英国怡和洋行(Jardine Matheson & Co.)的代表 F. B. 约翰逊(F. B. Johnson)提议,"〔上海西商〕总会应该向与中国签有条约的列强外交部门直接发表意见,并与欧美主要商业机构保持联系"。① 针对这一提议,委员会主席 F. 波特(F. Porter)表示了担忧。他认为,这会使上海西商总会成为一个政治机构,而不是商业组织,并超过它能承受的财政负担。然而,1869 年 12 月上海西商总会召开全体会议,仍然通过了约翰逊的建议,并提高

① Shanghai〔Western〕General Chamber of Commerce(上海西商总会), *Minutes of the Annual General Meeting*, *November 26*, *1869*(《1869 年 11 月 26 日年度大会记录》), p. 2.

了会员年费,以资助这一计划。①

正如波特所担忧的那样,上海西商总会确实将其关注焦点从商业扩大到了政治方面,并在其运作中更像是一个政治性而非商业性组织。一位美国人对上海西商总会的记载印证了这个观点:"[上海西商]总会与美国商会的一般概念不同。它不是一个'促进贸易'的机构……但具有广泛的权力,被外国领事官员和中国人都视为几乎具有半官方地位的组织。简言之,如果总会就贸易事项建议采取某些行动,通常会理所当然地被接受,外国领事也会要求其本国在华侨民以及中国政府进行同样行动。"②

确实,上海西商总会与外国列强密切合作,从清政府攫取经济和政治上的权益。在 1868 年中英关于修改《天津条约》的谈判中,英国领事阿礼国(Rutherford Alcock)特别邀请上海西商总会发表意见,并请其为在中国开放更多通商口岸问题提供信息。上海西商总会随即召开全体大会,倡导开放新的通商口岸,甚至提倡将"整个中国对外国的资金和技术开放"。大会并选出 3 名成员与总会执行委员会合作,收集关于建议开放的通商口岸信息。上海西商总会对阿礼国的回应后来转交到驻北京的所有外国公使、英国和荷兰外交大臣、英国国会议员以及英国和法国的商会。③

上海西商总会也与当地公共租界工部局之间有着密切合作。

① Shanghai [Western] General Chamber of Commerce(上海西商总会),*Minutes of the Annual General Meeting*,November 26,1869(《1869 年 11 月 26 日年度大会记录》),p. 2;*Minutes of A General Meeting*,December 31,1869(《1869 年 12 月 31 日大会记录》),pp. 3 - 4.

② Julean Arnold(朱利安·阿诺德),*China*(《中国》),p. 379.

③ Shanghai [Western] General Chamber of Commerce(上海西商总会),*Annual Report for 1868 -69*(《1868—1869 年度报告》),p. 2;*Annual Report for 1869 -70*(《1869—1870 年度报告》),p. 2.

1897 年，工部局特别寻求总会支持，企图将公共租界扩展到华界之内。上海西商总会对此行动给予了热情协助，向驻北京的外交 *41* 使团通报了"上海外国人的社区对于这一行动［表示支持］的公共舆论是一致、坚定，并且合理的"。①

　　作为一个活跃而强大的在华外国企业联合组织，上海西商总会长期介入了与中国商人行会进行商业竞争甚至对抗的活动。1873 年，一家外国公司因其买办使用公司的期票偿还他在一家中国钱庄的个人债务，拒绝兑现这份被挪用的期票。上海北市钱业会馆敦促上海西商总会遵守中国钱庄惯例，强调公司期票的兑现与其持有人身份无关。当这一要求遭到上海西商总会拒绝后，上海北市钱业会馆在 1874 年组织了华人行会抵制所有外国公司，迫使西商总会接受了中国钱庄的金融交易惯例。②

　　虽然中国商人行会与上海西商总会有过直接的接触甚至冲突，它们并未自动模仿这一西方商业组织，也没有超越同乡和同业的局限而联合成为一个类似的团体。但是，晚清的一些改良派士大夫及江浙地区的精英商人领袖长期以来对上海西商总会表示了兴趣，并从 19 世纪 80 年代初开始起草不同的计划，谋求建立类似的华人组织。

　　作为晚清上海西学和改良派的先驱之一，钟天纬首先提出了在中国建立西式商会的建议。③ 1884 年，他向晚清中国早期工业化的新晋领袖、两广总督张之洞上书，提出《扩充商务十条》，其中

---

① Shanghai［Western］General Chamber of Commerce（上海西商总会），*Annual Report for 1897*（《1897 年年度报告》），p. 1；*Minutes of the Annual General Meeting on March 31, 1898*（《1898 年 3 月 31 日年度大会记录》），p. 1.
② 中国人民银行上海市分行编：《上海钱庄史料》，第 21—23 页。
③ 关于钟天纬的生平与思想，见钟祥财：《钟天纬思想论要》，第 261—269 页。

第一条即为请"设商会……仿外洋领事[在通商口岸]之法,许各业推举绅董,优以体制,假以事权,遇有商务,许其直达有司。凡有益于中国商业,听其设法保护,而不以成法扰之"。[①]

钟天纬显然认为西方商会主要是追求官、商合作的一个联络机构。因此,他建议通过官方的支持成立类似的中国商人组织,用以强化官商联系。他的建议在当时没有得到张之洞的积极回应,但10年后,继钟天纬之后在江浙地区活动的改良派士大夫和精英商人再次提出这一建议,请求官方关注。20年后,他们最终促使清政府在全国范围内推广商会。

42   1888年,上海的另外两位维新派士人也以本地行会为基础,或仿照西方股份公司模式,策划了新的商业组织。他们的设想也在后来影响了关于中国商会的讨论。在上海格致书院,一位学者张玠曾建议由通商口岸的行会领袖成立通商公会,用以讨论商业事务,并通过与清朝中央政府的直接联系来保护商人免受官员敲诈和外国压迫。这个书院的领袖是著名的维新派先驱王韬,他也呼吁清政府仿效英国东印度公司,设立商务总局作为官、商之间联系的纽带。[②]

与钟天纬的提议一样,张玠和王韬的计划也没有立即得到清政府官员的回应。但19世纪90年代甲午战争后,清朝的失败震惊了全国,他们的想法也激励了维新人士和精英商人谋划组建西方形式的商会。作为这场战争的结果,《马关条约》直接影响了江

[①] 钟天纬:《扩充商务十条》,第4a—b页。这份上书没有署名日期,但它收录在葛士濬编、1888年版的《皇朝经世文续编》之中,并提到"去岁沪市倾倒银号多家,十室九空"。在1888年之前,上海最严重的经济危机出现在1883年。所以,我推断该文写于1884年。

[②] 关于张玠和王韬的建议,见王尔敏:《中国近代之工商致富论与商贸体制之西化》,第127、130页。

南地区,迫使苏州和杭州对外国贸易和制造业开放。[1] 面对新的外国经济入侵,江浙地区的精英商人开始加入改良派士大夫的行列,参与建立西式商会的讨论和设计。

郑观应领导了上述 1878 年左右江浙绅商的赈灾活动后,他在 19 世纪 90 年代中期已经成为上海半官办企业的商人领袖之一。他对西方商会进行了广泛考察,并提出了创建类似中国组织的第一份系统计划。这个计划被收录于他广为流传的《盛世危言》一书,而该书影响了改良派士人、官员甚至年轻的光绪皇帝。[2] 郑观应在自己的著作中引用了上述钟天纬的建议,他还使用了中文"商会"一词来指称西方的同名组织。但他规划的中国商会名称是王韬所使用过的"商务局"。郑氏认识到,"局"在西方是官方机构的名称,但他显然设想"商务局"是与官府关系密切的西方形式商会。[3]

除了这种西方组织模式的启发,郑观应参与行会和善堂活动的个人经验也导致他将商务局设计为一种不同等级城镇内的新型商人社团网络。根据郑氏的设想,各省应在省城建立商务总局,省级官员应选择有名望的绅商担任这些局的董事。这些董事可以让官员了解商人意见,并向省级甚至中央政府提交有关商业事务的建议,以求获得官方支持。府、县一级的官员也应指示商人组织商务分局,并选出他们的董事。这些董事将定期举行商务会议,并通过省级商务总局向政府提交建议。郑氏认为,这种新的组织将使商人和官员联合起来,最终使中国

---

[1] Jerome Ch'en(陈志让),*State Economic Policies of the Ch'ing Government*,*1840 -1895*(《清政府经济政策,1840—1895》),p. 215.

[2] 夏东元编:《郑观应集》,第 225—226 页。

[3] 夏东元编:《郑观应集》,第 593、604—608、611—617 页。

商业赶上西方。①

从 19 世纪 90 年代中期开始,晚清最为激进的维新派领袖康有为也与江浙士大夫及精英商人一道,呼吁成立中国商会,并由此引起了全国关注。1895 年 5 月,康氏集合超过 1300 名在北京应试的举人请愿,反对签订中日《马关条约》,并用这一机会号召在晚清中国推广西式商会。在他起草的著名的《公车上书》中,康有为将英国东印度公司、荷兰东印度公司等西方公司与商会混为一谈。他声称英国对印度的占领、荷兰在东南亚的殖民统治以及西方对中国的侵略都得力于此类"商会"。因此,康有为要求清廷设立类似机构以抵御外国入侵。②

与此同时,康有为领导的改良派中的谭嗣同、徐勤等人也对商会表示了浓厚的兴趣。③ 1898 年 2 月,他们在湖南的维新派刊物上发表了第一份关于建立中国商会即"大清商业总会"的草案。该刊编辑部自称"中国振兴商业总会会馆",另外计划在北京设立"大清帝国商业总会会院",在通商口岸和各省会设立"商业总会协会会馆"以及在各行业的支会。这些商会组织将通过探索新的知识来促进中国商业,并通过培养互信和友谊来团结商人。商会领袖必须通过选举,来自官府的赞助者只有接受商会条例才能成为成员。这套规则反映了这些维新派人士试图建立包括商会在内的改良派社团网络的雄心。④

44

---

① 夏东元编:《郑观应集》,第 588、606、616—617 页。

② 中国史学会编:《戊戌变法》第 2 册,第 146、154—166 页;第 4 册,第 130 页。

③ 关于这些激进改良派对于商会观点的详细讨论,请参考 Zhongping Chen(陈忠平),"The Rise of Chinese Chambers of Commerce in Late Qing"(《晚清中国商会的兴起》),pp. 1102 - 1108。

④ 《拟中国建立商业总会章程》,第 22a—25b 页。

江浙地区仍然是全国范围内关于商会的讨论和维新派早期社团活动的中心舞台。在代理两江总督张之洞的支持下,康有为于1895年底成功地将维新派的最早政治组织强学会从北京扩展到上海。它的成员包括几十位改良派士人、官员及精英商人,例如经元善和郑观应。① 如本书第二章所述,康有为最终将把他关于设立商会的建议带到北京的清朝中央政府,并自上而下地推动商会在戊戌变法时期的短暂出现。相比之下,江浙地区的改良派精英为商会网络从省会到地方的发展制定了更为具体的计划。他们还向清政府提出了更强烈的要求,以求商会活动得到法律保护和官方支持,而不是官僚机构控制。

在江浙地区,商会的另一位主要倡导者是张謇。1895年,他加入了康有为的强学会,然后从一名京官转变为绅商。同年,他帮助总督张之洞起草了一份抵御新的外国入侵的奏折,其中吸收了郑观应关于设立商务局的想法。但张謇在1895、1896和1897年的著述中都将商务局和商会作为同样的组织,并强调了它们团结商人,联系官、商,促进中国商业发展,反对外国侵入的类似功能。他的提案不仅规划了省级商务总会和府级商务分会,还强调商会应该在商人领袖而不是官员的主导下运作。②

按照张謇的计划,不同行业的商人需要选派其领袖进入府级商务分会和省级商务总会。在府级分会,其商人领袖必须考察当地情况,讨论商业改良问题,并将解决办法提交给省级总会的商人领袖。省级总会商人领袖然后需将这些办法进行审查,自行作

---

① 汤志钧:《戊戌时期的学会和报刊》,第115—125页。
② 张謇:《张謇全集》第1卷,第37页;第2卷,第11—12页。

45　出决定,不必等待官方批准。他们只需将决定通知总督和巡抚,以求获得官方的支持和保护。最重要的是,张謇要求清廷制定"简易法",确保政府对于这些商会的法律支持和保护,禁止官员干预其事务。①

　　另外一位参与强学会的江浙维新派领袖汪康年也从1896年到1898年发表了一系列文章,敦促商人自行建立商会。在他看来,这种商会不仅能使商人保护自己免受外国经济入侵,而且还能提升他们在官商关系中的地位,并增加他们对国家商务政策的影响。② 1898年9月,汪康年的一位堂弟汪大钧还在上海一家米店创办了商业研究会,开始出版商业杂志。他并利用该期刊倡导商会,以挽救遭受外国侵略的中国实业。③

　　这本商业杂志很快就发表了一套上海总商会的章程,其中的序言指出:西方商会仅需得到官方批准,但并非由政府所组织。因此,这一章程强调上海总商会主要是商人与官员之间联系的纽带,并要求清廷任命一名办理总商会委员,作为该组织和地方官员之间的联络人。然而,总商会本身将由来自不同行业的商人行会领袖所组成。他们将讨论商业问题,并自行作出决定,然后报告政府,以便取得批准和支持。该期刊还将此计划中的上海总商会称为全国类似组织的先驱和典范。④

　　这套商会章程再次表达了戊戌变法时代江浙地区改良派士人和精英商人的共同愿望。这些商业化的绅士和富裕商人等社

---

① 张謇:《张謇全集》第2卷,第11页。
② 中国史学会编:《戊戌变法》第3册,第133—135、139—142页。
③ 汤志钧:《戊戌时期的学会和报刊》,第425—434页。关于汪大钧的信息,请参考上海图书馆编:《汪康年师友信札》,第591—613页。
④ 汤志钧:《戊戌时期的学会和报刊》,第434—436页。

会精英已经通过他们在行会、善堂中兼任的领导职务以及对个人名声、家庭财富和公共利益的共同追求而结合在一起。对西方商会的共同反应，又使精英商人和改良派士大夫联合起来，努力推动清政府成立类似西式商业组织，以促进中国商业的复兴、民族的救亡图存及晚清的政治改革。不过，这些社会精英设计的商会不仅仅是推动超越同乡和同业行会局限的商人团结、促进官商合作以抵御外国侵略的制度性工具，他们还试图用这些新建的组织来扩大他们主导之下的社团网络。 46

　　确实，为了追逐其政治权力和理想，维新派士人和精英商人积极推动了商会和其他新式社团。作为康有为创立的上海强学会中的精英商人成员，郑观应甚至还接受了日本外交官员的建议，在1898年3月发起成立了上海亚细亚学会分会。这个位于上海的跨国组织宣称要通过开通民智和开发资源来振兴亚洲，并计划在亚洲各国、各省和县建立分支机构。该组织的中方领袖和成员包括郑氏本人、张謇、汪康年、严信厚等。① 如上所述，他们都是在清末提倡成立商会的士人或商人领袖。虽然激进的士人后来推动的戊戌变法在1898年失败，他们的学会等社团也被清廷禁止，但严信厚等江浙地区的商人精英与改良派官员始终保持互动，终于在此地区建立了最早的中国商会。

---

① 汤志钧：《戊戌时期的学会和报刊》，第121、483—489页。亚细亚学会于1880年在日本出现，它的中国分会是带着帝国主义扩张野心的日本外交官倡建的。然而，大多数加入该组织的中国成员的目的是试图通过日本的帮助，改良晚清时期的中国政治，并通过亚洲国家之间的合作，振兴亚洲。

第二章　社会精英与清政府的互动及商会的诞生

　　由于从江浙地区到全国范围的改良派士大夫和商人精英都对商会表现出了极大热情,清政府也开始在 19 世纪 90 年代中期将这一问题提上议事日程。然而,当时只有极为少数的官员对这些西方组织获得了有限的知识,其中的先驱之一就是清朝首任驻英国公使郭嵩焘。1877 年他抵达伦敦,首要任务是争取英国批准"芝罘条约"(烟台条约),包括其中关于清政府征收进口鸦片关税的条文。郭氏的使命遭到了来自上海西商总会以及英国布拉德福德(Bradford)和哈利法克斯(Halifax)商会的抗议。但利物浦(Liverpool)、曼彻斯特(Manchester)、格拉斯哥(Glasgow)和肯德尔(Kendal)的商会对向中国出口工业产品更感兴趣,对此表示了支持。① 虽然郭嵩焘与这些西方商会有过如此直接的接触,但他并未意识到它们与股份公司的区别。在他的日记中,郭氏首先使用了中文"商会"一词,既指外国公司,也指商会,并将它们视为将商人集合起来的类似组织。②

　　同时,清朝驻巴黎的外交随员马建忠曾经担任郭嵩焘的翻译,他也用"商会"一词来指代西方的股份公司和商会,并敦促清

---

① Owen Hong-hin Wong(黄康显),*The First Chinese Minister to Great Britain*(《首位中国驻英国公使》),pp. 152 - 159.
② 郭嵩焘:《伦敦与巴黎日记》,第 183、273、347、590、825 页。

政府推动成立类似组织来取得商人支持。1877 年,他向直隶总督李鸿章上书:"此次来欧一载有余。初到之时以为欧洲富强专在制造之精,兵纪之严。及披其律例,考其文事,而知其讲富者以护商会为本,求强者以得民心为要。"①

由于李鸿章等洋务派官员已经从 19 世纪 70 年代初期就开办了"官督商办"形式的股份公司,他们在 19 世纪 90 年代中期国家危机加深、迫使清政府寻求商人支持之际,自然试图使用同样方式来建立商会。同时,这些清政府官员还采纳了江浙地区精英商人的建议,与后者合作组织商务局来振兴中国实业和国力,但这种官方版本的商会仍然试图扩大官僚对商人和商业的控制。

相比之下,江浙地区的精英商人已经通过与清政府官员的不同形式互动,建立并扩大了他们在行会和善堂组织中的正式领导体制。他们在新建的工商业企业和组织机构内部进一步加强了与清政府的互动,以追求自身的权力和利益,并寻求解决民族和实业危机的组织制度方法。这种社会精英与清政府的互动直接导致了从半官方的股份公司和官办的商务局到精英商人创立和领导下的商会的组织制度变迁。

所以,江浙地区的商务总会、分会和分所的形成过程导致一场社团网络革命开始的原因在于,它们带动了商人社区特别是从都会到市镇的精英商人之间的社会关系制度化和扩大化。这种三级商会网络也导致了清政府和商人社区之间从地方到全国范围的关系发生前所未有的变化。

---

① 马建忠:《适可斋记言》,第 31 页。

清政府官办股份公司和商务局的尝试

面对 19 世纪后期的外国经济侵略,从事洋务活动的清朝官员急切地争取精英商人的支持,所以他们首先合办了股份公司,后来又共同设立了商务局。尽管这些官员在此类活动中依赖商人的资本投入、管理技能和社会关系,清朝中央和省级官府仍然企图攫取甚至互相争夺对这些新的实业机构的控制权。与此相较,精英商人投资者和管理者则认为这种官方控制是对他们的利益和权力的威胁,并以口头抗议和消极抵抗作为回应,甚至从这些机构撤资或抽回其他方面支持。随着清政府的政治和财政危机日益加剧,彼此竞争的中央和地方官员不得不允许精英商人对这些半官办企业和商务局拥有更多的控制权。这种清朝官员与精英商人的互动以及随之而来的关系变化,终于导致最早的中国商会在江浙地区出现。由于以往的研究主要抨击了此类新兴实业机构中的官方控制,或者淡化了从商务局到商会的体制性变革,[①]就此复杂的官、商互动过程进行更为详细的研究非常重要。

在晚清官员中,盛宣怀之所以能于 1902 年成为上海商业会议公所的主要赞助人,是因为他从 19 世纪 70 年代初期就开始帮助李鸿章、张之洞等担任总督的省级官员督办各类半官办企业。他还将许多精英商人投资者和管理者带入了这些新的实业机构。这些早期企业中的绝大多数,如轮船招商局、电报总局和中国通

---

① 马敏、朱英:《传统与近代的二重变奏:晚清苏州商会案例研究》,第 41—42、231—259 页;虞和平:《商会与中国早期现代化》,第 70 页;徐鼎新、钱小明:《上海总商会史 1902—1929》,第 35 页。

商银行,均以上海为中心,后来它们也与许多同乡和同业行会一道加入了上海商业会议公所。① 然而,与行会相比,这些企业将洋务派官员和精英商人带入了更为直接和密切的互动之中,甚至使得盛宣怀在上海商业会议公所出现之前就开始筹划组织商会。

晚清中国的半官办企业始于 1872 年李鸿章创办、盛宣怀督办的轮船招商局。这家股份公司最初吸引精英商人的原因在于李氏承诺这一官督商办企业将会增强国力、保护商人并对抗外国竞争,而徐润等富裕商人股东也在其中获得了管理权力和高额投资回报。在精英商人的有效管理和有力的官方支持之下,该企业在初创后的 10 年中迅速扩大。它的初步成功也激发了洋务派官员和精英商人合力在上海周边及全国的电报、纺织等工业中创办类似官督商办企业。②

然而,这些企业的日益官僚化及其发展的逐渐停滞很快引起了精英商人投资者和管理者的失望,以至商务局、商会的早期倡导者郑观应也作出同样反应。因此,盛宣怀和其他洋务派官员只得将这些企业从官督商办变为官商合办或者商办股份公司,以便吸引商人投资者。③

---

① Albert Feuerwerker(费维恺), *China's Early Industrialization: Sheng Hsuan-huai (1844 - 1916) and Mandarin Enterprise*(《中国早期工业化:盛宣怀[1844—1916]与官办企业》),第 98—99、189—241 页;東亜同文書院編『清國商業慣習及金融事情』第 1 卷,109、115—116 頁。
② 张国辉:《洋务运动与中国近代企业》,第 148—165 页;Albert Feuerwerker(费维恺), *China's Early Industrialization: Sheng Hsuan-huai (1844 - 1916) and Mandarin Enterprise*(《中国早期工业化:盛宣怀[1844—1916]与官办企业》), pp. 99 - 128, 150 - 157, 190 - 241.
③ Wellington K. K. Chan (陈锦江), *Merchants, Mandarins, and Modern Enterprise in Late Ch'ing China*(《清末现代企业与官商关系》), p. 3, pp. 80 - 153.

50　　这些新兴企业的制度调整反映了清朝官方政策的变化,并由此最终允许精英商人建立其领导之下的商会。然而,盛宣怀和其他官员这样做的原因,不仅是对精英商人的批评作出回应,也是为了确保他们个人对这些企业的支配,并减少清廷的直接控制。盛氏建立和扩大其经济帝国的野心使他与清廷发生了直接冲突,这在他试图建立中国通商银行及其附属商会的过程之中尤为明显。

　　盛宣怀是在李鸿章的鼓励之下进行这些活动的。由于李氏对清军在甲午战争中的失败负有责任,他失去了直隶总督的职位,暂时成为北京朝廷的一名闲职高官。1896 年 10 月,盛氏向光绪皇帝上奏,请求创办中国第一家近代银行,并强力主张由商人管理而不是由政府控制该银行。但出于毛遂自荐的动机,他仍然强调需由一位高级官员来监督该银行。盛氏很快接到李鸿章的指令,将该银行称为商会。① 如上所述,当时这个名称确实已被一些官员和士大夫改良人物用来指代西式公司和商会。

　　盛宣怀欣然接受了这个新的名称,并在其所拟就的银行条例初稿中将正在筹建的金融机构命名为"中华商会银行"。② 1897年 1 月,盛氏将其更名为中国通商银行,并将李的想法进一步发展,计划在该银行系统中建立一个附属商会。1897 年 2 月,盛氏向清廷总理衙门提交了一份银行规章草案,计划将银行总部设在他的权力中心上海。该银行将贡献 20％的利润给清廷,但它将主要由商人董事管理,其中大部分利润也将归股东所有。最重要的是,盛宣怀设想成立一个商会,把所有半官方企业的商人经理

① 盛宣怀:《愚斋存稿》第 1 卷,第 6b—7b、14a—15b 页;第 90 卷,第 24b 页。
② 盛宣怀:《愚斋存稿》第 90 卷,第 24b 页。

召集起来,并且与该银行协调运作,由此来领导和控制所有铁路、轮船、电报和矿业公司。[1]

总理衙门很快对盛氏的计划提出批评,并希望将银行的总部设在帝国的首都北京,而不是上海。它还要求分享其利润的50%,并严格控制其白银储备和资金交易。[2] 同时,盛宣怀关于商会的计划也引起了御史管廷献的怀疑。在给光绪皇帝的一份奏折中,管氏警告说,这一计划中的商会可能会干预所有清政府资助的企业运营,他并特别请求朝廷将其职能限制在讨论一般性商业事务上。[3]

由于直隶总督王文韶和湖广总督张之洞都期望用这一新建银行的资金修建两地之间的京汉铁路,他们便挺身为盛宣怀撑腰辩护。在一份实际由盛氏起草的联名奏折中,这两位总督表示支持他的银行规章和商会计划。他们的奏折认为这个商会能够让所有官办公司的商人经理可以讨论实业事务并保持密切交流,这是完全必要的。它并指出中国商人总是因为缺乏团结而遭受损失。相比之下,西方商人虽然人数不多,却已在上海组织了商会。[4]

这一事件生动展示了清政府内部对官办企业控制权的争夺,并由此进一步演变成对一项商会计划的争执。虽然盛宣怀最终未能组成这样一个商会,但他还是于1897年初在上海成立了中

---

① 中国人民银行上海市分行金融研究室编:《中国第一家银行》,第74、92、96—98页。

② Albert Feuerwerker(费维恺),*China's Early Industrialization:Sheng Hsuan-huai(1844 -1916)and Mandarin Enterprise*(《中国早期工业化:盛宣怀[1844—1916]与官办企业》),pp. 230 - 234.

③ 中国人民银行上海市分行金融研究室编:《中国第一家银行》,第84、102页。

④ 张之洞:《张文襄公全集》第46卷,第3b—9a页;Albert Feuerwerker(费维恺),*China's Early Industrialization:Sheng Hsuan-huai(1844 -1916)and Mandarin Enterprise*(《中国早期工业化:盛宣怀[1844—1916]与官办企业》),p. 232.

国通商银行。该行最早的 9 名董事中的严信厚、严滢、施则敬(子英)、杨廷杲和朱宝三,以及 2 名银行经理陈淦(笙郊)和谢纶辉,他们后来都参加了上海商业会议公所。① 因此,通过中国通商银行的设立,盛氏已经在上海召集了未来中国第一商会的一些主要领导人物。

清朝遭受甲午战争失败后,在民族危机紧急的情况下,代理两江总督张之洞也在长江下游地区将商务局作为官方版本的商会来加以推行。然而,他仍然试图直接控制这些新的商业机构,这让他陷入了与精英商人和清廷的双重矛盾。这一失败的尝试给他一个惨痛的教训,并使他转而倡导精英商人在商会的领导体制。1895 年,张氏收到光绪皇帝的诏书,皇帝命令他在《马关条约》签订之后筹划对抗新的外国入侵。作为回应,他的上奏包括了前文所述的张謇关于商务局的建议。但与张謇的意见相反,张之洞利用自己的下属官员而不是精英商人,在江宁、苏州和上海直接建立 3 个商务局。②

52　　　通过这些商务局,张之洞计划从外国银行、清朝政府和中国商人筹集 1 240 万两白银作为资金,以便建立 5 家缫丝厂和 5 家纺纱厂。他设想这 10 家中国纺织企业将把江苏省生产的原棉、原丝全部用尽,以至日本人和其他外国人既不能在该省购买这些原材料,也不能在那里销售纺织品。然而,从外国银行和清政府

---

① 中国人民银行上海市分行金融研究室编:《中国第一家银行》,第 107 页;徐鼎新、钱小明:《上海总商会史 1902—1929》,第 43—45 页;费维恺(Albert Feuerwerker)的有关研究提供了这些董事的大致信息,但是他将严信厚与其子严义彬混淆,还错误地将王惟列为一位董事,见 Albert Feuerwerker(费维恺),*China's Early Industrialization: Sheng Hsuan-huai(1844 - 1916)and Mandarin Enterprise*(《中国早期工业化:盛宣怀 [1844—1916] 与官办企业》), pp. 234 - 235。
② 张之洞:《张文襄公全集》第 37 卷,第 29b—30a 页;第 148 卷,第 8a—b 页。

贷款的计划很快化为泡影,资金短缺的现实迫使张之洞缩小他的宏伟计划,改为寻求中国商人的投资来建造南通的一家纺纱厂及苏州一家丝厂和另一纱厂。为了吸引绅商资本,他不再依赖现任官吏,而是转向地方绅士求助,兴办商务局。在南通和苏州,他分别委托张謇和陆润庠这两位曾经获得状元头衔的绅士成立商务局及其所属纺纱、缫丝工厂。①

1895 年底,张之洞亲自指示陆润庠在苏州商务局之下设立纱厂和丝厂。然而,他掌握的唯一财政来源是苏省官员此前从商人那里借来、但是应在 1895 年底归还的贷款。得到清廷许可后,张氏将约 60 万两的商人贷款转移到苏州商务局,作为一家丝厂和一家纺厂的商人投资。起初,张之洞对他将商人债主直接转为两厂投资股东的举措得意扬扬,但他很快发现这一强制措施遭到商人的强烈反对。②

在清朝中央政府,御史王鹏运于 1896 年初附和张之洞的奏折,建议在沿海各省省会设立商务局,并将其置于总督和巡抚的直接控制之下。按照王氏的建议,这些总督和巡抚将直接任命商务局提调作为其负责人,并命令当地各项商业公举董事,与提调讨论整顿商务办法,然后禀告督、抚施行,其中事关重大的问题由省级官员上奏到清廷。总理衙门就王鹏运的建议作了回应,批准在各省会设立商务局,并在州、县水陆交通要地设立通商公所。但是,它采取了谨慎的措施来防止督、抚权力的扩大,命令他们让

---

① 张之洞:《张文襄公全集》第 42 卷,第 11b—12b 页;第 43 卷,第 15b—16b 页;第 78 卷,第 27a—33a 页;第 148 卷,第 18a—b 页。Elisabeth Köll（柯丽莎）, *From Cotton Mill to Business Empire*（《从棉纺工厂到商业帝国》）, pp. 63 - 80.

② 张之洞:《张文襄公全集》第 43 卷,第 13b—16a 页;第 78 卷,第 27a—b 页;第 148 卷,第 18a—b、23b—24b 页。

绅商来担任局董或通商公所分董,而不是让省级官员直接任命官员控制这些新设机构。① 因此,清廷与各省官员的权力斗争实际上帮助了未来的商会在精英商人领导之下出现,避免了官僚的直接控制。

53 　　在江浙地区,省级官员更直接受到精英商人的压力,要求他们放弃对商务局的官方控制。1896 年初,张之洞和刘坤一分别回任湖广和两江总督的职位。刘坤一发现苏州钱庄和当铺等行业中的富商仍然对上述张之洞处理商人贷款的强制措施怨恨交加,并对陆润庠极为不满。由于陆氏是受张之洞任命管理苏州商务局的领袖人物,但并无商业经验,刘坤一只好要求陆润庠招募商人入局办事。②

　　戊戌变法的浪潮使康有为等改良派士大夫在 1898 年进入清廷,他们也极力倡设商人精英管理的商务局作为举办商会的前奏。当年 6 月 11 日,康有为帮助年轻的光绪皇帝发起戊戌变法政治改革,他于 7 月 19 日提交了一份关于商务的奏折,倡议在所有省份设立商务局。特别重要的是,康氏建议从上海和广州的善堂负责人中挑选商人领袖,让他们在两地管理商务局,以此作为实验。此后,光绪皇帝在 7 月 25 日下诏,命令两江总督刘坤一和湖广总督张之洞设立由精英商人领导的商务局。光绪皇帝的诏书并指示他们筹办商业学校、报纸以及商会。③

　　8 月 2 日,康有为又提交了另外一份关于商务的奏折,再次

---

① 中国史学会编:《戊戌变法》第 2 册,第 399—400 页;Wellington K. K. Chan(陈锦江),*Merchants, Mandarins, and Modern Enterprise in Late Ch'ing China*(《清末现代企业与官商关系》), pp. 199-200.

② 刘坤一:《刘坤一遗集》,第 2173—2174、2177—2178、2185 页。

③ 中国史学会编:《戊戌变法》第 2 册,第 17、43、64 页;第 4 册,第 151 页。

建议各省商务局仿照上海和广州行会及善堂的先例,建立商人领导体制,并承担起促办商会的责任。因此,光绪皇帝在同日命令各省官员立即执行他在 7 月 25 日的诏书。8 月 29 日,康有为的维新派成员、詹事王锡蕃提出了一项新的奏议。他的奏议认为商务局只是对外国官方商业机构的模仿,但西方的商会是由商人自行组成,它们的领袖由商人选举,仅从政府获得承认,并不领取官方薪水。因此,王氏建议在各省的商务局之外成立商会,并特别建议在上海成立一个总商会。应此请求,光绪皇帝向两江总督刘坤一和湖广总督张之洞颁发了新的诏书,命令他们促进长江中下游地区的商务局和商会的建立。①

在慈禧太后于 9 月 21 日发动宫廷政变、结束百日维新、囚禁光绪皇帝之前,康有为及其同党尚未能够实际建立他们所倡导的商会。然而,戊戌变法已经帮助商务局从长江下游地区发展到全国。在长江中游地区,湖广总督张之洞于 1898 年任命两名官员在汉口组织商务局,并推广商会,但直到 1900 年,只有当地银号和钱庄成立了一个联合的商会公所。②

在长江下游地区,两江总督刘坤一于 1898 年 9 月初将江宁和上海的两个商务局合并为江南商务总局,设于上海。新的江南商务总局以绅商实业家张謇为首,还聚集了严信厚等一批商人精英为商务总董。戊戌变法失败后,这个总局在 1899 年 5 月仍然接到一道诏令,扩大对商人的保护,并且在镇江设立了分局。此后,保守的满族大臣刚毅对江南地区进行财政调查,命令地方政

①中国史学会编:《戊戌变法》,第 2 册,第 48、54 页;国家档案局明清档案馆编:《戊戌变法档案史料》,第 389—390 页。

②《工商学报》1898 年第 3 期,"公牍"第 4b—6a 页;《湖北商务报》1900 年第 36 期,"局发文牍"第 1a 页。

府停止对于商务局的补贴,上海总局和镇江分局在 1899 年底也曾一度停止运作。然而,上海的总局商人董事坚持留局办事,请求继续运行该机构,甚至承诺为该局捐助一半经费。①

刚毅试图停止地方政府补贴商务局的行动反映了保守派官员对改良派机构的敌对态度,但这一事件导致了跨越满、汉官员界限的政治冲突。1899 年 10 月,满族官员庆宽上奏,指出上海和汉口的商务局已经开始考察当地物产,推行实业,从事设立商学、商报、商会等有助国家富强事宜,但刚毅下令终止商务局的行为成了外国人之间流传的笑柄。基于这一奏折,清廷重申对各省商务局的支持,并再次指示将这些机构置于绅商的管理之下。②

55 在清廷的再度支持下,两江总督刘坤一于 1899 年 10 月在上海重设江南商务总局。他的下属后来将其名称改为上海商务分局,并于 1900 年 12 月将江南商务总局迁至省城江宁。虽然上海商务局的名称和主管不断更换,但它仍然保留了一批稳定的精英商人领袖,包括严信厚、施则敬、谢纶辉和陈淦。这 4 位精英商人也是中国通商银行的董事,而他们都将在 1902 年成为上海商业会议公所的创始人和领导人。③

1899 年 12 月,江南商务总局接到镇江 10 多个绅商的请愿,也恢复了其下属的镇江商务分局。1900 年后,在江苏省北部的淮安府城和大运河上的清江浦镇,当地绅商也分别建立了一个商

---

① 刘坤一:《刘坤一遗集》,第 1056、1088、1154、1413 页;《江南商务报》1900 年第 1 期,"公牍"第 1a—b 页,1900 年第 2 期,"公牍"第 5b—6a 页。

②《江南商务报》1900 年第 8 期,"公牍"第 1a—4a 页。

③《江南商务报》1900 年第 1 期,"公牍"第 1a—2a 页,1900 年第 5 期,"公牍"第 1b 页,1900 年第 7 期,"公牍"第 1a 页,1900 年第 9 期,"公牍"第 1a 页;中国人民银行上海市分行金融研究室编:《中国第一家银行》,第 107 页;徐鼎新、钱小明:《上海总商会史 1902—1929》,第 43—45 页。

务总局和一个商务分局。后来,镇江商务分局的主要领袖成为当地一个商务分会的主要创始人,而淮安和清江浦的两个商务局后来直接变成了商务分会。[1] 在浙江省,省城官员于 1902 年在杭州成立了一个商务总局,嘉兴府的地方士绅和精英商人也在同年设立了同样的机构。杭州商务总局将帮助建立该省第一个商务总会,而嘉兴商务总局后来直接改名为商会。[2]

因此,这些商务局的发展是商会成立的直接前奏。1899 年底,江南商务总局在上海重新设立,但它的条例已经包括了一个关于雏形商会的计划。根据这一条例,江南商务总局将成立一个总公所,由来自总局本身的 6 名商人董事和来自各商人行会的代表组成。[3] 虽然这个总会的计划从未实现,它确实成为未来商会的官方蓝图之一,容许这些商会由精英商人来组建和领导。

当清廷在 1899 年 12 月任命李鸿章为商务大臣时,这位老牌洋务派领袖和半官办企业的创始人意识到,先前存在的商务局仅仅得到了朝廷而不是商人的支持。因此,他主张从上海丝绸、茶叶行业开始建立商会。尽管他仍打算在上海建立一个商务局,他所选择的该局主管人却不是现任官员,而是一位浙江丝绸商人和杭州善堂绅董庞元济。[4] 李鸿章此前办理半官方企业的得力助手盛宣怀是新任命的会办商务大臣,他也对商务局也提出了与李氏类似的批评。盛氏指出,这些商务局任用官员而非绅商,未能

①《江南商务报》1900 年第 2 期,"公牍"第 5b—6a 页;1900 年第 14 期,"公牍"第 1a—b 页;杨方益:《镇江商会始末》,第 8—9 页;《时报》1907 年 4 月 16 日;王君实:《淮阴商会组织简况》,第 140 页。

②《商务报》1904 年第 7 期,第 26—27 页;1904 年第 8 期,第 27 页;《嘉兴县商会第一期报告》,第 1 页。

③《江南商务报》1900 年第 1 期,"公牍"第 1a—4b 页。

④《江南商务报》1900 年第 3 期,"公牍"第 1a—1b 页;1900 年第 9 期,"公牍"第 1a 页;1900 年第 15 期,"公牍"第 1b 页;夫馬進『中国善会善堂史研究』,558 頁。

联络官商关系,其活动与西方商会的理念背道而驰。①

作为另外一位晚清半官方企业赞助人和江浙地区商务局的倡办人,身为总督的张之洞也得出了同样的结论,并终于认识到利用精英商人组织商会的重要性。他给清廷的一封信中清楚地表明了这一新的态度:"至商会可劝谕商人自为之,不须官出经费,亦不可令商筹经费,交官办理,此最为商人所深忌讳。"②

李鸿章、盛宣怀和张之洞都是晚清合股公司和商务局的官方推动者,但他们经过数十年来与精英商人的互动,最终认识到对这些新的实业机构进行官僚控制的困难。因此,他们最终都接受了由精英商人组建、领导商会的理念和现实。这些高级官员对商会的态度最终使得清朝的商业政策发生重大变化。这种官方政策改革和精英商人的回应直接导致了上海商业会议公所及后继的商务总会在江浙城市的率先兴起。

精英商人与官员的互动及商务总会的诞生

1900 年,慈禧太后所支持的义和团遭到八国联军镇压而惨败,空前的国家危机迫使清廷仓促推行新政改革。尽管如此,直到江浙地区的精英商人与改革派官员一起发起了上海商业会议公所之后,清廷才制定了针对商会的政策。此后,各省及府县官员奉行了清廷政策,但他们并不仅是简单按此政策履行行政职责,而且试图将其权力延伸到新的商会组织之中。然而,江浙地

---

① 盛宣怀:《愚斋存稿》第 3 卷,第 61b 页。
② 张之洞:《张文襄公全集》第 221 卷,第 12b—13b 页。

区的精英商人并未完全遵循清廷政策,与地方官员合作组织商
会。他们还对官方干预发起了隐蔽或公开的挑战。这种商人精 57
英与清朝官员的互动首先导致了江浙地区 6 个商务总会顺利出
现(见附录 1)。

上海商业会议公所的出现是中国商会及其他非官方组织发
展史上具有划时代意义的事件。1902 年 2 月 22 日,也就是农历
元宵节,《申报》登载了一篇报道:继李鸿章之后担任商务大臣的
盛宣怀批准了绅商领袖严信厚的请求,设立上海商业会议公所,
以便团结中国商人、加强官商联系。① 另外一份属于改良派的
《中外日报》特别发表社论,称赞盛宣怀此举突破了清朝政府与普
通民众之间的传统藩篱。它甚至将上海商业会议公所视为未来
中国议院的胚胎,并鼓励其中的商人成员讨论实业问题,为新政
改革树立榜样。②

然而,这两家报纸均未发现这一事件的内幕。实际上,正是
盛宣怀本人提出了以西方商会为模式来建立这一商人组织的设
想,并在 1901 年 10 月 19 日通过上海道台向严信厚转达了这一
想法。盛氏的想法产生于他与外国使节就清政府被迫签订的《辛
丑条约》所规定的贸易条约进行谈判期间。谈判开始后,盛宣怀
就注意到列强外交官员和上海西商总会之间的密切合作,所以他
要求上海行会领导人物也组织一个“总会”作为他的咨询机构。③

严信厚积极回应了盛宣怀的呼吁,在复函中指出中国官、商
之间的隔阂是外国人控制上海商业的主要原因。他向盛氏建议,

---

① 《申报》1902 年 2 月 22 日。
② 《中外日报》1902 年 2 月 22 日。
③ 上海市工商业联合会、复旦大学历史系编:《上海总商会组织史资料汇编》上册,第
　45 页。

新设立的组织不仅要作为中外条约谈判的咨询机构,而且应该作为官、商之间联系纽带。严氏进一步指出,盛氏来信所倡议设立的"总会"已经被商人行会用作他们休息聚会之处的名称。因此,他建议采用"商务公所"的名称,不过后来该组织正式命名为"上海商业会议公所"。严信厚还提名他的一位宁波同乡、拥有候补知县头衔的绅商周晋镳为这个组织的提调或经理。①

58　　盛宣怀在批复严氏的公文中,将中国商业的疲败既归咎于官商隔阂,也责难了商人自身不和。所以,他特别指示严信厚将上海各大行的领袖纳入这一新的组织。在这样的官方赞助之下,严氏筹措资金,租赁办公场所,并参照上海西商总会和清政府的商务局规章,起草了上海商业会议公所的章程。1902 年 3 月 30日,他在上海召集各行会绅董和其他精英商人,讨论有关条例,从而正式成立了上海商业会议公所。②

　　盛宣怀进而指示在上海县城和外国租界的每个行会推选商董议员二人,加入上海商业会议公所,再由他们公举一名总理会员和另一名副总理会员。根据一份日文资料,共有 75 名来自同乡和同业行会、半官办企业、商办企业等组织的精英商人加入了上海商业会议公所,其中的领袖人物包括一名总理、两名副总理以及 13 名议员。③ 他们中的许多人都是严信厚在前述各种行会、善堂、中国通商银行和上海商务局的同事,但上海商业会议公所用新的制度化关系将他们紧密联系了起来。

---

① 上海市工商业联合会、复旦大学历史系编:《上海总商会组织史资料汇编》上册,第45—46、49 页。
② 上海市工商业联合会、复旦大学历史系编:《上海总商会组织史资料汇编》上册,第46—48 页。
③ 東亜同文書院編『清國商業慣習及金融事情』第 1 卷,109、115—120 页。

严信厚等商人精英利用选举的形式和官方的批准确立了他们在上海商业会议公所的主要领导地位。他原本只挑选了包括自己在内的宁波、广东、江西三地商帮的 5 位领导人物作为上海商业会议公所的"总董"。在盛宣怀的授意下,上海商业会议公所随后举行选举,严信厚和周晋镳分别成为总理和副总理。被提名为第二副总理的毛祖模是一名举人,但他的提名后来没有提交官方批准。① 因此,上海商业会议公所完全处于精英商人的领导之下。

由严信厚起草的上海商业会议公所章程表达了这些精英商人的政治追求。他在这一章程中纳入了雄心勃勃的计划:如通过上海商业会议公所举办股份公司,制定商业法规,推动商人团结,并加强他们与政府的关系。这些规定要求清政府让上海商业会议公所担任多种角色,而不只是盛宣怀所期待的条约谈判的顾问,以便它与政府就所有商业事务进行沟通、规范市场上的商业行为、调解中国商人之间的纠纷。②

通过商务大臣盛宣怀和署理两江总督张之洞的联合上奏,⁵⁹ 1902 年 10 月 22 日,上海商业会议公所得到清廷的正式承认。③ 因此,它成为中国历史上第一个受到中央政府正式承认的合法社会组织,也是后来所有近代中国法人社团的先驱。在它的影响下,其他江浙地区内外的城市也于 1902—1903 年间出现了商业

① 《新闻报》1902 年 2 月 22 日;東亜同文書院編『清國商業慣習及金融事情』第 1 卷,109 頁;《申报》1905 年 5 月 4 日;徐鼎新、钱小明:《上海总商会史 1902—1929》,第 43—47 页。毛祖模在 1893 年成为举人,但据徐氏和钱氏的研究,他直到 1903 年 8 月才获得官职。
② 上海市工商业联合会、复旦大学历史系编:《上海总商会组织史资料汇编》上册,第 48—50 页。
③ 上海市工商业联合会、复旦大学历史系编:《上海总商会组织史资料汇编》上册,第 46—47 页。

会议公所。① 1903 年末清政府的商部成立后，着手起草关于商会的政策，②但它无疑考虑到了这些已经成立的商业会议公所。

1904 年 1 月 11 日，商部提交一份奏章，倡导在全国成立商会，该奏章直接呼应了上海商业会议公所的规章。它认为商会不仅是与外国列强进行商战的主导力量，而且也是解决商人内部缺乏团结及其与政府之间隔阂问题的有效手段。诏令批准之后，商部发布了第一套关于商会的规章，并直接命令原有的商业会议公所根据这一新的规章更改名称。这套规章也规划了商务总会和商务分会，并赋予它们广泛权力，如代表商人与政府交涉、通过各种会议和讨论对地方实业问题作出决定、在地方官府对商业纠纷裁决前后进行调解。③

具有讽刺意味的是，这些政策不仅反映了朝廷对精英商人要求更多自主权力的回应，也暴露了清廷试图绕过省级及其他地方政府，直接控制新的商会和商人社区的企图。根据商部的规定，精英商人有权组建商会并选举其领导人，但他们的规章制度和领导人选必须获得商部的直接批准。商部还要求这些商会向该部提交关于地方实业的报告，帮助登记商铺，甚至强制使用商部发布的标准账簿。④

为了控制这些商会，商部首先从上海商业会议公所开刀。1904 年 2 月，商部接受直隶总督袁世凯的建议，派遣其右参议杨士琦前往上海推广商会。实际上，作为清末军政界的狡猾新贵，

---

① 虞和平：《商会与中国早期现代化》，第 75—76 页。
② Wellington K. K. Chan（陈锦江），*Merchants, Mandarins, and Modern Enterprise in Late Ch'ing China*（《清末现代企业与官商关系》），pp. 158 - 59.
③《大清法规大全·实业部》第 7 卷，第 1a—3b 页。
④《大清法规大全·实业部》第 7 卷，第 1b—3b 页。

袁世凯已经利用杨氏作为亲信，从盛宣怀手中攫取了上海的半官办企业，加以控制。很明显，袁世凯伙同商部，再次利用了杨氏，以清除盛宣怀和他的精英商人同伙在上海商业会议公所的势力。[①]

　　杨士琦确实按照商部的要求，将上海商业会议公所更名为上 *60* 海商务总会。他还用盛氏在半官办企业中的竞争对手和袁世凯的绅商伙伴徐润接替了周晋镳，担任上海商务总会协理。但是，严信厚和大多数原有领导人物在改组之后保留了他们的职位。他们进一步将其领导权力制度化，将前述上海商业会议公所的规定细化，形成上海商务总会的 73 条规定。[②] 此后相继出现的江浙地区商务总会基本上采用了类似的章程和组织结构，但它们的形成经过了社会精英与清朝政府的更多不同形式互动。

　　在两江总督的驻地江宁，省级官员最先使用强制手段将当地商人归并到一个商务总会之中，但因商人反应冷淡，他们后来只得放弃这种高压政策。1904 年初，江南商务总局的官方督办刘士珩仿照上海商业会议公所的先例，亲自设立江南商务公会，把该城所有的行会都变成了它的分会。刘氏先行筹垫资金，起草章程，将这个新的组织设在典业公所内。他自任江南商务公会总理，并邀请该城各业行会领袖作为议员。1904 年底，刘氏又按商

① 《东方杂志》1905 年第 2 卷第 2 期，《教育》第 41 页；上海市工商业联合会、复旦大学历史系编：《上海总商会组织史资料汇编》上册，第 62 页；Albert Feuerwerker（费维恺），*China's Early Industrialization：Sheng Hsuan-huai（1844－1916）and Mandarin Enterprise*（《中国早期工业化：盛宣怀［1844—1916］与官办企业》），pp. 73－75.

② 上海市工商业联合会、复旦大学历史系编：《上海总商会组织史资料汇编》上册，第 62、69—79 页。Wellington K. K. Chan（陈锦江），*Merchants, Mandarins, and Modern Enterprise in Late Ch'ing China*（《清末现代企业与官商关系》），pp. 218－219.

部要求,将这一组织改名为江宁商务总会,并进一步吸纳外贸、保险等新兴行业中的精英商人为成员。①

尽管官方如此卖力,江宁商务总会网罗的精英商人很少达到其正式会员要求,在当地商人中也缺少应有声誉。直到 1905 年 3 月,它仅通过并实施了一项决议,即每日公布当地钱业市场行情和兑换价目,但这样的价目仅为大钱庄所遵守,小钱铺仍然自行其是。该商务总会的成员是如此臭名昭著,以至于刘士珩对他们的行为进行了秘密调查,并威胁要开除他们的会员资格。其中一名成员后来因其贪污、赌博和嫖娼丑闻被报纸报道之后自杀,刘氏因而辞官回到安徽老家,从此成为一名离开官场的绅士。此后,江宁商务总会逐渐由精英商人接手领导,并在商人中建立了声誉。②

61　　　苏州是江苏省的另外一个政治中心,也是绸缎和其他商品的主要生产和销售中心。然而,由于当地的精英商人与官员观念相左,以至他们建立商务总会的时间比上海和江宁都晚。从 1904 年至 1905 年初,商部、两江总督和江苏巡抚先后敦促苏州成立商会。这些官方呼吁并没有得到当地精英商人的积极响应,其原因在于清廷和江苏省级官员都不允许在苏州设立一个与上海和江宁商务总会同等的组织。③

与官方计划不同,1905 年 6 月 20 日至 30 日十天之内,苏州的精英商人连续两次向北京商部请愿,表达了建立一个商务总会

---

① 《新闻报》1904 年 3 月 13 日;《申报》1905 年 7 月 16 日;《南洋商务报》1906 年第 1 期,"规律"第 3a 页。

② 《中外日报》1905 年 3 月 22 日、4 月 24 日、5 月 21 日、6 月 10 日、7 月 23 日;1906 年 5 月 3 日。

③ 章开沅、刘望龄、叶万忠主编:《苏州商会档案丛编 1905—1911》,第 5、8 页。

的渴望。这些请愿者包括在地方商业和公共活动中的士绅领袖和精英商人，如前面提到的尤先甲、张履谦、潘祖谦和彭福孙。苏州籍贯的前任京官王同愈还是第二次请愿的领袖。正如他们在两份请愿书中所述，苏州是绸缎、丝茧和棉布生产和贸易的中心，也是钱业的主要市场。苏州变成与上海一样的通商口岸之后，当地市场遭受了类似的外国商品入侵。此外，苏州还是苏南的政治中心，理应建立一个商务总会，以便与上海商务总会联络，共同团结中国的商人和官员。在第二份请愿书中，他们告知商部，当地商人已经择地开工，准备为商务总会建立办公之处，并提交了公举的职员名单和试办章程。①

7月1日，即提交第二次请愿的次日，苏州城内许多工商业会馆和公所的行会领袖等商人精英举行集会，公开呼吁组织一个商务总会。作为第二次请愿的主要领袖，王同愈也出席了会议，承诺通过他的官场关系实现这个计划。结果，商部于7月17日终于批准在苏州成立商务总会，并指示它与上海商务总会保持联络。此后，王同愈和其他发起人在参考上海商务总会文件的基础上，起草了苏州商务总会章程。10月6日，他们召集64位行会领袖举行成立大会，选举尤先甲为首任总理。②

与苏州商务总会一样，江苏省的另外一个商务总会也是由于 [62] 精英商人的压力，在官方计划之外成立的。根据商部1904年的规定，仅省会和繁荣的都会城市才可设立商务总会，但江苏省的通州直隶州城（南通）并不具备成立这一等级商会的条件。然而，从19世纪90年代中期开始，通州出身的杰出实业改革家张謇就

---

① 章开沅、刘望龄、叶万忠主编：《苏州商会档案丛编1905—1911》，第2—4页。
② 《时报》1905年7月7日；章开沅、刘望龄、叶万忠主编：《苏州商会档案丛编1905—1911》，第4、12—17、46页。

已经成功地创立了当地棉纺工业,并成为商会的积极倡导者。因此,商部在 1904 年特别委托他推动长江下游地区的商会发展。张氏就此作出反应,警告商部不要仓促组建全市范围的商会,但建议成立特别行业内的商会。①

与张謇的建议相呼应,他的精英商人跟随者此后也向商部请愿,要求组建一个通州的棉花贸易商务总会,但他们实际计划在这个新的组织中包括所有行业的商人。他们的巧妙策略绕过了当时苏州商人精英所面对的难题,即在通州建立全行业的商务总会很难获得朝廷批准。请愿获得商部批准后,张謇的哥哥张詧成为新建的通崇海花业总会的总理。张詧曾经担任过知县,又是张謇办理实业的伙伴。② 从这个商务总会的名称来看,它的权力仅限于通州直隶州、崇明县和海门直隶厅的棉花贸易市场。实际上,它采用了与上海商务总会类似的条例,其会员资格是向附近州、县、厅的其他行业领袖和精英商人开放的。③

由于江苏在晚清时期包括上海,所以该省的精英商人实际上超越了官方计划,在一个省内建立了 4 个商务总会。特别重要的是,苏州和通州的精英商人通过对商部规定的消极抵制或阳奉阴违的行动,最终成功地组织了两个超越清朝官方限制的商务总会。相比而言,浙江商人精英通过与官方更为激烈的抗争或更加密切的合作,成功建立了两个商务总会,但他们组织第三个商务

---

① 张謇:《张謇全集》第 3 卷,第 771—772 页;第 6 卷,第 524 页。根据《张謇全集》所包括的日记,他在 1904 年 1 月 30 日收到商部的指示,但他的回信日期很可能被编者错误地记录为 1905 年。

②《农工商部统计表(第一次)》第 4 册,第 4b 页;卞孝萱、唐文权主编:《民国人物碑传集》,第 257 页。

③《通崇海商务总会并通州分会试办章程》。在这份章程中,这个商务总会还没有将其名称和棉业贸易特别联系起来。

总会的努力归于失败,未能获得清朝政府批准。

作为浙江的省会,杭州同苏州在各自省内的政治重要性及其工商业地位方面十分相似,都是绸缎生产和贸易的中心城市。但杭州商务总会的形成涉及浙江士绅和精英商人对于省级官员及其绅商盟友的更为激烈较量。1904 年初,浙江农工商总局兼并该省商务局后,仿照上海商业会议公所的先例,设立了浙江农工路矿商业会议公所,其办公地点就设在该局附近的江宁会馆内。该组织很快更名为浙江商务总会,但直到 1905 年 8 月才制定章程。由于加入这个商务总会的行会很少,它更多地依赖官方的财政支持,甚至在后来将办公地点也搬进了浙江农工商总局。①

此外,浙江商务总会的第一、二任总理分别是一位士绅和一位前任知府。它的第二任总理沈守廉在 1905 年 7 月担任此职,但很快就因他在上年曾试图与一个德国公司建造一条杭州附近的墅浦铁路,遭到报纸批评。8 月,沈氏和浙江商务总会的坐办或总管高子衡又将浙江的矿产资源出卖给英国和意大利的公司,因而遭到当地士绅的攻击。同时,这两人在浙江省官府的压力下,同意了官方决定,给予一家美国公司修建浙赣铁路的许可。他们在这些问题上与官方紧密合作,遭到浙江士绅和精英商人的强烈抗议。②

杭州善堂的 7 位董事领导了对这条铁路项目的抗议,其中的主要领导人物是樊恭煦。他是一位进士,曾担任陕西学政,但又

①《商务报》1904 年第 7 期,第 26—27 页,1904 年第 8 期,第 27 页,1904 年第 11 期,第 35 页;《中外日报》1905 年 7 月 5 日、8 月 17 日,1906 年 4 月 8 日。
②《中外日报》1905 年 7 月 5 日、7 月 15 日、7 月 16 日、8 月 17 日、9 月 11 日;《申报》1905 年 7 月 22 日。

是杭州新式学堂的倡导者。① 这次抗议活动得到了上海商务总会总理严信厚等在沪浙江籍贯精英商人领袖的支持。虽然后来浙江商务总会拒绝了由美国公司建造铁路的提案,其总理沈守廉和坐办高子衡已经臭名昭著,但浙江巡抚仍然试图通过安排他们辞职来保住他们的脸面。1905 年 9 月,由于这两人都不愿意主动辞职,浙江巡抚解除了高氏的职务,并强行让沈氏辞职。②

与此同时,杭州城内的丝绸、钱庄及其他行业的行会领袖推选樊恭煦为新的商务总会总理,并请求浙江巡抚批准。然而,樊氏拒绝接受官方的批准任命,一直等到新的巡抚取代了他不受欢迎的前任后才走马上任。在樊恭煦的领导下,浙江商务总会更名为杭州商务总会,通过了一套类似上海和苏州商务总会的新规章,并于 1906 年 10 月获得商部的批准。樊氏并认为办公时官绅相混,颇为不便,所以杭州商务总会在当年 6 月就搬出了由浙江农工商总局改名的浙江商务局,以一善堂作为办公场所。③ 此后,该商务总会变得较少受到官方干预,但樊氏曾经担任省级官员,实际比他的两个前任与清政府的关系更近。

与杭州商务总会相比,处于早期通商口岸之一的宁波府城很平静地产生了另一商务总会,而这是当地精英商人、士绅和官员之间密切合作的结果。1905 年 9 月,该城两位富商发起成立宁波商务总会,当地的知府则根据商部规则亲自起草了它的规章。

---

① 浙江同乡会编:《浙赣铁路事件》,第 12—13 页;沃丘仲子:《近代名人传》,第 163 页。关于樊恭煦的更多个人信息,见 May Backus Rankin(冉枚铄),*Elite Activism and Political Transformation in China*(《中国精英行动主义与政治转型》),p. 177,228.

② 浙江同乡会编:《浙赣铁路事件》,第 16、24、41 页;《中外日报》1905 年 8 月 17 日、9 月 11 日、9 月 21 日。

③《中外日报》1905 年 9 月 21 日,1906 年 3 月 11 日、4 月 8 日、10 月 21 日。

城内许多行会的领袖都加入了这个商务总会,并推选原籍宁波的前任知府吴传基为首任总理。①

在浙江省的另一府城嘉兴,当地的精英商人也组织了一个商务总会。但由于官方的反对和精英商人的内部分歧,他们的努力最终失败。如前所述,嘉兴的精英商人早在1902年就创办了一个商务总局,并推选当地士绅盛萍旨作为该局总办。1905年1月,嘉兴商务总局得到浙江省级政府的许可,改名为嘉兴商务总会。然而,直到1906年1月,嘉兴商务总会才正式选举盛氏和一位年轻绅商张广恩(右企)为总理和协理。②

当时,清政府已经要求所有的商务总会必须得到商部的直接批准,但嘉兴商务总会仍向浙江省级政府请求承认其最近的选举。不幸地,浙江省级政府并未承认嘉兴商务总会的选举结果,反而命令它改名为一个商务分会。盛萍旨再次向浙江巡抚请愿,声称嘉兴是一个贸易繁荣的城市,应有一个商务总会。当他的请求遭到巡抚拒绝后,盛氏马上辞职,年富力强的张广恩则通过补选成为新一任总理。然而,张氏的领导资格很快受到这个商务总会一些创始成员的批评,他的职位也在1906年12月被一位年长的精英商人接替,以至该总会无法为了争取官府承认继续抗争。由于这场内讧,这些地方精英不得不接受官方决定,在嘉兴府城仅仅设立一个商务分会。③

因此,江浙地区城市商务总会的发展既受到精英商人与清朝

---

① 《中外日报》1905年9月11日、9月17日;《农工商部统计表(第一次)》,第4册,第7a页。
② 《嘉兴县商会第一期报告》,第2—3页;《中外日报》1905年2月17日,1906年2月6日。
③ 《中外日报》1906年6月3日、8月1日、8月6日、8月29日、11月9日、12月7日。

政府互动的左右,也受到地方精英内部关系的影响。这些精英商人通过与清朝官府的不同形式互动,在江浙两省成立了 6 个商务总会,但他们的成功常常取决于他们内部的团结。与此相反,嘉兴府地方精英商人的内讧则阻碍了他们争取设立一个商务总会的努力。这种精英内部及其与官方互动既贯穿于商务总会的形成过程之中,也是该区域商务分会和商务分所发展的特点。然而,从商务总会到商务分会和商务分所的社团网络扩展将使精英商人加强联系,减少内部纷争,并改变他们与清政府的关系。

三级商会网络及商人与政府的新型关系

1904 年北京商部号召成立商务总会和商务分会后,它最初主要依靠省级和地方官员来推广此类新式商人组织,而这些官员只是赞助了他们所在城市的少数商会的筹备工作。直到上海和其他较大城市的商务总会出现,并主动采取措施帮助其所属分会的成立,单纯由官方推动商会发展的局面才被改变和突破。此外,在江浙地区特别是长江三角洲的核心地带,精英商人还在清政府的原来计划之外创立了商务分所,形成了 3 个层次的商会网络。这种多层次商会网络连接了从都市到乡镇的不同精英商人,有力地提高了他们与清政府互动过程中的地位和影响。

通崇海花业总会在 1904 年底的诞生立即导致通州直隶州、崇明县和海门直隶厅的 3 个花布分会成立,它们也是江浙地区和全国范围内的 3 个最早商务分会。然而,江浙地区的首批商务分会大多必须通过省级官员报请商部批准,它们的发展也主要局限于府城和县城。因此,到 1906 年 4 月,也就是商部颁布商会规章两年多之后,江苏省产生了 13 个商务分会,而浙江省仅有 5 个

商务分会。在这 18 个商务分会中,6 个在府级城市,9 个在县级　⁶⁶
城市,只有 3 个在大镇。①

　　商务分会在这一阶段发展缓慢,主要原因是负责推广的相关
官员仅仅奉行了商部的规章,但并没有得到商人的积极支持。由
于江苏的镇江府城也是一个通商口岸,镇江知府在 1904 年初便
多次收到商部敦促设立商会的指示。于是,该知府在当年 4 月召
集当地五大行业的商人商议此事,并选择他的一位密友和中国通
商银行在当地分行的经理担任筹备中的镇江商务分会总理。但
这位总理很快死亡,而且还给该府衙门留下巨额债务。在弥补巨
额赤字和满足商部紧急要求的双重压力下,镇江知府仓促挑选了
一家钱庄的经理作为这个商务分会总理。然而,1906 年初这位
地方官被解职,始终未能建成镇江商务分会。直到 1906 年 5 月,
当地绅商领袖和商务分局总董吴兆恩(泽民)才在当地行会、新任
知府和江宁商务总会的共同支持下成立了镇江商务分会。②

　　在临近的常州府,地方官员推广商会的过程也遇到了类似的
困难。早在 1905 年 6 月,常州知府和其他地方官员就催促当地
行会的领袖成立了一个商务分会,但该组织缺乏来自商人的真正
支持。由于这种官方行动主要得到 5 个具有影响的士绅帮助,而
且其中一位还是常州出身的前任官员,新成立的常州商务分会便
没有选举总理,而是接受这 5 位士绅作为绅董。虽然这个商务分
会吸收了当地行会的领导人,但它主要是在这些绅士控制之下,
严重依赖官方支持,以至它的所有资金均来自这些士绅和地方

---

①《农工商部统计表(第一次)》第 4 册,第 18a—21b、25a—b、30b—31a 页。
②《新闻报》1904 年 4 月 9 日;《申报》1905 年 5 月 27 日、7 月 21 日;《中外日报》1905
　年 7 月 18 日,1906 年 2 月 12 日、5 月 18 日;杨方益:《镇江商会始末》,第 8—9 页。

官府。①

　　与此同时,由精英商人发起的商务分会也面临着困境,很难通过官僚程序获得政府批准。在上海附近的松江府城,一位具有绅士头衔的商人动员当地典当、服装、钱庄和其他行业,于1905年末自行成立了一个商务分会。然后他们直接向北京商部请愿,要求官方承认,但商部对这份没有地方官员赞助的请愿书表示怀疑。它首先咨询出身松江府的京官,了解这位绅商的背景。接着,商部命令松江知府、华亭知县及地方士绅对该商会进行调查。这些地方官员向北京提交了一份肯定报告,不过松江商务分会仍然必须通过江苏巡抚向商部提交一份新的请愿书。1906年7月,即该商务分会出现近一年后,它终于得到商部承认。②

　　在浙江省,拱宸桥商务分会在获得官方批准方面遇到同样阻碍。由于这个商务分会是在1905年中期由杭州北郊的精英商人自行发起的,它向商部申请批准的请求也导致商部下令浙江巡抚进行如同在松江府一样的调查。调查期间,浙江巡抚撤销了拱宸桥商务分会此前从省级政府获得的印章,并迫使它修改章程。最终,通过这位巡抚的赞助,拱宸桥商务分会于1906年4月获得商部批准。③

　　由于地方官府的赞助对这些早期的商务分会获得商部批准是如此至关重要,它们不得不招募具有声望的士绅特别是前任官员,进入其领导阶层。在浙江沿海通商口岸之一的温州府城,6个较大同业行会的领袖计划成立一个商务分会,并很快引入了其他商人团体。虽然这些行会领袖都是通过捐纳获得功名的绅商,

---

① 《申报》1905年6月15日;《中外日报》1905年6月29日。
② 《申报》1906年4月22日、7月17日。
③ 《中外日报》1906年2月6日;《农工商部统计表(第一次)》第4册,第31a页。

他们仍然选择一位获得进士头衔的前任知县作为该商务分会总理。他们也将这位商会总理作为官员看待,每次会议开始和结束之际都起身迎送他进出会场。在这位前任官员的领导下,温州商务分会于 1906 年 4 月很快通过浙江总督帮助而得到商部批准。①

商部利用地方官员来推动商务分会的政策不仅未能赢得商人的支持,而且妨碍了精英商人自发组建商会,这种现象在较小的市镇尤为明显。浙江省湖州府知府在 1905 年初就接到浙江省政府命令,成立一个商务分会,但该城的商人直到 1906 年末才做出正面反应。相反,府城附近菱湖镇的丝业商人在 1906 年初就创办了一个商务分会。然而,直到 1906 年 11 月,他们尚未得到湖州知府和浙江商务总局的任何支持,其原因在于该知府试图先在府城建立本府的第一个商会。同时,浙江商务总局只允许在湖州府城或附近县城成立一个商务分会,而不是在一个乡镇设立这个唯一的组织。②

上海商务总会首先挑战了商部关于商务分会的政策,特别是 ⁶⁸ 其中限制市镇商会发展的规定。在 1906 年初呈送给商部的请愿书中,上海商务总会指出许多贸易繁荣的乡镇商人都请求建立商会,要求商部对此加以考虑,发布一套新的规章。因此,1906 年 4 月商部发布指示,由各省商务总会接替地方官员来推动商会成立的主要责任,仅在尚未设立商务总会的地方,仍由省级和府级官员继续担当这一责任。商部并在原则上允许每个州或县在最繁华的商业中心,但不一定在其行政中心,成立一个商务分会。它

---

① 邱百川:《温州商会之创立与沿革》,第 156—158 页;《农工商部统计表(第一次)》第 4 册,第 30b 页。

②《中外日报》1905 年 2 月 18 日、1906 年 5 月 9 日、11 月 21 日。

还允许拥有更多繁华商业中心的县成立两个商务分会。①

　　根据这一新的规章,江浙地区的商务总会在很大程度上取代了省级政府或地方官员,承担了推广商务分会的工作。这套新的规章也促进了这些商务总会与商部及由其改组的农工商部进行直接联系。② 结果,商务分会迅速在江浙地区的绝大部分府城出现,特别是在州、县、厅城和乡镇如雨后春笋般涌现。如本书末附录2所示,到1911年,江浙地区至少已有145个商务分会。

　　江浙地区的商务总会对商务分会在市镇的发展提供了尤为关键的帮助。1905年11月苏州商务总会成立后,这一消息迅速激励常熟县梅李镇的精英商人于1906年初成立一个商务分会。这些商人领袖首先与苏州商务总会联系,要求得到后者的章程作为样本,并请求帮助以获得政府批准。然后,梅李商务分会以苏州商务总会为样板,制定了自己的规章,宣称将与该商务总会保持密切联系,团结周围18个市镇的商人,振兴本地商业。1906年5月,梅李商务分会试图获得商部的批准,但因商部对它的规章提出批评,所以未能成功设立。在对其规章稍作修改之后,梅李商务分会最终通过苏州商务总会的帮助,获得了商部承认。后来,它的章程基本上被盛泽以及苏州周边其他市镇和县城的商务分会所采用。③

　　与此相似,杭州商务总会也为浙江西部山区的武康县上柏镇的商务分会成立提供了重要帮助。1908年10月,武康县城即将

① 章开沅、刘望龄、叶万忠主编:《苏州商会档案丛编1905—1911》,第71—72页。
② 商部吸收了原有的工部中的部分机构,在1906年改组成为农工商部,见 H. S. Brunnert(H. S. 布伦特) and V. V. Hagelstrom(V. V. 黑格尔斯特罗姆),*Present Day Political Organization of China*(《中国当代政治组织》), p. 153.
③ 章开沅、刘望龄、叶万忠主编:《苏州商会档案丛编1905—1911》,第17、23、75—81、120—121、140—141页。

设立一个商务分会,但上栢镇的精英商人们认为该镇具有比县城更为繁荣的市场。按照商部 1906 年的规定,该镇也是这种经济不发达的山区县内所允许成立的唯一商务分会的更佳位置。通过杭州商务总会,他们将此事直接上报北京商部,最终迫使商部同意在上栢镇和武康县城并设两个商务分会。[①]

由于商部在 1906 年之后仍然将每县的商务分会数量限制为一到两个,江浙地区的精英商人进一步发起组织商务分所,作为突破官方限制的一种方法。这种精英商人的创意导致了清政府关于商会政策的另一重要变化。新的官方政策允许地方精英商人组织商务分所,不受任何数量限制。由于这种商人精英和官方的互动,在江浙地区特别是在长江三角洲地带,商会形成了 3 个层次的网络,并从都市向乡镇迅速扩展。

在上海通商口岸南部的上海县城,精英商人于 1906 年 9 月首先向清政府请愿,设立上海商务总会的分所,从而获得商部同意设立沪南商务分所。此后,如皋县丰利场镇和常熟县东塘市镇的精英商人请求商部同意设立他们各自的商务分会,但因这两县分别已经建立了一到两个分会,他们的请求未能获得商部批准。尽管如此,这些精英商人仍然得到商部批准,在两镇分别成立附属当地已有的商务分会的分所。[②]

1906 年 11 月,上海商务总会的资深议董和现任无锡、金匮两县合建的锡金商务分会总理周廷弼援引上述先例,要求商部在全国各地推广商务分所。周氏指出,要让商会实现联络所有商人的首要目标,就必须从村镇开始,并进而从乡向县往上扩张。因 [70]

---

①《申报》1908 年 10 月 30 日;《新闻报》1909 年 2 月 17 日。

②《商务官报》1906 年第 17 期,第 9a 页;章开沅、刘望龄、叶万忠主编:《苏州商会档案丛编 1905—1911》,第 73 页。

此,他建议在位于县城的商务分会之下,在所有市镇设立商务分所。他认为以县城商务分会统属乡镇商务分所,就如身使臂,如臂使指,既可以联络商人,也有助于了解基层社会的商情。商部很快采纳了周氏的建议,并呼吁仿照商务总会和商务分会的先例,组织商务分所。①

因此,清政府通过与江浙地区精英商人的不断互动,先后制定和改进了官方对商务总会、商务分会和商务分所的政策。然而,三层商会网络在江浙地区的先行发展既反映、也强化了这种精英与官方的互动。特别重要的是,多层商会网络使乡镇一级的精英商人与大城市的同类社会精英建立了密切联系,也使他们能够与更高级别的官府直接互动。结果,这些乡镇精英在与官员的争执中变得更有力量和影响,得以发展出数量更多并具有更高地位的基层商会组织。

上述案例中,商部在 1906 年只允许常熟县东塘市成立一个商务分所。这是因为在东塘市所属的常熟县与昭文县共用的县城之内及两县边界上的梅李镇已经分别设立了商务分会,达到了该县建立两个分会的官方限额。尽管如此,东塘市商务分所继续为提高其地位而与官方抗争,并得到了梅李商务分会的帮助。在梅李商务分会于 1908 年呈送农工商部的改正文件中,它自称位于昭文县,所以处于常熟县的东塘市仍然可以成立一个商务分会。这个强词夺理的说法得到苏州商务总会的支持,最终迫使农工商部批准东塘市成立另外一个商务分会。② 在上海商务总会的帮助下,沪南商务分所也于 1909 年获得农工商部许可,改名为

---

① 章开沅、刘望龄、叶万忠主编:《苏州商会档案丛编 1905—1911》,第 72—73 页。
② 章开沅、刘望龄、叶万忠主编:《苏州商会档案丛编 1905—1911》,第 187—193 页。

沪南商务分会。同样,位于苏南的太仓直隶州城因境内的刘河镇已有一个商务分会,原来也只得到官方同意设立一个商务分所。但在上海商务总会向农工商部强调该城棉花市场的重要地位后,终于获准建立境内另外一个商务分会。①

　　位于江苏北部的泰州仅相当于一个县,但该地精英商人巧妙地利用了与 3 个不同的商务总会的关系,建立了 3 个商务分会。这些地方精英首先于 1906 年在泰州城建立了一个商务分会,然后于 1907 年在该州海安镇成立了第二个商务分会。这两个商务分会分别通过江宁商务总会和上海商务总会获得了商部或农工商部批准。此后,泰州姜堰镇的一位富商多次向农工商部情愿,要求成立另外一个商务分会,但只得到官方许可在该镇成立一个商务分所。1908 年,这个商务分所获得通崇海花业总会的支持,向农工商部再次请愿,最终得到官方批准,将其组织提升到商务分会地位。至此,泰州成为江浙地区乃至全国第一个拥有 3 个商务分会的县级行政单位。②

　　即使在经济不够发达的苏北盐城县,商会网络仍然得以帮助一个小镇南洋岸的精英商人在没有获得官方批准建立商务分会之后,成功设立了一个商务分所。在该县较大的上冈镇已经出现了一个商务分会后,南洋岸的两个绅商向设在江宁的江南商务总局请愿,要求设立另外一个分会。但是,由于他们没有提交任何详细的规章,该分会总理也未经过商人选举产生,所以遭到江南商务总局的断然拒绝。南洋岸的精英商人于是请求上冈镇商务

---

① 章开沅、刘望龄、叶万忠主编:《苏州商会档案丛编 1905—1911》,第 118、187—193 页;《上海县续志》第 2 卷,第 51b—52a 页;《镇洋县志》,"附录"第 16a—b 页。
②《续纂泰州志》第 9 卷,第 1—2 页;《农工商部统计表(第一次)》第 4 册,第 27a、38a 页;《农工商部统计表(第二次)》第 4 册上,第 12a 页。

分会帮助,而后者派出两名代表前往调查,检查官方的指控是否属实。事实上,来自上冈镇商务分会的两位代表还直接提供帮助,起草了一份新的南洋岸商务分所章程,并主持其成立仪式和领导人的选举。最终,上冈镇商务分会代表南洋岸商务分所,向江南商务总局请愿,终于获得官方批准。①

虽然精英商人通常利用新的商会网络加强他们的相互联系、迫使官员同意他们的要求,但他们的内部竞争和地方权力斗争也可能使它们的组织成为官方干预的受害者。在浙江南部边缘地带的义乌县城,一个商务分会于 1909 年初就已成立,但该县佛堂镇的精英商人拒绝服从其领导。相反,他们向省级官员请愿,声称佛堂镇是当地的贸易中心,要求成立另外一个具有同样地位的商务分会。虽然这一请愿得到官方批准,但随后佛堂镇商务分会领袖与其他当地绅学界的头面人物发生了权力斗争。因此,他们在 1910 年 3 月为商务分会成立所举行的演戏等活动受到后者煽动的乡民冲击。此后,佛堂商务分会继续与义乌县城的商务分会争夺对附近市镇商人的控制权,但这场纷争导致官方干预,将其地位降为商务分所。②

与前述嘉兴商务总会一样,佛堂商务分会被官方降低级别的部分原因在于地方精英之间的内讧。但在江浙地区商会的形成过程中,这样的案例并不多见。一般来说,商会网络的发展及乡镇一级商务分所的出现加强了它们之间的相互关系,并加强了其中商人精英领袖与官员的多种形式互动,包括双方的密切合作。在浙西的双林镇,一位当地出身的举人和现任官员蔡松就在

①《南洋商报》1910 年第 4 期,"文牍"第 2 页。
②《浙江官报》1909 年第 15 期,"文牍"第 137b 页,1910 年第 36 期,"文牍"第 357a—b 页;《华商联合会报》1910 年第 6 期,"海内外商会纪事"第 2a 页。

1907年回乡休假期间在该镇筹办了一个商务分所。蔡氏召集丝业、绢业、米业、绸业、典当等行业的商人领袖在该镇丝绢会馆连续开会5次,选举了商务分所的总董和议董。蔡松被推选为总董,但他仍是一名现任官员,所以推辞不就。结果,该镇米业董事成为这个商务分所的总董,而蔡氏帮助它获得了商部批准,并在当地的一座寺庙里设立了办公场所。①

江浙地区商务分所的成立仪式也为乡镇的基层精英商人提供了与城市商人领袖及州县官员进行接触的机会。1909年5月30日,浙江东部孙端镇的商务分所举行成立大会时,它聚集了50多名商人成员和当地学校的学生,它的贵宾包括会稽知县和来自县城的商务分会总理。所有出席者先唱会歌,然后由学生演奏军乐。在这场热闹的仪式之后,出席典礼的知县、县城商务分会总理和该镇商务分所领导人物先后致辞。类似的商务分所成立仪式也先后于1909和1910年在上海附近的重固镇和枫泾镇以更大规模进行。② 这些典礼仪式都涉及当地精英商人和官员之间的直接接触。

正是通过这种精英商人之间及其与各级官员的互动,江浙地区至1911年产生了大约210个商会,包括6个商务总会、145个商务分会和59个商务分所(见表3)。商务分所的数量少于商务分会的原因在于分所通常只出现在精英商人无法突破官方限制,建立更多分会的地方。根据附录1—3中关于江浙地区210个商会的更为详细资料,其中只有6个(3%)位于省会和主要通商口

73

---

① 《双林镇志》第8卷,第4a—b页。
② 《华商联合报》1909年第8期,“海内外商会纪事”第3—4页;1909年第20期,“海内外商会纪事”第4页。《华商联合报》1910年第3期,“海内外商会纪事”第1b页。

岸,另有 20 个(9.5%)设在府级城市,但有 80 个(38%)建于县级城市,104 个(49.5%)出现于市镇。因此,87.5%的商会都处在县级小城市或基层市镇,展现了商会网络发展的广度和深度。当然,在江浙地区的核心和边缘地区,商会网络表现了不平衡的发展。根据附录 1 中的数据,江浙地区的 6 个商务总会均位于长江三角洲及其南部沿海地带。至于附录 2 所列的商务分会,它们在上海周边的松江府的每个县级行政区内平均数目接近两个。但在浙江南部的处州、台州、严州三个边缘地带的府级行政区内,每两个县级单位才有一个商务分会。由于清朝政府通常只允许在每个县设立一到两个商务分会,这样的平均数目并未充分显示核心和边缘地区之间的差距。

相比之下,附录 3 中列出的商务分所是由江浙地区基层精英商人在超越清政府所规定的数量限制之外得到发展的,它们之中的绝大多数出现在长江三角洲及其沿海地带。地处长江三角洲核心的吴江和震泽两县在 1908 年已有 14 个商务分所。至1911 年,上海县和附近的奉贤县分别拥有 3 个或 4 个商务分所。[①] 位于长江三角洲北部的江都县、高邮县和浙江沿海的奉化县也各有 3 至 4 个商务分所。[②] 实际上,就附录 3 的数据分析表明,商务分所大都出现在江浙地区的核心地带。只有佛堂、南洋岸等极少数商务分所位于该地区边缘地带的金华、淮安等府。

_74_

---

① 章开沅、刘望龄、叶万忠主编:《苏州商会档案丛编 1905—1911》,第 110—111 页;《上海县续志》第 2 卷,第 51b—52a 页;《华商联合报》1909 年第 7 期,"海内外商会同人录"第 4 页。
② 《江都县续志》第 5 卷,第 1b 页;《三续高邮州志》第 1 卷,第 108b—109a 页;《华商联合报》1909 年第 16 期,"海内外商会同人录"第 8—9 页。

表3 1904—1911年间江浙地区商务总会、分会及分所的发展

商会	成立年份									
	1904	1905	1906	1907	1908	1909	1910	1911	不详	总计
商务总会	3	1	2							6
商务分会	3	7	32	32	30	27	8	6		145
商务分所			3	9	20	12	12	1	2	59
总计	6	8	37	41	50	39	20	7	2	210

资料来源:上述表内统计数字来自书末附录1—3。

注:此表未包括1902—1903年间以商业会议公所或其他名称出现的商会,但它们大多在1904年之后改名为商务总会或分会。

因此,由商务总会、商务分会和商务分所构成的三级商会网络主要发展于江浙地区的核心地带,但该网络也通过商务分会的发展而扩展到该地区的边缘地带。由于商会网络连接了从大都市到小城镇的精英商人,他们不仅在商会的形成过程中加强了对于官方政策的集体影响,而且也改变了商人和各级清政府的关系。具有讽刺意味的是,这种关系变化的部分原因却是清朝中央政府与省级和府县官员为了控制商会而进行权力斗争的结果。

清政府的商部在1904年就已指定商会作为官商联系的主要渠道。1908年,农工商部颁布了一项新的章程,以便规范商会与省及府、州、县级官府的文书往来制度。根据这项章程,商务总会直属商部,所以它们仅在与各省总督和巡抚的行文中使用"呈"的形式,表明他们对这些高级官员的尊崇。但商务总会对督、抚所属的司、道等级官员可以用"移"的形式发送文件,表示他们之间的平级关系。虽然该部规定商务分会对督、抚、司、道级官员的行文需要使用"呈"的形式,对府、州、县级官府的文书使用"牒呈"形式,不过它强调这些商人组织领袖并非这些地方官员的僚属,

不受后者直接管辖。① 这套规则反映了该部试图将新的商会网络变成它的权力基础，免于省级和地方官员干预。但它实际上提高了商会领袖在与省级和府、州、县级官员联系过程当中的地位。

显然，江浙地区的商务总会、商务分会和商务分所的形成及其等级性网络的发展加强了精英商人成员之间及与清朝中央、省级和地方官府之间更为密切和制度化互动。在与清朝政府官员的互动之中，新近成立的商会的影响力迅速增加，其原因在于它们的社团网络使多样的精英商人在不同的城镇可以取得互相帮助和支持。从这个意义上说，三层商会网络的发展不仅使商人群体内部的社会关系发生了革命性的变化，而且也使它们与清政府的政治关系发生了同样深刻的演变。

由于江浙地区的商会，尤其是小城镇的商务分会和商务分所大多出现在 1906 年之后，也就是清廷开始准备进行宪政改革并给予教育和其他行业的新式社团法律承认之际，②它们的网络发展也反映了普及整个社会的关系革命。特别值得注意的是，江浙商会组织内部成员和相互关系的变化典型地体现了这种关系革命已经深入、扩展到个人层面。

---

① 《新闻报》1904 年 1 月 21 日；章开沅、刘望龄、叶万忠主编：《苏州商会档案丛编 1905—1911》，第 36—38 页。关于清代官府文书往来中使用的不同类型公文，见 John King Fairbank(费正清) and S. Y. Teng(邓嗣禹)，"On the Types and Uses of Ch'ing Documents"(《清代文献的类型和用途》)，p. 76, 78, 88, 100。

② 张玉法：《清季的立宪团体》，第 90—143、312 页。

第三章 商会组织构成及其相互关系的变化

江浙地区商会的发展,尤其是它们的三层网络结构的形成, 从一开始就超出了清朝政府的预期。尽管商部在 1904 年关于商会的章程中曾规定,商务分会隶属于商务总会,该部却刻意将这两者之间的垂直联系限于前者向后者提交日常商务报告,并需将报告最终上交到商部。这套官府章程特别要求商务分会直接向商部提交有关重要问题的报告。[1] 因此,江浙地区商会网络的形成很快就引起了清政府的警惕,导致官方实行更严格的控制。

1906 年 3 月,商部特别针对江浙地区的商会颁布新的规定,将商务总会与商务分会的关系重新定义为相互"联络"的关系,否认前者对后者的"统辖"权力,并只允许分会在遇到特别事情时与总会商议、决定办法。商部还将江苏省的商会分为 3 个互相分离的组织系统:苏南的商会仅分别保持与苏州或上海商务总会的联系;江苏西南和北部的商会则与江宁商务总会保持关系;通州直隶州周边棉花贸易中的商务分会与通崇海花业总会进行联络。浙江省级官员也命令沿海地区和省内其他地区的商务分会分别与宁波商务总会和杭州商务总会保持联系。[2]

---

[1]《大清法规大全·实业部》第 7 卷,第 1b—2b 页。

[2] 章开沅、刘望龄、叶万忠主编:《苏州商会档案丛编 1905—1911》,第 70—71 页;《浙江劝业公所第一届成绩报告书》,第 18a—b 页。

　　清政府对商会分而治之的策略并未收到很好的成效。相反,这些江浙地区商会通过发展相互类似的组织结构、扩大彼此之间的制度性联系以及领袖和成员的共享,加强了它们的相互关系,促进了商人之间的团结。通过利用和曲解官府的有关规章制度,这些商会也普遍发展了一种等级组织结构,以此容纳社会经济地位不同的精英和非精英商人。它们进而打破、违背上述官方对商会的限制,建立了从大城市到小城镇的横向和纵向关系。

　　由于这些江浙地区商会将精英和非精英商人带入了具有等级性的组织结构和不平等的关系,它们的网络大致反映了这些商人成员之间的阶级分化。但是,这种现象并不能够证明以上引述的一些论著的观点,即这些商会中的精英商人已经形成独特的资产阶级。实际上,绝大多数精英商人都是作为同乡和同业行会的领袖而加入商会的,他们所代表的行会组织主要由普通商人所构成。由于从持续增多和日益庞杂的行会而来的精英商人的不断加入,这些商会的组织构成不断发生变化,并逐渐扩大了它们在商人社区中的制度化网络和代表权力。

　　这种商会组织构成的不断变化印证了以上所引用的关于地方精英的研究结论,显示了江浙地区商会中的精英商人成员和领袖的社会背景多样化。更值得关注的是,商会网络使这些精英商人能够将他们的社会关系扩展到其家族集团、同乡关系或者地方社区的限制之外,从而成为更为广大的社会代表和领导力量。因此,这些商会通过增强其精英商人成员的社会关系扩大化和多元化推动了网络革命,而它们的组织制度发展尤其反映并促进了这种关系变迁。

商会内部构成和相互关系的发展

从 1902 年上海商业会议公所诞生开始,江浙地区日益增加的商会逐渐形成了多层次的会员、领导、会议和选举制度,并以此等级制度容纳不同背景的商人成员。他们还通过共享会员、兼任领袖、联席会议以及其他形式的联系和接触建立了相互关系。这种商会网络的发展将精英和非精英商人纳入制度化的等级体系,并联结了不同城镇内的精英商人。然而,这种趋势与官方政策是背道而驰的。

商部在 1904 年颁布的章程最初要求每一城或镇内除小贩外,所有商铺等工商机构都必须在当地商会登记。这套章程规定每一商务总会设立 20 至 50 名董事,包括一名总理和一名协理;在一个商务分会中,需有 10 到 30 名董事,包括一名总理。[1] 然而,上海商务总会在其 1905 年拟定的章程中将商部关于董事的规定转而应用于其会员,并将会员总数限制在 50 人以下。此外,它设立了 18 名"议董",包括一名总理和一名协理。[2] 1904 年至 1909 年,上海商务总会进一步发展了共有 7 类成员的制度,包括 3 种会员和 4 种会友[3]:

(1)正式会员为行会代表。他们每人每年要交纳 300 两的会费,但每个行会最多推选 3 名领袖作为会员。

---

[1]《大清法规大全·实业部》第 7 卷,第 1b—2b 页。

[2] 上海市工商业联合会、复旦大学历史系编:《上海总商会组织史资料汇编》上册,第 70 页。

[3] 上海市工商业联合会、复旦大学历史系编:《上海总商会组织史资料汇编》上册,第 70、72—74、83、85、115—116 页;上海通社编:《上海研究资料续集》,第 192 页。

（2）特别会员多数是大型企业的代表。他们也要每人缴纳300两年度会费，每家企业同样限举3人为会员。

（3）名望会员是捐纳巨款并具有较高社会声誉的人士，但直到1911年，上海商务总会还没有此类成员。

（4）领袖会友是每人每年缴纳会费不到300两的行会代表。

（5）个人会友是每年支付12两会费的个体商人，该项年费在1907年提高到每人30两。

（6）特别个人会友是英美公共租界中万国商团中华队、沪北商团体操义勇队打靶部等毕业生，或有名誉的商人。他们为总商会提供护卫，不需支付任何会费。

（7）帮行会友是附属行会的商人成员，但上海商务总会从未澄清他们是否包括这些行会的全部或部分成员。

因此，上海商务总会主要将富裕并有名望的精英商人纳入3类会员和前3种会友之内，仅将附属行会的普通商人简单地归入象征性的帮行会友之列。该商务总会在其多层次的选举和会议中，还赋予这7类成员不同的权利，主要区别在于空有帮行会友名义的普通商人和拥有其他类别会员或会友资格的精英商人之间。

虽然上海商务总会从1904年就在其选举程序中采取了"机密投筒法"或无记名投票于密封筒内的方式，它的帮行会友仅有选择现任行会领袖作为他们的代表进入总会为正式会员的权利。1907年，在进一步的董事选举中，上海商务总会规定，每个正式会员或特别会员都可投三票，而支付100或200两年度会费的领袖会友可以按此数额，投一票或两票。1909年，它进而授予每个特别个人会友在董事选举中投出一票的权力。按照商部的要求，所有董事必须是年满 30 岁之上，在当地经商 5 年以上、具有名望的商人，并是成功创业的行号拥有者或经理人。但上海商务总会进一步要求其董事或议董熟悉官方文书程式，从而将他们的候选人限制于具有官方关系和绅士背景的精英商人。只有这些议董才有权力参加最高级别的总理和协理选举，充当选举人和候选人。①

　　上海商务总会还为精英和非精英商人成员规定了 3 种不同层次会议。这些会议的参与者均采用议事机密投筒法，即将白色或黑色棋子作为肯定或否定票投入密封的筒内，以绝大多数意见决定重要事件。所有成员都可以参加年会，共同清查账目、讨论预算和审查上年的商务问题。10 个以上的会员和会友也可以要求召开特别会议来处理紧急问题，但附属行会的行帮会友可能从来没有享受过这样的权利。相比之下，只有包括总理和协理在内的议董才能参加每周例常会议，为商务总会做出决定。②

　　通过不同层次的会员、领导、选举和会议制度，上海商务总会主要将背景多样的精英商人带入它的等级有序、相互连结的组织网络之中。1906 年，该商务总会的最高权力核心包括 21 名议董，其中 20 人通过向清政府捐纳，获得了四至五品的道台等官衔。除此担任议董的 21 人之外，其余的 37 名会员中仅有 5 名没有功名或者官衔，其中 12 人的官衔低于五品。③ 然而，比起这些 [80] 捐纳获得的官衔，商业财富、社会声望和政治权力是他们成为上

---

① 上海市工商业联合会、复旦大学历史系编：《上海总商会组织史资料汇编》上册，第 71—72、80、84、115 页；《大清法规大全·实业部》第 7 卷，第 1b 页。
② 上海市工商业联合会、复旦大学历史系编：《上海总商会组织史资料汇编》上册，第 76 页。
③《上海商务总会同人录·丙午年(1906 年)》。这些精英商人捐纳的官衔是按照许大龄提供的标准分为不同品级的，参见许大龄：《清代捐纳制度》，第 80—81 页。

海商务总会会员和议董的更为重要资格。在此方面,上海商务总会首任协理徐润的案例极为典型。

作为上海的一位广东商人领袖,徐润曾帮助直隶总督袁世凯从盛宣怀手中夺取了轮船招商局的控制权,然后在 1904 年成为上海商务总会协理。1905 年末,徐氏在商务总会年度选举中失去了协理位置,但因他在 1907 年之前仍是轮船招商局和广东帮商人代表,所以在上海商务总会内保持了议董的领导职位。不幸的是,他在袁世凯和盛宣怀之间新的一轮权力斗争之中举动暧昧,从而于 1907 年中期失去在轮船招商局的职位,并在随后失去上海商务总会的会员资格。1908 年徐润重振家族企业,并于 1910 年重返上海商务总会,但他仅是一名代表其家庭企业的个人会友。[①]

表 4 显示了 1904 年至 1911 年间江浙地区近 10 个商务总会、分会和分所的董事和会员的数目。在此期间,上海商务总会的正式会员和特别会员人数在 50 到 70 人之间波动,而其议董人数从 18 人增长到 21 人。除了这些会员,它的领袖会友、个人会友和特别个人会友的数量在 1908 年达到了 52 名,在 1911 年达到了 74 名。所以,直到 1911 年,这个商务总会仅包括 124 名实际成员,[②]而上海拥有近百万居民。

---

① 江绍贞:《徐润》,第 266—269 页;《上海商务总会同人录·丙午年(1906 年)》,第 1b 页;上海市工商业联合会、复旦大学历史系编:《上海总商会组织史资料汇编》上册,第 94 页;《上海商务总会同人录·庚戌年(1910 年)》,第 10a 页。

② 《上海商务总会同人录·丁未年(1907 年)》;《上海商务总会同人录·辛亥年(1911 年)》。

表4　1905—1911年间江浙地区商务总会、分会及分所会员与董事(括号内)[a] [81]

商会	年份							
	1904	1905	1906	1907	1908	1909	1910	1911
上海商务总会[b]	50 (18)		58 (21)		70 (21)	66 (21)	69 (21)	50 (21)
苏州商务总会		76 (16)	82 (18)		65 (18)	85 (21)	89 (22)	(25)
淮安商务分会				(10)		46 (22)		
昆山—新阳商务分会			25 (9)	(13)				
吴江—震泽商务分会			44 (11)	45 (13)		(12)	(13)	
梅里商务分会			30 (16)			31 (11)		
盛泽商务分会			25 (9)	31 (11)	31 (11)	31 (11)	(11)	
沪南商务分所[c] 沪南商务分会					69 (17)			103 (17)
震泽商务分所					15 (3)			

资料来源：

《农工商部统计表(第一次)》第4册，第36b页；上海市工商业联合会、复旦大学历史系编：《上海总商会组织史资料汇编》上册，第70—71页；《上海商务总会同人录·丙午年(1906年)》；《上海商务总会同人录·丁未年(1907年)》[此件实际所载名单为1908年]；《上海商务总会同人录·己酉年(1909年)》；《上海商务总会同人录·庚戌年(1910年)》；《上海商务总会同人录·辛亥年(1911年)》；章开沅、刘望龄、叶万忠主编：《苏州商会档案丛编1905—1911》，第46—58、76—84、100—106、121—133、143—158页；《上海万国官商士绅职业住址录》，丑部(第二部分)，第4—6页；《华商联合报》1910年第21期，"海内外商会同人录"第5—9页；《沪南商务分会报告题名册》。

注解：

a. 本表数字仅指全部会员，包括括号中的董事，以下表5至表8与此相同。

b. 在以上所引《上海总商会组织史资料汇编》上册第94—122页载有1904—1911年间历年上海商务总会议董和会员名单，但来自间接史料，而且与《上海商务总会同人录》历年所载议董和会员有所不同，所以其中资料没有纳入本表。另外一份关于 1904 年上海商务总会 171 名"会员"的日文记载已经被徐鼎新、虞和平等学者广为引用,见徐鼎新、钱小明:《上海总商会史 1902—1929》第 61 页;虞和平:《商会与中国早期现代化》,第 150 页。实际上,这份日文名单并不符合上海商务总会关于其会员数量的规定或其现存 1906—1911 年间的《上海商务总会同人录》记载。这份 171 名"会员"的名单实际包括上海商务总会提交外国租界当局,要求得到"保护"的所有会员及所属行会中的"体面殷实"商人,见以上所引《上海总商会组织史资料汇编》上册,第 67—68、70、94—122 页;東亞同文會編『支那經濟全書』第 4卷,69—76 頁。另外,领袖会友、个人会友和特别个人会友主要存在于上海商务总会,所以有关信息仅在正文讨论。

c. 沪南商务分所在 1909 年改名为沪南商务分会。

然而,这些精英商人会员中有许多人是商务总会所属工商业行会中众多普通商人的代表。这些行会通常借助它们的精英商人领袖来保持与上海商务总会的联系,其中一些行会还采用了该总会的组织模式,与它建立了更为正式的关系。1905 年,杂货、海鲜等行业的行会邀请了上海商务总会一名董事主持它们的联席会议,并且由此改组为一个由他领导的商会。虽然上海地方官员从 1906 年开始禁止特定行业成立商会,处于上海县城的嘉谷堂米业公所仍在 1908 年联合租界同业商人,设立米业商会,并制定了关于会员、领导、选举和会议的章程。它甚至决定让上海商务总会决定它自身难以处理的重要事务。[1] 在上海商务总会之下,烟草和糖业的商人也将他们的行会更名为商会。此外,洋货、毛皮、棉花、保险等行业的行会组成了各自的公会,而"公会"后来成为许多商会附属行会的统一名称。[2] 这些行会通过组织变化加强了它们与上海商务总会的联系,并将众多的普通商人带入其

---

[1]《申报》1905 年 5 月 9 日、1906 年 5 月 10 日;《华商联合报》1909 年第 10 期,"海内外调查丛录"第 9—12 页。

[2]《上海商务总会同人录·丁未年(1907 年)》,第 4b 页;《上海商务总会同人录·己酉年(1909 年)》,第 4b 页;《上海商务总会同人录·庚戌年(1910 年)》,第 3b 页;《上海商务总会同人录·辛亥年(1911 年)》,第 3a、6a—b 页。

组织网络。

江浙地区其他城市的商务总会很大程度上模仿了上海的先例,但它们的组织结构也反映了各地精英和非精英商人之间不同的社会关系。其中一些商务总会进一步与上海商务总会形成了人际性或制度化关系,而它们又转而成为小城、镇的商务分会和分所的样板,并通过兼任的领袖人物或年会等制度化活动扩大了与这些下级商会的垂直联系。

现有资料显示,苏州商务总会和通崇海花业总会为他们的精英商人建立了与上海商务总会类似的正式会员、荣誉会员和特别会员制度,并为其附属行会中的普通商人建立了帮行会友制度。起初,这两个总会也分别仅有 14 或 18 名董事,包括一名总理和一名协理。它们甚至像上海商务总会一样,将精英和非精英商人成员带入了等级性的选举和不同层次会议和选举活动。1906 年杭州商务总会重组时,它特别参考了上海和苏州商务总会的组织章程。① 所以,这些江浙地区商务总会显示了高度相似的组织制度。

尽管如此,在苏州、杭州等历史悠久的商业和政治中心,其商务总会与行会及士绅的联系比上海商务总会更加紧密。1905 年,苏州商务总会共有 76 名会员,其中至少 64 人(占总数的 84%)是来自 40 多个行会的领袖,代表了全城近一半的行会组织。到 1908 年,这些行会领袖所代表的 1 099 家商铺成为该商务总会的帮行会友。他们缴纳的会费达 8 184 银元,占该商务总会

---

① 章开沅、刘望龄、叶万忠主编:《苏州商会档案丛编 1905—1911》,第 18—26、46—47 页;《通崇海商务总会并通州分会试办章程》,第 2a—10b 页;上海市工商业联合会、复旦大学历史系编:《上海总商会组织史资料汇编》上册,第 71 页;《中外日报》1906 年 10 月 21 日。

收入的 85％。① 同时,苏州商务总会的正式成员都有功名,它还任命了两三名有名望的士绅和前官员为名誉会员,其中之一就是前任清廷翰林院编修王同愈。他在 1903 年从官场暂时退职,1905 年曾帮助建立苏州商务总会,从而成为该会名誉会员。1909 年,王同愈恢复官职,但苏州商务总会继续保持他的名誉会员资格,并于 1911 年进一步提升他为名誉董事。② 同样,杭州商务总会在 1909 年有 21 名董事,其中 20 名是具有士绅头衔的行会领袖。该商务总会的名誉议员甚至多达 18 位,其中大部分是前任官员。③

⁸³ 江宁和宁波的商务总会发展了比上述 4 个江浙地区商务总会更为简单的组织结构。1909 年,它们分别列出 32 名和 38 名董事,但并没有报告是否还有任何正式成员。此外,这两个商务总会的董事大多都是具有功名头衔的行会领袖。宁波商务总会的董事甚至包括曾任中央、省、县级政府的官员,其中也有少数举人等士绅。④

同样,江浙地区商务分会甚至商务分所也使用了与上述商务总会类似的多层次会员、领导、选举和会议体制,或者采用相对简单的组织结构来容纳他们的精英和非精英商人成员。表 4 的资料显示,淮安府城、昆山—新阳县城、吴江—震泽县城、梅

---

① 章开沅、刘望龄、叶万忠主编:《苏州商会档案丛编 1905—1911》,第 16、44、46—47、68、203 页;"苏州商会档案",乙 2 - 1/29,"苏州商务总会第四届报告清册",第 1a—6a 页。

② 章开沅、刘望龄、叶万忠主编:《苏州商会档案丛编 1905—1911》,第 46、49—52、58 页;卞孝萱、唐文权主编:《民国人物碑传集》,第 239—241 页。

③《华商联合报》1909 年第 16 期,"海内外商会同人录"第 3—4 页;《杭州商业杂志》1909 年第 1 期,"调查录"第 6 页。

④《华商联合报》1909 年第 11 期,"海内外商会同人录"第 4—6 页;1909 年第 20 期,"海内外商会同人录"第 1—3 页。

里镇和盛泽镇的 5 个商务分会都设立了董事领导体制和正式
会员制度。如表 4 所示,沪南商务分所在 1909 年直接演变为
沪南商务分会,但震泽商务分所在 1908 年已经建立了类似于
上述商务分会的议董和会员结构,而这些分会又模仿了商务总
会的组织体制。

　　与前述上海商务总会的做法相似,梅里镇商务分会在 1906
年率先将商部关于每个分会最多设立 30 名董事的官方规定改变
为该会关于正式会员人数的限制,另外建立由 15 名议董组成的
领导阶层,包括一名总理。它甚至模仿上海和苏州商务总会,为
其精英商人成员制定了 3 种会员资格,即其附属行会领袖充当的
正式会员、具有商业知识的士绅所担任的荣誉会员以及捐助巨资
的特殊会员。它的附属行会中的普通商人只能成为该分会会友,
缴纳 2 元到 10 元的年费,以便获得保护。但是,他们不能像精英
商人会员那样参加定期会议和董事选举。[1]

　　表 4 所列盛泽、昆山—新阳、吴江—震泽等地商务分会基本
模仿了梅里镇的商务分会。例如,盛泽商务分会在 1907 年召集
其正式会员和会友进行 3 个层次的选举:首先,它的附属行会的
所有会友选出 30 名商务分会正式会员;随后,这些正式会员选出
10 名议董;最后,这 10 位议董在他们中间选出一位总理。在
1910 年的选举中,该商务分会的前任和现任总理从 10 名议董中
各获得 5 票。此时,监督选举的一位官员便为两名候选人用抽签 84

────────────────

① 章开沅、刘望龄、叶万忠主编:《苏州商会档案丛编 1905—1911》,第 76—78 页。梅
里镇的商务分会在其 1906 年的规章中,起初规定仅设 10 名董事和 1 名总董作为
领袖。

方式决定结果,然后宣布现任总理获胜。[1]

虽然表 4 只包括了江浙地区 6 个商务分会的现有资料,但它足以证明:截至 1911 年,该地区绝大多数分会都保持了人数较少的董事和正式会员。除了上海商务分会在 1911 年包括了异常大量的正式会员,淮安、昆山—新阳、吴江—震泽、梅里、盛泽的 5 个商务分会之中的每一分会都只有 25—46 名正式成员和 9—22 名董事。对这 5 个商务分会在 1907 年或 1909 年的 178 名正式成员的进一步分析表明:他们都有绅士头衔,而且绝大多数是行会领袖。在这两年之中,其他 15 个商务分会共有 253 名董事,其中仅有 4 人没有绅士头衔,而且很多董事也都是行会的代表。[2] 通过这些具有声望和广泛联系的精英商人成员和领袖,江浙地区的商务分会从附属行会获得了财务资源,并控制了各自城、镇之中更大量的普通商人。

处于江浙地区基层市镇的商务分所通常比商务分会拥有更少成员和更为简单的组织结构,并且未能得到商部允许设立具有"总理"头衔的主要领袖职位。直到 1911 年 9 月,农工商部才开始授予商务分所主要领袖以"总董"的称号。尽管如此,商务分所仍然给予其精英和非精英商人成员不同身份,并让他们参与不同层次的选举和会议等组织活动。如表 4 所示,震泽镇商务分所只有 3 名议董和 8 名正式成员,但其控制的商铺有 106 家。即使在

---

[1] 章开沅、刘望龄、叶万忠主编:《苏州商会档案丛编 1905—1911》,第 102—104、120—121、124、133、139—141 页。

[2] 章开沅、刘望龄、叶万忠主编:《苏州商会档案丛编 1905—1911》,第 83—84、105—106、131—133、143—145、199 页。《华商联合报》(每期"海内外商会同人录"部分),1909 年第 12 期,第 5—6 页,1909 年第 16 期,第 4—10 页,1909 年第 18 期,第 3—4 页,1910 年第 21 期,第 5—10、12—16 页,1910 年第 22 期,第 11—14 页。这 15 个商务分会分别位于湖州和嘉兴府城,宝应、奉化、青浦、瑞安、山阴—会稽、无锡—金匮县城,以及东坝、姜堰、菱湖、罗店、新市、周浦和朱泾镇。

江苏省北部边缘地区,盐城县小镇南洋岸的商务分所也形成了这种等级制度,并且举行了多层次的选举。它在开始时有 60 多名商人成员,1910 年正式成立时召集了其中的 43 人参加选举。这些商人成员首先选举了 10 名董事,后者进而选出了两位陈氏表亲担任总董和名誉总董。①

通过这种多层次的组织结构和活动,这些商会能够囊括社会背景极为不同的精英商人及更多数、更庞杂的城镇普通商人。到1912 年,江苏(包括上海)和浙江两省的 148 个商会共有 4 962 名"议事员",即平均每个商会仅有 34 名正式成员。但是,它们共集合了约 39 157 名商人,即平均每个商会拥有 264 名帮行会友。② 更重要的是,这些背景不同的商人不仅通过他们所在的单个商会组织,而且还通过他们跨越不同城镇的商会网络联系在一起。

江浙地区商会之所以能够建立起相互关系,很大程度上在于它们组织制度的一致性、制度化的组织之间联系以及会员和领袖的共享。由于清朝政府试图限制它们发展相互联系,这些商会严重依赖其精英商人领袖和成员的个人关系来追求网络扩张。尽管如此,江浙地区的商务总会、商务分会和商务分所之间仍然逐渐发展了日益正式和常规的联系。

上海商务总会与江浙地区的许多商会建立了密切的联系,并与沪南商务分所及其后继的沪南商务分会发展了尤其紧密的关系。1911 年,上海商务总会的议董中包括沪南商务分会总理王震及其 3 名董事,即沈缦云、林莲荪和苏筠尚。更多的精英商人

---

① 章开沅、刘望龄、叶万忠主编:《苏州商会档案丛编 1905—1911》,第 40、72—73、116—117 页;《南洋商报》1910 年第 4 期,"文牍"第 2 页。
② 农商部总务厅统计科编:《中华民国元年第一次农商统计表》上卷,第 180—181、184—185 页。

在两个上海商会中持有双重会员资格。① 这个商务总会还通过与上海以外的一些商会共享会员或领袖人物,建立了跨城市的密切关系。

周廷弼长期担任上海商务总会的议董,他来自无锡县一个小地主家庭,但在上海洋行充当买办致富。他还通过向清政府捐纳得到了道台的头衔,并在1888年领导侨居上海的无锡和金匮同乡,创办了锡金公所。周廷弼是设立于1902年的上海商业会议公所的最早成员之一,并在1904年参加了由其改组的上海商务总会。1905年,周氏又在家乡成立了锡金商务分会,并担任总理直至1907年初。在他众多的家族企业中,信成银行在多个城市设有分行,并受到当地商会的保护。1911年,周氏拥有的信成银行经理就是当时兼任上海商务总会和沪南商务分会议董的沈缦云。②

祝大椿是另外一位在上海商务总会长期担任议董的领袖人物。他于1907年接替周廷弼出任锡金商务分会总理,继续充当这两个商会之间的纽带。祝氏来自与无锡同城的金匮县,他和周氏一样,也是一位洋行买办,拥有道台头衔,并且也是上海的锡金公所的创始人和许多工商企业的投资者。除了与上海商务总会和锡金商务分会的关系,祝大椿还于1909年加入了苏州商务总会。同年,苏州商务总会首任协理倪思久成为上海商务总会特别

① 上海市工商业联合会、复旦大学历史系编:《上海总商会组织史资料汇编》上册,第117、125—126页。
② 高景嶽、严学熙编:《近代无锡蚕丝业资料选集》,第31—37页;彭泽益编:《中国工商业行会史料集》下册,第922—930页;上海市工商业联合会、复旦大学历史系编:《上海总商会组织史资料汇编》上册,第51、94—95、125页;《农工商部统计表(第一次)》第4册,第19a页;天津市档案馆、天津社会科学院历史研究所、天津市工商业联合会编:《天津商会档案汇编1903—1911》上册,第761—763页。

会员,并于 1910 年成为其议董。①

苏州商务总会还通过组织制度化的安排,与其商务分会、商 ⁸⁶ 务分所建立了更为正式的关系。例如,吴江县的平望镇商务分会要向苏州商务总会缴纳它的三分之二的年度会员费。同样,吴江—震泽两县的商务分会则从其 14 个商务分所收取他们年度会员费的三分之一。因此,这些商务分所的主要领袖便成为吴江—震泽商务分会的正式会员或董事。②

通崇海花业总会同样使用了制度化和人际性的双重关系来扩展其网络。1904 年该总会成立时,将上海的一个花布公所变为它所属的"驻沪商会",并于 1906 年前后交由上海商务总会的议董施则敬来管理。此外,该花业总会的领导阶层从一开始就包括通州商务分会的总理。在通崇海花业总会于 1908 年帮助泰州的姜堰镇精英商人建立了该县的第三个商务分会之后,它将该州 3 个分会全部纳入其控制之下。因此,1911 年 3 月,它的名称从通崇海花业总会改名为通崇海泰商务总会。③

由于上海商务总会原来由严信厚等宁波精英商人主持,它自然与宁波商务总会保持了密切关系。事实上,从 1894 年起就与严氏家族创办宁波首家近代棉纺厂的两位合伙人也是宁波商务

---

① 汪敬虞编:《中国近代工业史资料 1895—1914》下册,第 958—960 页;上海市工商业联合会、复旦大学历史系编:《上海总商会组织史资料汇编》上册,第 51、94—95、113 页;《农工商部统计表(第一次)》第 4 册,第 19a 页;彭泽益编:《中国工商业行会史料集》下册,第 922—930 页;章开沅、刘望龄、叶万忠主编:《苏州商会档案丛编 1905—1911》,第 46、56 页。

② "苏州商会档案",乙 2-1/4,第 37 页;乙 2-1/29,"苏州商务总会第四届报告清册",第 9b—10b 页。章开沅、刘望龄、叶万忠主编:《苏州商会档案丛编 1905—1911》,第 102—103、110—111 页。

③ 《通崇海商务总会并通州分会试办章程》,第 2a 页;《上海商务总会同人录·丙午年(1906 年)》,第 1b 页;《商务官报》1908 年第 28 期,第 9b 页;中国第一历史档案馆编:《清末各省设立商会史料》,第 59—60 页。

总会在1909年的两位董事。到1909年,宁波和上海商务总会之间的人际关系在一定程度上已经正式化,以至当时担任上海商务总会书记的江义修同时兼任宁波商务总会的驻沪调查员。从1907年开始,宁波商务总会还通过召集其附属商务分会和商务分所的会员举行年会,与它们建立了正式和常规的统属关系。[1]出于同样的目的,杭州商务总会于1909年建造了一个宽敞的会议大厅,并开始每年召集其所属商务分会的领导人举行两次例会。1910年,江宁商务总会还设立了专门的办公室,接待苏北商务分会的代表,并从那时起开始召集它们的领导人召开大会。[2]

因此,江浙地区商会的内部构成及其相互关系都经历了持续的制度化过程。尽管它们的等级组织结构反映了精英和非精英成员之间的社会背景不同甚至阶级差异,这些商会仍然通过坚实的制度化关系将他们的商人领袖和成员连结起来。这样的制度化发展使得商会网络能够吸收日益多样的成员,不断增加其组织规模和复杂性,但没有分崩离析。

精英商人成员和领导阶层的演变

虽然江浙地区的所有商会都将其领导职务和正式会员资格限于精英商人,由于其中大多数成员和领袖都是附属行会的代表,他们必然受到年度选举和其他形式的制度化人事变动影

---

[1]《华商联合报》1909年第20期,"海内外商会同人录"第4页;沈雨梧:《为宁波帮开路的严信厚》,第67页;《时报》1907年3月12日。

[2]《华商联合报》1909年第17期,"海内外商会纪事"第4页;《南洋商报》1910年第4期,"纪事"第2—3页。

响。所以,这些精英社团的构成仍然经历了持续变化。这种精英商人成员和领袖的人事改组通常会增加他们社会经济背景的多样化,而不是将他们整合为同质化的资产阶级。特别重要的是,这种商会的人事构成多样化逐渐使它们能够超越特定宗族、地域和行业团体的局限性或其他精英派系的控制。结果,这些商会逐渐成为日益多样的商人行会和其他工商业组织的真正代表力量。

基于 1905—1911 年间上海和苏州两个商务总会以及盛泽镇商务分会逐年的成员名册,表 5 显示了它们的董事和会员中的类似人事改组模式。除了一些例外,通过年度选举和其他制度化措施进入这 3 个商会的新的成员通常占其董事总数的 24％—33％(例外的最低和最高比例分别为 18％ 和 48％),占其会员总数的 26％—38％(异常的较高比例为 49％—52％)。其他江浙地区商会没有留下这样的连续年度数据可供分析,但他们现存的有限资料仍然支持上述发现,甚至显示了更大幅度的人事变动。1907年,吴江和震泽两县的商务分会包括 45 名会员,其中 21 位是新成员,占其会员总数的 47％。与此同时,该商务分会的 13 名议员或董事中有 3 名新人,占其议员总数 23％。1910 年,这个商务分会中的新议董上升为 6 人,占其 12 名董事的比例达 50％。1908 年,昆山和新阳两县的商务分会经历了一场内部权力斗争,产生了 12 名新议董,占其 13 名董事总数的 92％。①

这些商会成员构成变化的另一表现是其中董事和会员的平均年龄不断下降。尽管许多商会的精英商人领袖和会员在持续

---

① 章开沅、刘望龄、叶万忠主编:《苏州商会档案丛编 1905—1911》,第 100—106、112—114、143—145、157—158 页。

不断的人事改组中幸存下来,而且他们的年龄也在逐年自然增加,这一趋势仍然十分明显。从 1906 年到 1911 年的 5 年间,上海商务总会的董事平均年龄从 52.9 岁下降到 50.1 岁,其会员的平均年龄也从 49.3 岁下降到了 46.9 岁。[1] 盛泽商务分会中会员的平均年龄在 1907 年为 43.5 岁,但在 1909 年下降为 40.5 岁。更戏剧性的是,昆山—新阳两县的商务分会议董的平均年龄在 1907 年为 53.3 岁,但一年后骤然减至 42.6 岁。1909 年,江宁和杭州商务总会及江浙其他城镇的 18 个商务分会的成员名单也显示,其董事的平均年龄在 37 至 52 岁之间。[2] 显然,这些江浙地区的商会包括了不同年龄段的精英商人,但他们大多处于壮年时期。通过不断招募更为年轻和更有活力的精英商人,这些商会保持了它们在实业和政治活动中力量和影响。

---

[1] 《上海商务总会同人录·丙午年(1906 年)》;《上海商务总会同人录·辛亥年(1911 年)》。以上平均年龄是根据实岁、而不是中文资料中的虚岁(比实际年龄大一岁)计算的。关于上海商务总会董事和会员不同年龄组的逐年分析,见 Zhongping Chen(陈忠平), "Business and Politics: Chinese Chambers of Commerce in the Lower Yangzi Region, 1902-1912"(《实业与政治:长江下游地区的商会 1902—1912》), p. 151。

[2] 章开沅、刘望龄、叶万忠主编:《苏州商会档案丛编 1905—1911》,第 94—95、124—126、131—133、143—145、157—158 页。《华商联合报》(每期"海内外商会同人录"部分),1909 年第 11 期,第 4—6 页;1909 年第 12 期,第 3—6 页;1909 年第 16 期,第 3—10 页;1909 年第 18 期,第 3—4 页;1910 年第 21 期,第 5—9、12—16 页;1910 年第 22 期,第 11—14 页。这 18 家商务分会分别设在淮安、湖州、和嘉兴府城,宝应、奉化、华亭—娄、瑞安和山阴—会稽县城,以及东坝、海安、姜堰、菱湖、罗店、平望、石浦、新市、周浦和朱泾镇。有关它们董事平均年龄的详细分析,请见 Zhongping Chen(陈忠平), "Business and Politics: Chinese Chambers of Commerce in the Lower Yangzi Region, 1902-1912"(《实业与政治:长江下游地区的商会 1902—1912》), p. 152。

表 5　1905—1911 年间上海和苏州商务总会及盛泽商务分会的新会员与董事(括号内)　88

年份	上海商务总会			苏州商务总会ᵃ			盛泽商务分会		
	全部成员	新成员	百分比	全部成员	新成员	百分比	全部成员	新成员	百分比
1905				76 (16)					
1906				82 (18)	40 (5)	49 (28)	25 (9)		
1907							31 (11)	16 (3)	52 (27)
1908	70 (21)			65 (18)	18 (5)	28 (28)	31 (11)	8 (3)	26 (27)
1909	66 (21)	18 (10)	27 (48)	85 (21)	32 (5)	38 (24)	31 (11)	8 (2)	26 (18)
1910	69 (21)	21 (7)	30 (33)	89 (22)	24 (4)	27 (18)	(11)	(3)	(27)
1911	50 (21)	14 (7)	28 (33)	(25)	(6)	(24)			

资料来源:
《上海商务总会同人录·丁未年(1907 年)》(此件实际所载名单为 1908 年);《上海商务总会同人录·己酉年(1909 年)》;《上海商务总会同人录·庚戌年(1910 年)》;《上海商务总会同人录·辛亥年(1911 年)》;章开沅、刘望龄、叶万忠编:《苏州商会档案丛编 1905—1911》,第 48—58、121—133 页。
注解:
a. 苏州商务总会在 1906 和 1908 年先后举行了第二、三届选举。所以,它的成员在这两次选举之间并未变化。

更为重要的是,通过这样的成员构成变化,这些商会在许多城镇从日益多样的地域性商人群体中招募了精英领袖,扩大了它们取得支持的基础,而这种趋势在上海这类移民城市中尤为明显。此前的研究指出,宁波帮商人从清末就开始长期主导了上海的商会组织。[1]　在表 6　89

① Susan Mann Jones(曼素恩), "The Ningpo Pang and Financial Power at Shanghai"(《宁波帮及其在上海的金融势力》), pp. 90 - 91; Wellington K. K. Chan(陈锦江), *Merchants, Mandarins, and Modern Enterprise in Late Ch'ing China*(《清末现代企业与官商关系》), pp. 218 - 219; Bryna Goodman(顾德曼), *Native Place, City, and Nation: Regional Networks and Identities in Shanghai*(《家乡、城市和国家:上海的地缘网络与认同》), pp. 177 - 78.

中,对上海商务总会议董和正式会员籍贯的定量分析肯定了这些以往的研究。该表进而揭示,来自宁波的精英商人在上海商务总会的支配地位在 1906 年至 1911 年间显著下降。这是因为这个商务总会的年度选举和其他制度化措施带入了更多来自其他地域性集团的精英商人。

如表 6 所示,1906 年上海商务总会的 58 名会员中有 14 名宁波籍贯人士,占 24%;在其同年的 21 名董事中,有 11 名宁波人,占 52%。因此,宁波人显然在该商务总会之初就主导了这个组织,而他们的主导地位在董事中尤为突出,占有一半以上的领导职位。然而,这些宁波精英商人面临着来自其他地域集团领袖人物的日益激烈的竞争,他们也抱怨在这个商务总会为公共服务牺牲了过多时间和精力。于是,上海商务总会在 1909 年通过了一项新的规则来限制其总理和协理在内的议董任期。该规则让三分之一的现任董事通过抽签退出年度选举,但卸任之后的董事可以在一年之后重新加入选举。① 结果,宁波人在上海商务总会的支配地位急剧下降。到 1911 年,宁波籍人士仅保留了 9 个会员职位和 3 个董事职位,分别占全体会员和董事的 18% 和 14%(见表 6)。

表 6 还显示,1906—1911 年间,来自宁波以外的浙江省和当时包括上海的江苏省的精英商人在董事中的比例分别从 10% 和 24% 增加到 29% 和 43%。但是,他们在正式成员中的比例没有显示出如此稳定的增长。同一时期,从江、浙之外各省而来的精英商人在董事中的比例保持在 14%,但他们在会员之中的比例从 22% 上升到 32%。结果,从 1909 年到 1911 年的三年之中,籍贯江苏省(包

---

① 《华商联合报》1909 年第 1 期,"海内外公牍"第 6—8 页;1909 年增刊"海内外通信"第1页。

括上海)和浙江省(包括宁波)的精英商人占全部董事总数的比例每年均为43％。同时,籍贯江、浙两省的精英商人各自在会员中的比例在这三年内上下波动,或者前者稍高,或者后者更高。1911年上海商务总会的领袖会友、个人会友和特别个人会友的名单也显示,籍贯江、浙两省的人士分别为30人和34人。[①] 因此,到了清朝末年,上海商务总会已经通过制度化的措施,削弱了其中宁波帮原来主宰的势力,更像是江、浙及其他各省的精英商人代表的联盟,特别是像后来所谓的江浙财团的先驱。

表6　1906—1911年间上海商务总会的会员和董事(括号内)籍贯

年份	江苏(包括上海)		浙江				其他省份		总计	
			宁波府ª		宁波之外					
	人数	百分比	人数	百分比	人数	百分比	人数	百分比	人数	百分比
1906	18(5)	31(24)	14(11)	24(52)	13(2)	23(10)	13(3)	22(14)	58(21)	100(100)
1908	23(7)	33(33)	19(10)	27(48)	12(1)	17(5)	16(3)	23(14)	70(21)	100(100)
1909	25(9)	38(43)	12(6)	18(29)	11(3)	17(14)	18(3)	27(14)	66(21)	100(100)
1910	22(9)	32(43)	14(4)	20(19)	15(5)	22(24)	18(3)	26(14)	69(21)	100(100)
1911	13(9)	26(43)	9(3)	18(14)	12(6)	24(29)	16(3)	32(14)	50(21)	100(100)

资料来源:

《上海商务总会同人录·丙午年(1906年)》;《上海商务总会同人录·丁未年(1907年)》(此件实际所载名单为1908年);《上海商务总会同人录·己酉年(1909年)》;《上海商务总会同人录·庚戌年(1910年)》;《上海商务总会同人录·辛亥年(1911年)》。

注解:

a. 宁波府包括该府六县和定海直隶厅。定海直隶厅在1841年实际已经分治,但该地与宁波籍贯人士仍然互相认为同乡。

---

① 《上海商务总会同人录·辛亥年(1911年)》,第6a—10b页。

除了上海商务总会,沪南商务分所和后继的沪南商务分会也一直是不同地域集团,特别是籍贯江、浙两省商人集团的联盟。这两个前后相继的组织均有 17 位董事,其中除了一名籍贯安徽的人士,其余籍贯江苏、浙江的人士在 1908 年各占 8 名,1911 年分别占 9 名和 7 名。在其会员中,江苏、浙江人士在 1908 年分别为 36 名和 30 名,1911 年各为 46 名和 43 名。在其籍贯宁波的成员中,1908 年和 1911 年都只有 4 人担任董事,占总数的 24%。虽然他们在会员中的人数从 1908 年的 18 位增加到 1911 年的 25 位,可是他们的比例从 26% 降低到 24%。这是因为从 1908 年的沪南商务分所到 1911 年的沪南商务分会,其中会员的人数从 69 位增加到了 103 位。[1]

91与移民为主的上海城市内的两个商会不同,江浙地区其他城镇的商会在它们发展的初期大多由本地而非籍贯外地的精英商人所支配。然而,这些商会的年度选举和其他制度化的人事变化也导致了籍贯外地的会员和董事数量逐渐增加,从而容纳了更多外来商人领袖和不同的地域性行会,扩大了它们所代表的工商业团体。表 7 中汇集的 1906—1909 年间的盛泽商务分会资料表明,成员当中籍贯外地商人的比例从 40% 上升到 58%,董事当中的比例从 44% 上升到 64%。相比之下,籍贯本地的精英商人在 1906 年主导了这个刚刚成立的商会,占其会员的 60% 和董事的 56%。但在 1909 年,他们在会员中的比例下降至 42%,在董事中的比重仅为 36%。

---

[1]《上海万国官商士绅职业住址录》,丑部(第二部分),第 4—6 页;《沪南商务分会报告题名册》。

表7　1906—1909 年间盛泽镇商务分会的会员和董事(括号内)籍贯[a]

年份	本地籍贯		外地籍贯		全部	
	人数	百分比	人数	百分比	人数	百分比
1906	15 (5)	60 (56)	10 (4)	40 (44)	25 (9)	100 (100)
1907	15 (5)	48 (45)	16 (6)	52 (55)	31 (11)	100 (100)
1908	15 (5)	48 (45)	16 (6)	52 (55)	31 (11)	100 (100)
1909	13 (4)	42 (36)	18 (7)	58 (64)	31 (11)	100 (100)

资料来源:
章开沅、刘望龄、叶万忠主编:《苏州商会档案丛编 1905—1911》,第
121—133 页。
注解:
a. 本地籍贯人士包括来自盛泽镇附近的吴江和震泽两县商人。

　　1907—1910 年,苏州、江宁、杭州、宁波 4 个商务总会以及 23
个商务分会的单年名册也表明,它们的会员和董事之中既有本地
也有外地籍贯的精英商人。1909 年,本土商人完全垄断了山阴—
会稽和无锡—金匮县的商务分会董事职位。与此相反,1907 年,籍
贯外地的商人在昆山—新阳两县商务分会的会员和董事中的比例
均占 50％以上,1909 年宝应、石浦两地商务分会董事中的比例也超
过了 50％。因为这些江浙地区城镇中的很多外来精英商人已经和
本地人士混同,成为当地长期居民,籍贯外地的商人所主导的商会
也依然能够代表本地的商人群体。①

---

① 章开沅、刘望龄、叶万忠主编:《苏州商会档案丛编 1905—1911》,第 49—52、76—
　77、94—95、105—106、143—145、148、199 页;《华商联合报》(每期"海内外商会同
　人录"部分),1909 年第 11 期,第 4—6 页,1909 年第 12 期,第 3—6 页, (转下页)

这些商会扩大其代表权力的另外一个重要策略是从数量更多的、更为多样的同业行会及其他工商业团体中招募精英商人领袖。以往的相关研究通常聚焦于这些商会与从事"现代实业"的城市精英的关系,仅在其中发现了一个人数较少的资产阶级,并由此慨叹这一资产阶级的弱小无力。[①]事实上,这些商会包括了更为多样和更有影响的商人精英成员,并发展了比此前学术研究中强调的所谓资产阶级组织更为广泛、更有力量的网络。即使在上海这样"现代实业"最为发达的城市,商会的发展情况也是如此。

根据一份日文资料对 1904 年间上海商务总会成员的记录,徐鼎新等学者认为,这个组织从一开始就主要代表了资产阶级和资本主义经济。在它的 171 名成员中,只有 18 名(10.5%)是行会代表,其余 153 名(89.5%)是具有资产阶级特征的工商业企业家,分别代表一家新式银行、一家轮船公司、5 家现代工厂、25 家外商企业、121 家"商号"。实际上,这份所谓上海商务总会会员"名单"不仅包括其中会员,还包括受其保护的 "体面殷实"商人。更重要的是,这一名单上的"商号"大多是经营银楼、丝绸、糖酱等

(接上页)1909 年第 16 期,第 3—10 页,1909 年第 18 期,第 3—4 页,1909 年第 20 期,第 1—3 页,1910 年第 21 期,第 5—10、12—16 页,1910 年第 22 期,第 11—14 页。这 23 家商务分会分别位于淮安、湖州、和嘉兴府城;宝应、奉化、华亭—娄、昆山—新阳、青浦、瑞安、山阴—会稽、吴江—震泽和无锡—金匮县城;以及东坝、海安、姜堰、菱湖、罗店、梅里、平望、石浦、新市、周浦和朱泾镇。在省会和府级城市商会中的"本地人"包括本城和郊县人士。在乡镇商会中,"本地人"包括来自该镇所在县的人士。有关这些商务总会和商务分会中本地人和外地人百分比的更详细数据,请见 Zhongping Chen(陈忠平), "Business and Politics: Chinese Chambers of Commerce in the Lower Yangzi Region, 1902 - 1912"(《实业与政治:长江下游地区的商会 1902—1912》), pp. 139 - 140。

① 冯筱才:《中国商会史研究之回顾与反思》,第 158 页。

其他传统行业的商铺，大多不是所谓"现代实业"机构。[1]

表8以上海商务总会在1906—1911年发布的各年成员名册为据，揭示了该组织在晚清时期的会员以及其中董事所代表的不同类型的工商业机构。虽然其中传统工商业行会代表的人数在会员和董事中有所波动，甚至略有减少，但他们时常占50％以上的比重。直到1910年，行会代表的比例才下降到会员的49％和董事的48％，但他们的比例很快在1911年又反弹到会员的56％和董事的52％。由于来自个体商号的董事和会员大多从事传统工商业活动，代表外商企业（买办）、新式银行、现代工厂和股份公司等"现代实业"的成员从未在该总会的会员和董事中占据50％以上的比例。根据1911年上海商务总会的领袖会友、个人会友和特别个人会友名单，从事这些"现代实业"的仅有25人，相当于此类会友总数的34％。[2]　因此，如果按照以往学术界对于中国资产阶级的标准，将上海商务总会简单地定义为与"现代实业"相关的资产阶级组织是极有问题的。在其他城市和市镇的商会中，从事"现代实业"的所谓资产阶级企业家就更寥寥可数。实际上，由于上海商务总会兼收并蓄了工商业行会、家族店铺和新型企业等机构的多样化精英商人代表，它是比此前专注于弱小资产阶级的研究所显示的更强有力的组织。它的一些董事和会员同时担任了行会领袖、新型企业代表甚至外国公司买办。1908年，虞洽卿成为上海商务总会议董，他在兼任洋货公所和荷兰银行代

[1] 徐鼎新、钱小明：《上海总商会史1902—1929》，第61页；上海市工商业联合会、复旦大学历史系编：《上海总商会组织史资料汇编》，上册，第68页。徐鼎新、钱小明的数据来自東亞同文會編『支那経済全書』第4卷，69—76页。对于这一日文资料误解的更正，请见表4的注解。
[2] 《上海商务总会同人录·辛亥年(1911年)》，第6a—10b页。

表的同时,还与宁波同乡一起创办了一家新式银行。尽管秉持马克思主义观点的历史学家仍在争论虞氏是否代表买办或民族资产阶级,他和类似的精英商人领袖无疑帮助上海商务总会扩大了对于行会、现代企业和其他多种不同工商业机构的联系和影响。①

93 **表 8 1906—1911 年间上海商务总会的会员和董事(括号内)所代表机构ᵃ**

代表机构	1906		1908		1909		1910		1911	
	人数	百分比	人数	百分比	人数	百分比	人数	百分比	人数	百分比
工商行会	37 (13)	64 (62)	36 (11)	51 (52)	35 (13)	53 (62)	34 (10)	49 (48)	28 (11)	56 (52)
个体商号	7 (3)	12 (14)	11 (5)	16 (24)	5 (2)	7 (10)	6	8	1	2
外商企业 (买办)	2 (2)	3 (10)	2	3	1 (1)	2 (4)	1 (1)	2 (4)	1 (1)	2 (5)
新式银行			3	4	7 (2)	10 (10)	8 (4)	12 (19)	7 (4)	14 (19)
现代工厂	12 (3)	21 (14)	14 (3)	20 (14)	15 (3)	23 (14)	15 (4)	22 (19)	9 (4)	18 (19)
股份公司			4 (2)	6 (10)	3	5	5 (2)	7 (10)	4 (1)	8 (5)
总计	58 (21)	100 (100)	70 (21)	100 (100)	66 (21)	100 (100)	69 (21)	100 (100)	50 (21)	100 (100)

资料来源:
《上海商务总会同人录·丙午年(1906 年)》;《上海商务总会同人录·丁未年(1907 年)》(此件实际所载名单为 1908 年);《上海商务总会同人录·己酉年(1909 年)》;《上海商务总会同人录·庚戌年(1910 年)》;《上海商务总会同人录·辛亥年(1911 年)》。

注解:
a. 为了方便以整数计算百分比,1/21 或 4.76% 在表中为 4% 或 5%。

---

①《上海商务总会同人录·丁未年(1907 年)》(此件实际所载名单为 1908 年),第 4b、6a 页;孙筹成等:《虞洽卿事略》,第 104、112 页。

正是因为上海商务总会集中了从传统行会到现代企业而来的不同工商业机构的精英商人领袖,它才能够代表数量庞大和背景庞杂的工商业者,而不仅是人数很少的单一上海资产阶级。确实,它通过增加其中成员的多样性,不断地扩大了所代表的工商业界范围。起初,上海商务总会由来自少数几家主要工商业机构的精英商人主导,包括南帮汇业公所和两家半官办企业,即轮船招商局和电报总局。1904 年,这两家半官办企业向上海商务总会提供了 12 000 两白银,约占其开办资金的一半。它们也因此从 1906 到 1909 年间每年派出共 6 名代表作为上海商务总会特别会员。但在 1910 年,这两家半官办企业在商务总会的代表或在其特别会员中的人数减少为 3 人,并在 1911 年下降到仅剩 1 人。[①] 与此相似,直到 1906 年,南帮汇业公所仍然派出了 5 名代表作为上海商务总会正式会员,但这一数字在 1908 年下降到 2 人,1911 年下降到 1 人。[②] 此外,代表南帮汇业公所的严信厚和代表轮船招商局的徐润分别是上海商务总会首任总理和协理。它们的另 3 位代表曾在 1906 年担任该商务总会议董。但到 1911 年,仅有轮船招商局一个代表还在担任商务总会董事。[③] 结果,

---

① 《农工商部统计表(第一次)》第 4 册,第 3b 页;《上海商务总会同人录·丙午年(1906 年)》,第 1b、2b、4b—5b 页;《上海商务总会同人录·丁未年(1907 年)》,第 3a—b 页;《上海商务总会同人录·己酉年(1909 年)》,第 3a—b 页;《上海商务总会同人录·庚戌年(1910 年)》,第 3a 页;《上海商务总会同人录·辛亥年(1911 年)》,第 3a 页。

② 《上海商务总会同人录·丙午年(1906 年)》,第 2a、3a、4a、5a 页;《上海商务总会同人录·丁未年(1907 年)》,第 3b 页;《上海商务总会同人录·己酉年(1909 年)》,第 3a 页;《上海商务总会同人录·庚戌年(1910 年)》,第 3a 页;《上海商务总会同人录·辛亥年(1911 年)》,第 3a 页。

③ 《上海商务总会同人录·丙午年(1906 年)》,第 1b—3a 页,《上海商务总会同人录·辛亥年(1911 年)》,第 1b、3a 页;上海市工商业联合会、复旦大学历史系编:《上海总商会组织史资料汇编》上册,第 94 页。

更多行会等机构的代表成为上海商务总会的会员和董事,从而将他们所领导的多样化的工商业机构带入了商会的网络。

在现存的 1909 年苏州、江宁、杭州和宁波商务总会的名册当中,其董事和正式成员通常登记了他们与传统行会或钱庄、典当、绸缎、衣服、珠宝、医药、粮食、杂货等旧式商业的关系。该年,这 4 个总会的 107 名董事中只有杭州商务总会的一名董事和宁波商务总会的 5 名董事报告了与现代工厂或股份公司的关系。该年苏州商务总会的名册列有 64 名正式成员,但没有人自称是此类"现代"企业的代表。[①] 事实上,如下所述,这些商务总会已有一些精英商人领袖从事现代工商业活动,但他们仍然倾向于强调自己与传统行会和旧式商业机构的关系。这种倾向表明,在这些精英商人的经济活动中,与资产阶级相关的"现代实业"仍然不是那么重要。因此,这 4 个商务总会成员的人事变化通常有助于它们从更多样化的同业性行会中招募精英商人领袖,但后者不一定是来自"现代实业"机构的资产阶级企业家。

确实,1905 年苏州商务总会成立之际,它的会员包括 40 多个行业的代表,其中钱业、典业、绸缎业、纱缎业和绸业的代表占 63%。在该商务总会的 16 名议董中,14 人来自这 5 个传统工商行业,其比例高达 88%。来自这些传统行业的精英商人最初可以主宰苏州商务总会的部分原因在于它允许每一附属行业在其代表担任议董之后,可以再选拔 3 名以上的代表作为商务总会

---

① 章开沅、刘望龄、叶万忠主编:《苏州商会档案丛编 1905—1911》,第 53—56 页;《华商联合报》(每期"海内外商会同人录"部分),1909 年第 11 期,第 4—6 页,1909 年第 16 期,第 3—4 页,1909 年第 20 期,第 1—3 页。有关这四家商务总会董事工商业活动背景的更详细统计分析,见 Zhongping Chen(陈忠平),"Business and Politics:Chinese Chambers of Commerce in the Lower Yangzi Region,1902 - 1912"(《实业与政治:长江下游地区的商会 1902—1912》),p. 143.

会员。此外,猪行、腌腊等较小行业通常推选共同代表作为该商务总会的会员。[1]

从 1908 年始,苏州商务总会开始禁止不同的附属行会拥有共同代表,以便扩大它与更多商人团体的直接联系。这样的组织制度改革,尤其是一年一度的选举,导致了这个商务总会的人事构成发生了重大变化。在它的会员中,上述来自钱业、典业、绸缎业、纱缎业和绸业的代表比例从 1905 年的 63% 下降到 1908 年的 43%,并继续降至 1909 年的 34%。1911 年,这些主要行业的代表仍有 19 人担任苏州商务总会议董。但因议董的总数上升到 22 人,他们在其中的比例仍然微降至 86%。[2] 这样的人事变化同样使得苏州商务总会能够从更多不同的商人团体中招募精英领袖,成为它的正式成员。

在较小的江浙城镇内,商务分会和商务分所的精英商人成员也来自不同的行业,尤其是与传统农业经济相关的旧式商业。表 9 提供了 1909 年 22 家商务分会的 368 名董事(包括总理)的工商业活动背景。在这些商会董事所代表的最为重要的行业中,其次序为粮食、钱庄、南货、典当、棉布、丝行、药行、衣庄、酱业、绸缎和油坊。在这 11 个行业中,每业都向这 22 家商会派遣了 10 到 33 个精英商人,担任董事。然而,其他 40 多个行业的代表也为这些商会提供了代表,担任董事,但其中每个行业所提供的董事不到 10 人。相比之下,在这 22 个商务分会的 368 名董事中,只有 3 人(0.8%)注明了他们与一个现代工厂和两个

---

[1] 马敏、朱英:《传统与近代的二重变奏:晚清苏州商会案例研究》,第 67—68 页;章开沅、刘望龄、叶万忠主编:《苏州商会档案丛编 1905—1911》,第 18、44、65 页。

[2] 马敏、朱英:《传统与近代的二重变奏:晚清苏州商会案例研究》,第 67—68 页;章开沅、刘望龄、叶万忠主编:《苏州商会档案丛编 1905—1911》,第 65 页。

股份公司的关系。

事实上,现存的零星历史文献记录表明,新的现代工商业活动吸引了更多来自这些商务分会的领袖。如以下第五章所述,他们当中的许多人从 1905 年起就参与了江浙两省的铁路运动。不过,他们对铁路项目的投资主要是由于商会参与领导的民族主义运动的结果,而不一定是基于他们的资本主义企业家精神。在这些商务分会中,一些精英商人领袖还利用他们的权力建立了新的工商业企业,然后强迫当地商人投资其中。这种强制性的措施实际上加强了他们在当地工商业中的支配地位,但并不一定将他们转变为资产阶级企业家。

96

表 9　1909 年间江浙地区 22 个商务分会董事(包括总理)所代表的行业和机构[a]

行业	人数	百分比
粮食	33	9.0
钱业	32	8.7
南货	20	5.4
典当	18	4.9
布号	18	4.9
丝业	16	4.3
药行	15	4.0
衣庄	13	3.5
酱业	13	3.5
绸业	12	3.3
油坊	10	2.7
茶业	9	2.5
木业	9	2.5
北货	9	2.5

行业	人数	百分比
酒庄	8	2.2
烟业	8	2.2
杂货	7	1.9
纸业	6	1.6
烛业	6	1.6
渔业	6	1.6
染坊	6	1.6
棉花	5	1.4
缎业	5	1.4
腌腊	5	1.4
其他 30 个商人行业	52	14.1
合股公司	2	0.5
现代工厂	1	0.3
不详	24	6.5
总计	368	100

资料来源：

章开沅、刘望龄、叶万忠主编：《苏州商会档案丛编 1905—1911》，第 94—95、112—115、131—32 页。《华商联合报》（每期"海内外商会同人录"部分），1909 年第 7 期，第 3—4 页；1909 年第 11 期，第 6 页；1909 年第 12 期，第 3—6 页；1909 年第 16 期，第 4—10 页；1909 年第 18 期，第 3—4 页；1910 年第 21 期，第 5—7、9—11、13—15 页；1910 年第 22 期，第 11—14 页。

注解：

a. 表内 22 个商务分会设于淮安、湖州和嘉兴府城，宝应、奉化、华亭—娄、瑞安、山阴—会稽、吴江—震泽、无锡—金匮和萧县城，以及东坝、海安、菱湖、罗店、平望、盛泽、石浦、新市、周浦、朱泾、和庄行镇。

在这一方面，常州商务分会的首任总理恽祖祁提供了一个典型案例。恽氏出身于常州府一个名门望族，于 1894 年左右到福建省担任知府。他在任期内与日本人的冲突令他失去了官位，但赢得爱国名声。在他的家乡,他还以管理公共事业的士绅领袖身份赢得很高声誉。1905 年,恽祖祁成为常州商务分会的创始者和主要领导人。1907 年他创办了一个新式银行,要求加入该商务分会的典当和钱庄商人承购这个新设银行的一半股份,然后强迫其他常州商务分会所属的商人团体认购另一半股份。大概是通过类似的方式,恽氏在常州成立了一家菜籽油加工厂,并试图获得官方许可,垄断该府菜油生产。他在常州府建立印刷厂、造纸厂和罐头厂的努力相继失败后,还在邻近的镇江府开办了一家土地开垦公司。由于这家公司经营不善,他受到了股东的投诉,被清政府调查。但恽氏保持了他在常州商务分会的领导职位,甚至在上海商务总会的帮助下抵制了官方的调查。① 显然,恽祖祁能够得到上海商务总会精英商人领袖的支持,其原因在于他们通过新的商会网络而建立的联系,而不是因为他们对资本主义企业家精神的合拍。

因此,江浙地区的商会网罗、联系了各种精英商人,包括上海等都市的现代企业家、大小城镇的工商业行会领袖和类似恽祖祁的地方绅商。这些精英商人带来了社会声望及其与行会和其他社会经济机构的联系,并帮助商会网络在他们所属的商人社区中得到了扩展。他们还利用这种新的社团网络来加强自身在工商界的支配地位。同时,这些精英商人领袖本身、他们在商会网络中的支配地位及其社会关系也经历了重大转变。

---

① 常州市民建、工商联文史资料办公室编:《武进县商会及工商业发展史略》,第104—106 页;《申报》1907 年 7 月 31 日、8 月 16 日、8 月 28 日;《商务官报》1906 年第 26 期,第 17b—18a 页,1910 年第 11 期,第 12a—b 页。

商会主要领导人物及其关系变化

江浙地区商会的主要领袖包括商务总会的总理、协理,商务分会的总理和商务分所的总董。他们所经历的人事和社会关系 *98* 变化不仅保证了来自不同地域的商人群体和最为重要的行业中的领袖不断进入商会最高领导阶层,而且还使其领导权力从士绅和官员出身的商会领袖手中逐渐转移到在商界关系更为广泛的精英商人控制之下。实际上,来自士绅和商人背景的商会领袖都竭力通过商业经营中的合作或权力斗争中的协作来扩大他们的人际性联系和制度化关系,以便追求和维持其支配地位。详细考察不同商会领袖及其对于经济利益和政治权力的争夺,可以揭示他们如何建立了家族、乡亲和其他个人派系之上的集体领导体制,并形成超越单一城镇限制的相互联系,从而帮助扩展了商会网络。

1905 年,为了防止个别领袖垄断权力,苏州商务总会不仅规定每年举行所有领导人物选举,而且将总理和协理的任期限制为最多连续三年。农工商部后来在批准所有商会的主要领袖选举结果时,都执行了这个由苏州商务总会创始的规则。江浙地区的商会大多遵循了这个规定,以确保不断招募具有影响的新的精英商人领袖。但是,有些商会主要领袖仍然利用各种借口,寻求在三年任期之外继续连任。所以,这些商会主要领导人物经历了不同程度的人事变动。① 无论如何,商会主要领袖普遍经历了社会

---

① 章开沅、刘望龄、叶万忠主编:《苏州商会档案丛编 1905—1911》,第 18、20—21、20—21 页。《商务官报》1909 年第 24 期,第 11b 页;1909 第 25 期,第 11a 页。

关系的重要变化。

本书附录1包括了清末江浙地区六大商务总会的总理和协理姓名及其任期年限。在许多方面,上海商务总会集中体现了江浙商会主要领导人物的人事和关系变动。如前所述,从 1902 年至 1905 年,严信厚凭借他与清朝政府的密切关系及其家族企业和宁波商帮在沪支配地位,得以先后担任上海商业会议公所和上海商务总会的首任总理。在这一领导职位上,严氏通过商会网络大大加强、扩大了他的家族和同乡关系。1902 年严信厚发起上海商业会议公所之初,他即推荐一位宁波同乡以及他在一家棉纺厂的生意伙伴周晋镳为其提调或经理,以至后来周氏成为商业会议公所副总理。1906 年末严信厚死后,他的长子严义彬于 1908 年成为上海商务总会的议董之一,并于 1909 年成为协理。此外,严氏源丰润银号的经理陈子琴曾在 1902 年到 1909 年间先后长期担任上海商业会议公所和上海商务总会董事。[1]

同时,严氏父子也利用自己的领导地位和商会网络,在宁波帮内外寻找新的商业伙伴,甚至将不同城市的商会领袖纳入其个人关系网。1905 年严信厚创办华兴水火保险公司,他的 8 位合伙人都是上海商务总会的董事、正式成员或主要领袖。他们包括来自广东、在 1904—1905 年间担任上海商务总会首位协理的徐润,籍贯福建并在 1906 年成为第二任总理的曾铸,以及同年担任协理的宁波籍富商朱葆三。此外,严信厚在其他企业的合伙人还包括上海以外的商会领袖,如苏北的海州—赣榆商务分会的第一、二届总理沈云沛和许鼎霖。他在宁波商务总会董事中的商业

---

[1] 上海市工商业联合会、复旦大学历史系编:《上海总商会组织史资料汇编》上册,第 45、50、94—95、110 页;《商务官报》1908 年第 4 期,第 14b;《上海商务总会同人录·丁未年(1907 年)》,第 2a、3b 页;《新闻报》1906 年 9 月 9 日。

伙伴为数更多。①

在 1905 年底的上海商务总会年度选举中，宁波帮精英商人失去其中的总理职位，而来自福建商帮的曾铸因在同年领导抵制美货运动，成为全国闻名的民族英雄，从而竞选成功。由于曾氏在上海长大，他实际与江浙两省的精英商人建立了密切的关系。他的总理任期仅持续了一年，但这并非此前研究所强调的来自宁波帮商人挑战的结果，而是因为他已经成为上海自治机构的主要领导之一。1907 年曾铸自愿放弃竞选上海商务总会总理职务后，他仍与严义彬等商务总会的宁波帮领导人合伙创办了江西瓷器公司。他们甚至计划在中国、欧洲和北美为该公司成立 12 家分公司。②

紧接曾铸之后，宁波富商李氏家族的精英商人李厚佑在1907 年成为上海商务总会总理，新的协理是来自安徽名门望族的绅商孙多森。除了利用各自的同乡关系，李氏和孙氏都将他们的家族关系带入了上海商务总会。自 1905 年起，孙多森和他的兄弟孙多鑫就作为该家族面粉厂的代表加入了上海商务总会。在成为该商务总会协理之前，孙多森曾担任该会董事。孙氏的面粉厂在北京、汉口等大城市以及泰州姜堰等江浙地区城镇开设了超过 17 家分店。1910 年，这家面粉厂带领其他 4 家面粉厂，在上海、无锡和高邮两县及姜堰镇成立了专门的小麦贸易

---

① 《农工商部统计表(第一次)》第 4 册，第 26a、5 册，第 9a、18a、28a 页；上海市工商业联合会、复旦大学历史系编：《上海总商会组织史资料汇编》上册，第 94 页；《上海商务总会同人录·丙午年(1906 年)》，第 1a—b、4b 页；《华商联合报》1909 年第 20期，"海内外商会同人录"第 2 页。

② 《嘉定县续志》第 11 卷，第 28a—b 页；徐鼎新、钱小明：《上海总商会史 1902—1929》，第 90—91 页；《申报》1906 年 9 月 22 日；《农工商部统计表(第二次)》第 4 册下，第 6b 页；《商务官报》1908 年第 18 期，第 11a 页。

100 　协会。由于上海商务总会的大力支持,他们的组织迅速得到了清
　　　政府的批准。①

　　李厚佑也利用上海商务总会扩大了他的家族实业活动和个
人关系,但这种个人关系的扩大又反过来扩展了商会网络。李氏
在 1908 年上海商务总会选举中失去总理职位,但仍然担任协理。
从 1908 年至 1911 年,他的两个兄弟李薇庄和李征五先后以个人
会友身份加入上海商务总会。他的另外两个兄弟李鸿祥和李屑
青一度也是上海商务总会的会员。② 李厚佑在上海商务总会的
领导地位使他与其他江浙商会领袖在许多工商企业和不同城市
建立了合作伙伴关系。1908 年,李氏与曾任苏州商务总会首任
协理的倪思九、沪南商务分所的主要领袖王震合伙成立一个保险
公司。他们还在 7 个不同的城市设立了分公司,并确保这些分支
机构受到当地商会的保护。1909 年,李厚佑甚至试图从海内外
所有华人商会筹集资金,创办"中国华商银行"。他的弟弟李征五
专程前往东南亚,在当地招商引资。他们兴建银行的计划得到了
国内外商会领袖的积极回应,但是最终由于计划过于庞大而功败
垂成。③

---

① 上海市工商业联合会、复旦大学历史系编:《上海总商会组织史资料汇编》上册,第
　94—95 页;《上海商务总会同人录·丙午年(1906 年)》,第 1b、5a 页;《商务官报》1908
　年第 20 期,第 12a 页;《南洋商报》1910 年第 2 期,"文牍"第 21—23 页,1910 年第 3
　期,"文牍"第 1—2 页;《寿县孙氏经营阜丰面粉厂及有关财团所属企业史料稿》。
② 上海市工商业联合会、复旦大学历史系编:《上海总商会组织史资料汇编》上册,第
　94—95 页;《上海商务总会同人录·丁未年(1907 年)》,第 4a、10a 页;《上海商务总
　会同人录·庚戌年(1910 年)》,第 6a 页;《上海商务总会同人录·辛亥年(1911
　年)》,第 5b、8a 页;王遂今:《镇海小港李氏家族史略》,第 130 页。
③ 《农工商部统计表(第二次)》第 4 册下,第 9b 页;章开沅、刘望龄、叶万忠主编:《苏
　州商会档案丛编 1905—1911》,第 46 页;《上海万国官商士绅职业住址录》,丑部
　(第二部分),第 2、4 页;天津市档案馆、天津社会科学院历史研究所、天津市工商业
　联合会编:《天津商会档案汇编 1903—1911》上册,第 727—729 页,下册,第 2180—
　2186 页;《华商联合报》1909 年第 1 期,"序目"第 1—4 页。

1908 年末,李厚佑的上海商务总会总理一职由一位更为资深的宁波籍精英商人周晋镳继任。周氏除了拥有候补知县头衔,还曾担任上海商业会议公所首任副总理,并从 1904 年起长期担任上海商务总会议董。凭借这种官场关系和在宁波帮商人中的领导地位,他从 1908 年至 1910 年连续三年担任上海商务总会总理。因此,从 1908 年至 1909 年,宁波帮对上海商务总会的控制达到了高峰,以至于这两年的两任协理李厚佑和严义彬都是周晋镳同乡。①

尽管如此,这些与清朝官方关系密切的宁波精英商人最终还是逐渐失掉了在上海商务总会的领导权力。1910 年初,当该商务总会开始使用前述抽签制度强制部分现任议董退出年度选举之际,严义彬和他的家族企业代表陈子琴以及李厚佑都失去了董事职位。1910 年末,宁波帮在上海商务总会的主导地位受到了 *101* 最后一击。当时清廷指责周晋镳对于上海股市的危机处理不善,解除了他的总理职务。②

1911 年初,江西会馆和南帮汇业的领袖陈润夫在上海商务总会选举中胜出,担任总理,但这一结果并非此前研究所认为的一场出乎意料的事件。实际上,陈氏是从 1902 年到 1911 年间在上海商业会议公所和上海商务总会人事改组中幸存下来的极少数议董之一。在 1909 年和 1910 年的上海商务总会年度总理和协理选举中,他的得票数在每年均仅次于当选的两位候选人。此

---

① 上海市工商业联合会、复旦大学历史系编:《上海总商会组织史资料汇编》上册,第45、94—95、97—98 页;田原天南编『清末民初中國官紳人名錄』,225 页。

② 上海市工商业联合会、复旦大学历史系编:《上海总商会组织史资料汇编》上册,第94—95、110 页;《华商联合会报》1910 年第 1 期,"海内外商会纪事"第 11 页;《时报》1910 年 12 月 4 日。

外,从1910年到1911年,上海商务总会的两任协理邵琴涛和贝润生都是江苏籍贯人士,并都是洋货行业的绅商领袖。他们和陈润夫都没有类似严信厚和周晋镳所拥有的紧密官方关系。[①] 因此,这三位人物进入上海商务总会的主要领导阶层反映了其中宁波帮商人支配地位的下降和来自其他地域集团和工商界本身的精英领袖的崛起。当然,宁波帮精英商人在上海商务总会的影响仍然很大,但他们此后更多地依赖与其他商人集团领袖的合作。在他们的浙江同乡通过辛亥革命主导上海政坛之前,宁波帮精英商人一直都没有能够夺回上海商务总会的主要领导权。

与上海商务总会相似,杭州商务总会也经历了主要领导阶层的不断改组。特别值得注意的是,年度选举制度逐渐淘汰了该商务总会原来从士绅出身的主要领袖,由来自当地主要工商行业的商人精英取而代之。1906年底这个商务总会初建之时,其首任总理樊恭煦是前任省级官员、管理慈善事业的士绅以及杭州改良机构的推动者。首任协理顾鸿藻也是拥有道台官衔的高级绅士,但这两人都没有深入参与工商业活动。1907年和1908年,樊氏和顾氏在杭州商务总会的总理和协理职务分别由盐商金月笙和钱业商人潘赤文接任,他们也是杭州慈善界的领袖人物。但是,金月笙能够持续两年担任杭州商务总会总理的部分原因在于他的弟弟是大清银行杭州分行经理。[②]

---

① 徐鼎新、钱小明:《上海总商会史1902—1929》,第180页;上海市工商业联合会、复旦大学历史系编:《上海总商会组织史资料汇编》上册,第51、94—95、97、100、102—103页。

② 《农工商部统计表(第一次)》第4册,第7b页;May Backus Rankin(冉枚铄),*Elite Activism and Political Transformation in China*(《中国精英行动主义与政治转型》),p.177;浙江同乡会编:《浙赣铁路事件》,第12页;《商务官报》1909年第15期,第8a页;程心锦:《旧时代的杭州商会》,第122页。

　　至 1909 年初,金月笙因帮助拱辰桥商务分会总理高凤德逃避偿还其管理的纺厂官方贷款和商人投资,以至他在杭州商务总会内越来越不受欢迎。于是,在 1909 年 3 月的选举中,金氏预先 ₁₀₂提出辞呈,但实际上仍然企图在其党羽的支持下获得连任。在杭州商务总会的选举会议上,当会员选举了新的董事后,按照程序应由新选董事投票选举总理和协理。但在董事选举结束之前,金月笙已经获得他的党羽选举连任,继续担任总理。这场选举闹剧当场就受到一位银行经理的质疑,迫使金氏放弃总理职位。此后,潘赤文就任总理,但在 1910 年,协理顾松庆又接替潘氏成为总理。虽然顾氏只有一个较低的秀才功名,但他从贩卖扇面的小生意开始做起,后来在盐业和洋货贸易中担任行会领袖。新上任的协理王锡荣(湘泉)也只有低级的秀才功名,但在当铺担任经理。[①]　于是,在商界人脉较广的精英商人领袖最终成为杭州商务总会的两位主要领导人物。

　　宁波和江宁商务总会的主要领导阶层都经历了类似的人事变动以及主要领袖的社会关系变化。1906 年初宁波商务总会成立后,由一位前任知府吴传基担任首任总理。首任协理顾钊也是半官办的轮船招商局在当地的经理。然而,他们各自的继任者秦运炳和郑贤滋都是通过捐纳获得功名的商人,其中前者在宁波和上海经营两家商铺,后者是纸业行会的领袖。郑贤滋还是顾昭和其他宁波商务总会董事在一个棉纺厂的商业伙伴,并在 1909 年

[①]《申报》1909 年 5 月 10 日;《华商联合报》1909 年第 6 期,“海内外商会纪事”第 1—4 页,1909 年第 8 期,“海内外商会纪事”第 1—2 页;程心锦:《旧时代的杭州商会》,第 122—123 页。

继任成为总理。[1] 同样，从 1904 年到 1905 年，江宁商务总会的首任总理刘士珩是江南商务总局的官方总办。[2] 相比之下，该商务总会在 1909 年和 1910 年的第三任总理宋恩铨仅是一家钱庄的经理和钱业行会的领袖。宋氏不谙文牍，缺乏官方关系，但他的钱庄在江浙地区内外拥有 24 家分行，其中上海分行的经理丁价候在 1907 年至 1910 年间曾任上海商务总会董事。[3]

与上述江浙地区的 4 个商务总会不同，苏州商务总会的首任总理尤先甲和通崇海花业总会的首任总理张謇分别长期把持了这两个商会的最高领导职位，但这两位长期任职的商会领袖的社会经济关系仍然发生了深刻变化。事实上，尤氏和张氏分别来自士绅和官僚阶层。除了依仗这种士绅的声望和官场的关系，这两位商会主要领袖能够在年度选举中屡次获得支持、长期连任总理的原因还在于他们巧妙地利用各自的职位，与其他来自工商界的商会领袖建立了密切关系。

103　　苏州商务总会从 1905 年开始首先实行上述新的规定，将其主要领导人物的连续任期限于三年，但其首任总理尤先甲的任期可能比江浙地区的任何商会总理都更长久。尤氏在 1905 年至 1912 年期间长期担任苏州商务总会总理，仅在 1909 年象征性地

---

[1]《农工商部统计表（第一次）》第 4 册，第 7a 页；《华商联合报》1910 年第 20 期，"海内外商会同人录"第 1—3 页。

[2]《农工商部统计表（第一次）》第 4 册，第 4a 页；《南洋商务报》1906 年第 1 期，"规律"第 3a 页。

[3]《华商联合报》1909 年第 5 期，"海内外商会纪事"第 6 页，1909 年第 11 期，"海内外商会同人录"第 4 页；天津市档案馆、天津社会科学院历史研究所、天津市工商业联合会编：《天津商会档案汇编 1903—1911》上册，第 583—584 页；上海市工商业联合会、复旦大学历史系编：《上海总商会组织史资料汇编》上册，第 94—95 页。

遵循上述规定,让钱业绅商领袖张履谦充当总理一年。① 因此,他们是该商务总会在清末时期仅有的两位总理。

尤先甲原来一直追求科举为宦的道路,但直到 40 岁只得到举人功名和内阁中书的低级官职。在他父亲的指示下,尤氏留在苏州,成为管理公共事务的绅董,而他的弟弟则处理绸缎及其他行业内的家族生意。因此,他最初凭借其公共事务上的绅董地位而非商业经验,在 1905 年成为苏州商务总会的主要创始人和首任总理。相比之下,张履谦是一位典业商人,也是苏经丝厂和苏纶纱厂的主要投资者之一。尽管如此,他因参与当地公共事务,与尤先甲建立了密切关系。② 他们除轮流把持苏州商务总会的总理职位之外,还率领周围城镇商会的领袖,试图去控制这两家官方发起的现代企业。

苏经丝厂和苏纶纱厂始建于 1896 年,其资金来自清政府和张履谦等商人。这些商人最初按照其个人投资总额的 7% 的比例收取年度红利,但过高的红利使得这两家企业一直无利可图。直到 1903 年,时任商务大臣盛宣怀的一位绅商随员开始承包两家企业,约定为期五年,并将分红利率降低到 3%。1906 年,由于张履谦和其他股东对分红的减少感到不满,于是尤先甲代表他们,利用苏州商务总会向商部请愿,请求将两家企业转让给张氏和其他商人股东经营。③

为了获得官方批准,尤先甲与苏州商务总会其他领导人物承

---

① 章开沅、刘望龄、叶万忠主编:《苏州商会档案丛编 1905—1911》,第 46—58 页;马敏、祖苏主编:《苏州商会档案丛编 1912—1919》,第 22 页。

② 吴琴:《关于尤先甲史料一则》,第 147 页;章开沅、刘望龄、叶万忠主编:《苏州商会档案丛编 1905—1911》,第 53、270 页。

③ 章开沅、刘望龄、叶万忠主编:《苏州商会档案丛编 1905—1911》,第 267—270 页;王尔敏、陈善伟编:《清末议定中外商约交涉:盛宣怀往来函电稿》,第 713 页。

诺每年从这两家企业的利润中提取 10 000 两白银,资助当地的商业学校。由于上海商务总会也有成员投资了这两家企业,其总理曾铸大力支持苏州商务总会的请愿。然而,直到 1908 年,这些商会领袖才实现了他们的计划。苏州商务总会在该年召集附近 5 个府、州的商会股东代表举行公开会议,决定自行经营这两家企业。他们首先选择了长期担任上海商务总会的董事和无锡—金匮县的商务分会首任总理周廷弼担任两家企业的总经理。1909 年,尤先甲、张履谦和苏州商务总会的其他领导人物又用该总会名望会员王同愈取代了周氏担任总经理,他们还分别填补了两家企业的其他管理职位。因此,在尤先甲的领导下,苏州商务总会不仅将这两家企业代表纳入其会员之中,并将它们置于该总会主要领袖的集体控制之下,而且还利用了这两家企业与苏州周边的其他商会建立了新的联系。[1]

通崇海花业总会的首任总理张詧也在 1904—1909 年间通过与当地精英商人建立密切关系,保持了极长的任期。早在 19 世纪 90 年代中期,其弟张謇离开北京清廷的官职、投身南通棉纺织业之后,张詧就随之辞去知县一职,在通州周边协助经营纺织、垦荒等一系列的企业。这些企业的成功使张氏兄弟的影响力超过了地方官员,张詧也自然而然地成了通崇海花业总会的主要创始人和领导者。[2]

---

[1] 章开沅、刘望龄、叶万忠主编:《苏州商会档案丛编 1905—1911》,第 53—57、269—272、276—277、290—295 页;王尔敏、陈善伟编:《清末议定中外商约交涉:盛宣怀往来函电稿》,第 713 页;《申报》1908 年 5 月 5 日;上海市工商业联合会、复旦大学历史系编:《上海总商会组织史资料汇编》上册,第 94—95 页;《农工商部统计表(第一次)》第 4 册,第 19a 页。

[2] 《南通地方自治十九年之成绩》甲编,"实业"第 71—72 页;卞孝萱、唐文权主编:《民国人物碑传集》,第 257 页;《农工商部统计表(第一次)》第 4 册,第 4b 页;《商务官报》,1909 年第 29 期,第 9b 页。

通过这个总会,张氏兄弟与附近县城和上海的精英商人建立了新的关系,并进一步将南通的地方实业与他们经营的棉纺织业企业联系起来。1904 年末通崇海花业总会成立后,张謇很快会同其 3 个附属的商务分会总理及上海商务总会的主要领袖向商部请愿,要求规范以上海为中心的棉花、棉布市场。随后,通崇海花业总会及其附属商务分会的领袖向位于江宁的江南商务总局提出,希望拥有广泛监督当地棉花、棉布贸易的权利。显然,张氏兄弟和通州周围的其他商会领袖有效地利用了这种新的商会网络,将他们的社会经济关系和支配权力扩展到了通州以外的广阔商业世界。[①]

在江浙小城镇之中的商务分会和商务分所与上述商务总会相似,其主要领袖也通常经历了年度选举和人事变动。现存《商务官报》的资料显示,这些分会和分所的主要领袖中仅有极少数人以难以找到合适的继任者或者其他借口,突破官方关于任期的限制,以至于连任超过三年。[②] 虽然关于这些商会领袖的详细信息很少,在昆山—新阳县的商务分会及其所属菉葭浜镇商务分所内曾爆发两场权力斗争,为我们了解基层商会之中精英商人领袖的人事更迭和关系变化提供了难得的信息。特别值得注意的是,这两个案例展示了权力斗争如何加剧了这些商会领袖中的人事变动,促使他们寻求超越同乡集团、士绅和商人分野,以及城镇之间的地理局限,建立广泛的联盟。

处于苏州附近的昆山、新阳两县共有一个县城,当地士绅和外来商人也早已在本地的贸易中混为一体。因此,他们于 1906

105

---

① 《华商联合报》1909 年第 5 期,"海内外调查丛录"第 1—9 页。
② 《商务官报》1908 年第 30 期,第 8a 页;1909 年第 25 期,第 11a 页。

年共同成立了一个商务分会,并选举已在当地经营布号 40 多年的宁波籍贯商人李庆钊为总理。作为这个商务分会的主要领袖,李氏在修建街道、改良巡警、补助商校、安装路灯等方面发挥了积极领导作用。然而,李庆钊在处理商业纠纷时偏袒宁波同乡,仍然惹恼了一些本地商人。他试图将新成立的地方警察的管理权力从士绅手中转给商人,从而进一步触怒了这些本地士绅。从 1907 年末开始,一些本地士绅及其商人同伙不断控告李庆钊,并特别指控李氏的店员在县城内的孔庙编织竹器,亵渎圣人殿堂。昆山和信阳的知县均判决李氏与此事无关,但他们仍在当地绅士的压力下,要求江苏巡抚和农工商部免去他的总理职务。①

这场权力斗争似乎是一位宁波籍贯商人领袖与本土士绅之间的冲突,但李庆钊仍然利用商会网络,争取跨越地域关系和社会阶层的支持。他的支持者中包括了这个商务分会董事中的本地和外地精英商人,其中最有影响的是本地监生方还。方氏曾与李庆钊共同创立这一商务分会,所以他力劝李氏为当地孔庙捐赠 200 银元,以求与本地的士绅妥协。方还并通过与苏州商务总会的沟通,阻止了可能羞辱李庆钊的免职。应方氏的请求,苏州商务总会向江苏巡抚请愿,让李氏在其任期结束时退出选举,从而体面地离任。②

106　　尽管如此,1908 年 9 月昆山—新阳商务分会仍然选举李庆钊为第三任总理。被激怒的本地士绅们于是继续控告李氏亵渎孔庙,向江苏巡抚提起新的诉讼。通过与苏州商务总会的直接接

---

① 章开沅、刘望龄、叶万忠主编:《苏州商会档案丛编 1905—1911》,第 139—142、146—149、151—152 页。

② 章开沅、刘望龄、叶万忠主编:《苏州商会档案丛编 1905—1911》,第 144—145、147—152、157 页。

触并向江苏巡抚请愿,方还再次为李氏辩护。即便如此,李庆钊最终迫于压力辞职。1908 年 12 月,昆山—新阳县的商务分会再次举行选举,推选方还为总理。方氏曾与商人合作在当地经商,并且和李庆钊等商人领袖关系密切,所以他的任期得以延续到1911 年 7 月。当时,方还已经成为江苏省谘议局中富有影响的议员,并且成为清朝中央新的宪政机构资政院的议员。于是,方氏辞去了在该商务分会的总理职务,从而为李庆钊在新的选举中重新夺回总理职位铺平了道路。这个案例展示了来自不同地域和社会背景的两个商会领袖如何先后占据总理职务,并进一步发展了他们从县城到全国层面的社会政治关系。①

　　在昆山—新阳县的商务分会之下,菉葭浜镇商务分所的精英商人领袖也经历了旷日持久的权力斗争,这种激烈竞争同样迫使他们超越地方社会局限、寻求和扩大与外界精英及其机构的联系。1907 年 5 月,菉葭浜商务分所主要由本地茶、肉两帮商人创建。他们因拒绝缴纳当地新式学堂的附加学捐,从开始之际就与校董张遇高发生了冲突。张氏除了具有补生的低级功名,也从事一定商业活动,拥有一家酒铺。同样,这个商务分所包括了 8 名来自不同行业的代表作为正式会员,但其中至少有 5 人具有低级功名。它的总董陈国钧是一位武生,并经营木柴业。陈氏声称他将为任何在该商务分所注册、并捐助经费的商人提供保护。所以,在菉葭浜镇的 100 多家商铺中,共有 20 多位精英和非精英商

① 章开沅、刘望龄、叶万忠主编:《苏州商会档案丛编 1905—1911》,第 152—159 页;扬州师范学院历史系编:《辛亥革命江苏地区史料》,第 132 页;张朋园:《立宪派与辛亥革命》,第 212、285 页。

人成为该分所的会员和会友。①

由于校董张遇高此后无法从当地商人那里收取到学堂学捐，他便策动该镇和县城的其他学堂董事向苏州商务总会投诉菉葭浜商务分所。但陈国钧和其他分所领袖得到了李庆钊总理领导之下的昆山—新阳县商务分会支持。1907 年 6 月，这个县级商务分会首先派出李氏的儿子和其他 3 名会员在菉葭浜商务分所成立大会上发表讲话，表示支持，并帮助陈国钧等分所领导，取得了北京农工商部批准。该商务分会还在给苏州商务总会的报告中驳斥了张遇高对菉葭浜商务分所的攻击。② 因此，菉葭浜商务分所有效地利用了与昆山—新阳县商务分会的关系，在第一轮权力斗争中取得了成功。

尽管如此，1908 年陈国钧去世后，张遇高通过与菉葭浜商务分所新任总董之间的儿女姻亲关系，将个人影响扩大到该分所之内。在一场新的权力斗争中，菉葭浜商务分所于 1909 年 8 月选举附近花家桥镇的朱金绶为总董。朱氏在此前是花家桥镇的镇董，又是张遇高在一场官司中的对头。他拥有五品职衔和监生功名，投资了一家布店，还是当地一家报纸的经理。朱氏成为总董后，他将更多花家桥镇的商人带入了菉葭浜商务分所，但他的领导职位立即遭到张氏的攻击。③

当时，张遇高已成为昆山—新阳两县筹备自治公所的成员，所以他便竭力唆使该公所的成员向苏州商务总会投诉朱金绶。昆山—新阳县的商务分会新任总理方还与张遇高同样热衷于办

① 章开沅、刘望龄、叶万忠主编：《苏州商会档案丛编 1905—1911》，第 161、163、166、169、172、175 页。
② 章开沅、刘望龄、叶万忠主编：《苏州商会档案丛编 1905—1911》，第 160—163 页。
③ 章开沅、刘望龄、叶万忠主编：《苏州商会档案丛编 1905—1911》，第 166—170 页。

理新式学堂,所以全力支持张氏,并命令菉葭浜商务分所重新举行总董选举。在 1909 年 10 月的重新选举中,该商务分所的所有精英和普通商人成员可以平等投票。结果,多数成员依然选举朱金绶担任总董。次月,张遇高力促方还在菉葭浜商务分所举行第三次选举,并带领 100 多名支持者参加选举会议。然而,这次选举会议在菉葭浜商务分所成员的抗议中无果而终。此后,方还想出新的计策,准备将菉葭浜商务分所变为一个包括周围市镇商人的新的分所。但菉葭浜商务分所拒绝了该项计划,并于 1911 年 7 月 12 日向苏州商务总会请愿,要求保留其原来的组织。令人难以置信的是,仅仅两天之后,在该所新的总董选举中,张遇高突然赢得胜利。他是如何赢得这场四年之久权力斗争的原因和过程尚不清楚,但他无疑受益于与方还的密切关系。如上所述,方氏当时已经进入省级和全国政治舞台,对于地方事务的个人影响空前增长,足以决定这场权力斗争的成败。[1]

围绕昆山—新阳两县商务分会和菉葭浜商务分所的权力斗 ¹⁰⁸ 争,反映了晚清县城和市镇的基层精英商人是如何利用新的商会等组织机构谋取、加强他们在当地主导地位的。此前对于这类地方精英的研究已经表明,他们与直接面临外国帝国主义威胁的城市爱国改良派精英不同,更倾向于追求个人权利,而不是国家利益。[2] 然而,本章的分析表明,商会领导人物在大都市和小城镇都普遍追求个人权力和利益。他们行为的差异不仅归因于不同的社会政治环境,还归因于其个人和派系支配权力所受到的不同

---

① 章开沅、刘望龄、叶万忠主编:《苏州商会档案丛编 1905—1911》,第 166—170 页;张朋园:《立宪派与辛亥革命》,第 212、285 页。

② Joseph W. Esherick(周锡瑞),"1911:A Review"(《辛亥革命研究评述》),pp. 166 - 168.

程度的制度性制约。由于商会网络在大都市比在小城镇发展得更早、更充分,其中具有竞争的年度选举和限制三年连任的制度化安排就更能有效地遏制精英商人的个人和派系权力垄断。上海商务总会和菉葭浜商务分所主要领袖的不同程度人事变迁明显说明了这一点。

当然,尽管大都市商会和小城镇商会之间存在差异,它们都利用制度化的人事变动,甚至通过定期选举为形式的权力斗争,普遍吸收了日益多样化的精英商人。同时,这些精英商人也利用商会网络来扩大他们的集体支配地位和相互关系,从而超越他们狭隘的个人、地域等派系的局限性。正是通过这样的人事和关系的变化,江浙地区商会逐渐网罗、整合了从大都市到小城镇的不同阶层的精英商人以及其他各种各样的商人成员。它们还将其关系和影响扩展到其他社会政治组织和活动之中,促进了社会整合的更大趋势。

第四章　商会社团网络的扩展及其影响

　　江浙地区的商会从发展之初就将其关注目标从工商业活动扩展到地方社区事务和国家主权问题。作为这些商会的先驱，上海商业会议公所在一定程度上就是清朝官员与外国列强进行商务条约谈判的咨询机构，但它在这一外交问题上的参与面临着各种官方限制。① 由于公共租界内的华人经常遭受歧视，上海商业会议公所也与租界的外国当局进行了直接斗争。特别的是，公共租界警察经常以羞辱的方式逮捕中国商人，在公共场合抓着他们的辫子游行，或者将他们和窃贼锁在一起。1903 年，通过向清朝政府的请愿及与租界外国当局的谈判，上海商业会议公所获得了对受到起诉的"体面"商人进行保释的法定权利，使他们得以免受羞辱性的逮捕和监押。它甚至还计划挑选 12 名董事，在公共租界组成保护中国人的"体面"及其他利益的委员会。②

　　1905 年 1 月，从上海商业会议公所改组而成的上海商务总会就领导了一次全市性抗议活动。这次抗议的起因是一名俄国水手杀害了一名宁波籍贯工人，却仅被俄国领事法庭判处四年监禁。1 月 14 日，上海商务总会召集各同乡和同业行会领袖，举行

---

① 徐鼎新、钱小明：《上海总商会史 1902—1929》，第 54—57 页。
②《上海总商会录印碴商公廨优待华商成案》，第 1a—4b、7b—9b 页。

紧急会议。它要求清朝官府和外国当局重新审判这名俄国罪犯，并决心通过抵制俄国商品来实现这一目的。这一抗议活动迫使俄国领事将罪犯的刑期延长至 8 年，[①]并成为 1905 年中期开始的全国抵制美货运动的直接前奏。

在针对美国排华政策而兴起的抵制美货运动中，上海商务总会通过协调商会、行会及其他众多组织在江浙地区和全国范围的集体行动，发挥了关键的领导作用。它还因此开创了一个新的趋势，即由商会和其他社团组织合作，共同创建、改革和管理市政机构和其他城镇社区组织。结果，这些商会扩大了与其他商业、农业和教育等行业的职业社团以及准军事的商团在人事和机构上的联系。

虽然江浙商会仍然以其精英商人领袖的同宗、同乡等人际性关系为依托来扩大其组织网络，但就时间顺序和组织影响而言，它们是晚清新兴职业社团发展的先驱和样板。[②] 更重要的是，商会网络已经在很大程度上使这种人际性关系制度化，并扩大了与各种社会政治组织的更为正式关系。它们位于晚清网络革命的前沿，积极参与了工商界内外的民族主义运动和社区公共活动，极大地促进了不同行业之间、各个城镇内外以及全国范围的社会联系。

---

① 《申报》1905 年 1 月 15 日。关于这一事件的更为详细的分析，见 Bryna Goodman（顾德曼），*Native Place，City，and Nation：Regional Networks and Identities in Shanghai*（《家乡、城市和国家：上海的地缘网络与认同》），pp. 179 - 183。

② 由于商会仍然保持着一定的同乡和家族关系，徐小群否认它们的职业团体性质，并认为职业团体"致力于建立专业标准，获得了被政府和广大社会承认的专业地位和专业特权"，见 Xiaoqun Xu（徐小群），*Chinese Professionals and the Republican State*（《专业人士与民国政府》），p. 3，5，11。尽管如此，商会在新型职业社团或专业协会之前出现，也对它们的发展产生了深刻影响，见本章第三部分。

抵制美货运动中的网络发展与动员

1905 年,上海商务总会与其他商人、学者、学生、妇女等组织一起领导了抵制美货运动。以往研究一般认为,这种抵制美货的集体行动是民族意识觉醒或者是新的媒体、通信和组织的出现等方面社会变革的结果。[①] 这些研究还分析了上海商务总会、该城同乡组织、海外保皇会以及其他知识分子和民众组织的各自活动。[②] 然而,长期受到学者忽视但为本书所强调的是,江浙商会特别是上海商务总会如何在不同社会政治力量互动之中成为中心枢纽或网络节点,扩大了与各种城市组织的关系,并将它们带入了全国范围的抵制运动。

抵制美货运动的种子在 1905 年之前的几十年间已在美国土地上播种并发芽。从 19 世纪中叶开始,来自中国特别是广东的移民就大批到达美国西部,为淘金热潮、铁路建设和其他经济活动提供了廉价劳动力。然而,在 19 世纪 70 年代,由于中央太平洋铁路建成之后的移民涌入和同时的经济萧条加剧了美国西部劳工市场的竞争,白人工会组织和一些种族主义团体便发动了针

111

[①] 关于这一运动的主要研究论著有张存武:《光绪卅一年中美工约风潮》;Margaret Field(玛格丽特·菲尔德),"The Chinese boycott of 1905"(《1905 年的中国抵制运动》);Guanhua Wang(王冠华),*In Search of Justice*(《寻求正义》);Wong Sin Kiong(黄贤强),*China's Anti-American Boycott in 1905*(《1905 年的中国的抵制美货运动》)。

[②] 徐鼎新、钱小明:《上海总商会史 1902—1929》,第 67—87 页;Bryna Goodman(顾德曼),*Native Place, City, and Nation: Regional Networks and Identities in Shanghai*(《家乡、城市和国家:上海的地缘网络与认同》),pp. 183 - 187;Jane Leung Larson(谭精义),"The Chinese Empire Reform Association(Baohuanghui) and the 1905 Anti-American Boycott"(《保皇会和 1905 年的抵制美货运动》)。

对华人移民的多起集会、骚乱甚至屠杀。结果,美国政府从 1882 年开始颁布一系列排华法案,禁止中国劳工移民,并迫使清朝政府 1880 年和 1894 年接连签订条约,接受这些禁制措施。1898 年前后,美国兼并夏威夷并占领菲律宾殖民地,排华法案进一步扩展到这两个群岛。此外,美国当局不仅排斥华人劳工移民,而且也迫使中国学者、学生、商人及外交官在入境口岸遭受严苛的侮辱性待遇。① 针对美国政府奉行数十年之久的反华种族主义政策,中国的抵制美货运动终于在 1905 年爆发,反对延续中美在 1894 年所签、为期十年的关于劳工移民条约。但是,抵制美货运动产生的原因也在于新近成立的商会提供了一个汇聚正在海内外兴起的中国民族主义力量的组织制度网络。

上海商务总会在其 1905 年 5 月 10 日的会议上首次发出抵制美货的呼吁。这一事件常为以往的研究所提及,却很少受到仔细研究。这次会议值得重新考察,因为它不仅集中了该商务总会及其所属行会的领袖,而且吸引了上海主要报社的记者及商部右参议杨士琦。在这次会议上首先发表讲演的并非上海商务总会的主要领袖,而是来自该城势力较小的福建商帮的一位商务总会董事曾铸。在他之后发言的戈明云既不是该商务总会的董事,也不是其中会员。② 这些精英商人、外来人士和一位清朝高级官员的会议及其不同寻常的程序表明,这次抵制美货运动从开始之际就是一场精心策划的集体行动,而不是以往研究所说的无中心和

① Wong Sin Kiong(黄贤强),*China's Anti-American Boycott in 1905*(《1905 年的中国的抵制美货运动》),pp. 15 - 27. 黄贤强的研究强调,美国当局对于华人的非法虐待是导致抵制美货运动发生的主要原因。
② 苏绍柄编:《山钟集》,第 11 页;《申报》1905 年 5 月 11 日;张存武:《光绪卅一年中美工约风潮》,第 43—44 页。

无组织的分散活动。①

　　抵制美货的计划首先出现在两份中文报纸上,而它们都与戊戌变法失败之后逃亡海外的康有为所创办的保皇会改良派组织保持着隐蔽关系。1903 年,保皇会在檀香山所开办的《新中国报》首先提出使用抵制美货的方式推动废除排华法案。这一提议后来通过由保皇会秘密资助的上海《时报》在国内转发。② 上海的另一主要报纸《申报》后来也积极参与宣传抵制美货运动,并成为上海商务总会在该运动中的主要喉舌,其中原因可能是该报的中方经理席子佩是该商务总会的会员,该报的编辑们也在最近决定支持康有为的改革事业。③

　　与此同时,清政府官员也参与了抵制美货计划,并帮助上海商务总会成为这场运动的领导力量。从 1904 年开始,清朝驻华盛顿公使梁诚与美国政府就修改移民条约进行谈判。在美国官员以来自工会的压力为借口、拒绝修改条约之后,梁氏即致函清朝外务部,提议通过抵制美货来打破外交僵局。他特别建议,国内新近成立的商会如同美国的工会,也是非官方组织,可以用来领导抵制运动。梁氏还提醒清朝政府,不要公开支持这种民间抵制运动,以便避免任何国际冲突。他的信函于 1905 年 1 月 12 日

---

① Margaret Field(玛格丽特·菲尔德),"The Chinese boycott of 1905"(《1905 年的中国抵制运动》),pp. 67 - 68;Guanhua Wang(王冠华),*In Search of Justice*(《寻求正义》),p. 10, 88, 115, 166.

② 张存武:《光绪卅一年中美工约风潮》,第 27 页;方志钦:《康梁与保皇会:谭良在美国所藏资料汇编》,第 113—14 页;Joan Judge(季家珍),*Print and Politics:Shibao and the Culture of Reform in Late Qing China*(《媒体与政治:〈时报〉与晚清中国的改革文化》),p. 32。

③《申报》1905 年 5 月 5 日;上海市工商业联合会、复旦大学历史系编:《上海总商会组织史资料汇编》上册,第 110 页;《上海商务总会同人录·丙午年(1906 年)》,第 7b 页;徐载平、徐瑞芳编:《清末四十年申报史料》,第 21、36、97—108 页。

发出,2月16日到达北京外务部,仅在上海商务总会发起抵制美货活动近3个月之前。梁氏的建议无疑影响了清廷在1905年5月初的政策,而当时的美国公使柔克义(William Rockhill)即将抵达北京,与清政府就条约展开谈判。① 如下所述,北京和上海的清朝官员最初完全按照梁氏的建议,帮助和处理了抵制美货运动。

实际上,上海商务总会是在其商人精英领袖,特别是曾铸与清朝官员和康有为影响下的改良派人物进行了进一步接触之后才发动抵制美货运动的。在1905年6月7日的一封信中,康有为的门人梁启超声称他在《时报》的同志曾秘密与上海商务总会的曾铸等领导人物联系,商议准备在5月10日举行该商务总会关于抵制美货运动的会议。在上海《时报》的编辑部,化名为高德、高山的两名编辑人员也于6月22日向康有为密报,证实曾与曾铸在内的20多位上海商务总会领袖事先秘密讨论了抵制计划。与此同时,《时报》联系上海其他报社,获得它们支持这一运动的承诺。这一报告甚至声称已将杨士琦等清朝政府官员提前纳入秘密计划的活动。②

113   因此,抵制美货运动的准备工作涉及海外流亡的改良派和他们在清朝政府的政敌等各种人物,而上海商务总会是他们联合行动的关键纽带。5月9日,《时报》刊登将在次日举行上海商务总会抵制大会的告示。5月10日上午,《时报》和《申报》发表内容相同的反美抵制公告,从而进一步动员了公众舆论来关心和支持即将举行的上海商务总会会议。当天下午,上海商务总会如期召

① 张存武:《光绪卅一年中美工约风潮》,第15、23、29—32页,34页注15。
② 方志钦编:《康梁与保皇会:谭良在美国所藏资料汇编》,第113—115、321—322页。

开这场早已通过两大报纸引起广泛关注的抵制会议。[①] 当曾铸和戈明云在会上发表慷慨激昂的讲话后，与会人员深受感动，一致赞同曾氏的建议：除非美国政府在两月之内修改排华法案，否则将禁止使用美国货物。然而，出席会议的商部右参议杨士琦提出异议，反对在抵制决议中使用"禁止"一词，认为此举将意味着清朝政府对美国商品的禁运。杨氏的意见引发了近一小时的激烈辩论，使会议最终通过另一条抵制口号：相戒不用美货。[②]

会议随后决定将决议电告北京商部和外务部、分别管理中国南北通商口岸的直隶总督和两江总督、21 个大城市的商务总会。杨士琦帮助起草了这些电报，但他认为应该对此保密，以掩盖官方与抵制美货运动的关系。电报拟好后，上海商务总会的主要领袖仍然不愿以他们的名义发出。曾铸再次挺身而出，表达舍己为公的决心，在电报上签下自己的名字。这个勇敢的举动为他赢得雷鸣般的掌声。[③] 三天后，上海商务总会的总理严信厚及其他四位领袖与商部右参议杨士琦一起发出密电，进一步向其他商会通报了抵制美货计划。[④]

上海商务总会的抵制美货决议得到国内外的热烈响应。该商务总会也很快与上海等地各种支持抵制美货的组织建立了联系。在它所附属的工商业行会之中，广东籍贯商人所组成的广肇公所和福建籍贯商人的组织泉漳会馆分别于 5 月 12 日、14 日举行会议。这两个同乡商人行会都声明遵循上海商务总会的抵制

---

① 《时报》1905 年 5 月 9 日、5 月 10 日；《申报》1905 年 5 月 10 日、5 月 11 日。
② 《申报》1905 年 5 月 11 日；苏绍柄编：《山钟集》，第 11、482—484 页；和作辑：《1905 年反美爱国运动》，第 57—58 页。
③ 《申报》1905 年 5 月 11 日；苏绍柄编：《山钟集》，第 11、27—28、511—513 页。
④ 天津市档案馆、天津社会科学院历史研究所、天津市工商业联合会编：《天津商会档案汇编 1903—1911》下册，第 1877 页。

美货决议,并制定了针对美国公司、教会学校等组织的更为具体措施。其他商人和士人组织也紧紧跟随上海商务总会,举行公开会议。5月21日,由学者和学生组成的沪学会以及与上海商务总会相关的商学会分别召开会议,支持抵制美货的决定。① 至5月21日美国新任公使柔克义抵达上海时,上海商务总会已经收到天津、汉口、广州、香港等城市的商会和类似组织发来的支持抵制美货的许多电报。②

由于得到如此广泛的支持,上海商务总会在清朝与美国的条约谈判中扮演了关键角色,其领袖在中美两国官员面前变得越来越有自信。5月10日上海商务总会举行首次抵制美货会议后,商部右参议杨士琦和左参议王清穆联名从上海发电报到北京,请求清廷推迟与美国续签移民条约,等待美国政府屈服于商会的要求。与此同时,在与西奥多·罗斯福总统的会谈中,梁诚公使将中国商会的抵制行动比作美国工会的反华运动,并声称清廷和美国政府一样,不能干预这种民间运动。因此,刚刚抵达上海的新任公使柔克义和美国外交官不得不邀请上海商务总会的领袖直接会谈。③

1905年5月21日上午,曾铸与上海商务总会的总理严信厚、协理徐润等7位领袖出席了中国精英商人与外国外交官员之间的一次史无前例的会谈。在会谈开始之际,美国官员即承诺签署一项条约,仅禁止华人劳工移民,但对其他中国旅客提供礼遇。

---

① 《时报》1904年10月14日;《申报》1905年5月13日、5月15日、5月22日;《上海县续志》第11卷,第15a页;上海市工商业联合会、复旦大学历史系编:《上海总商会组织史资料汇编》上册,第94页。
② 《时报》1905年5月16日、5月19日、5月21日。
③ 张存武:《光绪卅一年中美工约风潮》,第63—65页;苏绍柄编:《山钟集》,第29页。

然而,他们解释说,这样一项条约将需要国会在 6 个月后批准。针对这一提议,曾铸仍然坚持以 5 月 21 日会谈之后的两个月为期,限定美国政府修改排华条约,否则将面临抵制美货运动。①

当天下午,上海商务总会举行了第二次抵制美货会议,与会人数超过 200 人。这次会议的发言人包括以前的留美学生和其他曾经旅美人士。他们所述在美遭受虐待的亲身经历进一步激起了公众的愤慨。曾铸向与会者通报了该日上午与美国外交官员会晤的情况之后,重申了抵制美货的决心,但他也批评了以往清廷在与外国政府的外交谈判中忽视民意。然后,他建议致电驻华盛顿的梁诚公使,以获得有关条约谈判的准确信息。他的提议在会议结束时获得一致通过。②

这次会议之后,曾铸先后两次致函外务部,要求该部在与美国外交官员谈判后,签署先由上海商务总会和商人审议的条约。他甚至要求该部在今后与外国列强的条约谈判中,将征求"绅商"意见作为惯例加以实行。在致上海商务总会主要领袖的公开信件中,曾氏再次批评清政府在谈判条约时不征求商人意见的传统做法。因此,在他的领导下,抵制美货运动逐渐超出官方预期。与此同时,上海商务总会对美国商品进行了调查。该项调查发现面粉是从美国进口的主要商品,大多为上海的饼店所使用。在上海商务总会的压力下,饼业行会领袖于 6 月 10 日签署了一份保证书,承诺此后只使用本土面粉。③

为了响应上海商务总会的号召,该城的学者、学生、妇女及其他城市居民也各自成立组织,举行公开会议讨论抵制美货问题,

① 张存武:《光绪卅一年中美工约风潮》,第 47—49 页;苏绍柄编:《山钟集》,第 36 页。
②《时报》1905 年 5 月 22 日。
③ 苏绍柄编:《山钟集》,第 29—32、474—475 页;《申报》1905 年 6 月 10 日。

并寻求与该总会的直接合作。① 6 月 6 日,沪学会专门举行了一个会议,参会者包括来自 26 所大学、中学、女校和其他教育机构及各种知识分子组织的代表。他们决定选派代表到上海商务总会担任定期联络员,以便不断和商会领袖就抵制美货运动的策略交换意见。上海商务总会立即表示接受此项合作建议。②

在其他通商口岸、大中城市乃至海外华人社区,众多个人和组织还通过电报、信件和会议向上海商务总会表示支持。在江浙两省,新近成立的商会积极服从上海商务总会的领导,分头准备抵制美货,并在它们各自城市的动员准备工作中起了领导作用。江宁商务总会、浙江商务总会、通崇海花业总会及其商务分会迅速通知当地商人关于抵制美货的决议,并与上海商务总会联系,以求获知将来抵制运动的安排和计划。包括妇女组织在内的其他社会团体也迅速响应上海商务总会的号召,积极参与了这一运动。③

¹¹⁶ 面对这一广泛开展的抵制美货活动,罗斯福总统于 1905 年 6 月 24 日向美国政府官员发布一项行政命令,要求他们对来自中国的"所有商人、教师、学生和游客表现出最为明智和热情的礼貌"。④ 同时,美国驻北京公使柔克义和驻天津的直隶总督袁世凯均向清政府施加压力,要求禁止抵制美货。在北京和上海的清

---

① 苏绍柄编:《山钟集》,第 11—15 页;和作辑:《1905 年反美爱国运动》,第 31—33 页。

② 《申报》1905 年 6 月 7 日、6 月 8 日。这次会议日期被此前研究误记为 1905 年 5 月 27 日,见张存武:《光绪卅一年中美工约风潮》,第 51 页、第 62 页注解 2;Wong Sin Kiong(黄贤强), China's Anti-American Boycott in 1905(《1905 年的中国的抵制美货运动》), pp. 48 - 49。

③ 苏绍柄编:《山钟集》,第 13—15、44—45、61、73、80、102 页;《申报》1905 年 7 月 19 日。

④ 转引自 Shih-shan Henry Tsai(蔡石山), China and the Overseas Chinese in the United States, 1868 - 1911(《中国和在美华侨 1868—1911》), pp. 121 - 122。

朝官员也急于缓和甚至终止抵制运动。6 月 29 日,北京外务部电令各省官员抑制商人对于美国政府的敌意,并劝阻他们的极端行动。7 月 4 日,在上海的商部右参议杨士琦对此电令作出反应,提议将抵制美货运动推迟 4 个月,等待美国国会复会后修订排华法案。上海商务总会的一些主要领袖倾向于接受杨氏建议,但曾铸和其他抵制美货运动的领导人物表示拒绝。曾氏重申了他在 5 月 21 日与美国外交官员的约定:等待美国政府在两个月内改变排华政策,否则将在 7 月 20 日之后进行抵制美货的决议。他宣称中国人民有权自行抵制美国商品,并认为虽然清政府可以禁止民众参加公共集会,但不能强迫他们使用美国货物。①

在曾铸的领导下,上海商务总会最终通过与其他精英和民众组织的密切合作,将其抵制美货决议付诸实施。7 月 19 日,就在两个月的等待期限结束的前一天,沪学会举行了一场有 1 400 多人参加的会议。与会者包括上海新式学堂、学者组织、商务总会、商学会、16 个工商业行会以及内地城市的代表。会上的讲演者赞扬了知识界和工商界在这次抵制运动中的空前团结,但他们也提出了一个关键问题,即是否在两月等待期限之后停止销用或订购美货。会议最终决定将该问题提交上海商务总会审议。7 月 20 日下午 2 时,就在万人瞩目的上海商务总会的抵制会议召开之前两个小时,商学会召集 1 000 多人出席的大会。这次会议一致决定停止销用美国商品,从而支持了曾铸等其他激进人士的抵制策略。②

---

① 张存武:《光绪卅一年中美工约风潮》,第 67—72、82—84 页。
②《申报》1905 年 7 月 20 日、7 月 21 日。

上述两个会议将抵制美货运动推向了高潮,其标志便是 7 月 20 日下午令人期待已久的上海商务总会会议,但它们也预示着关于抵制策略的分歧。在商务总会会议之前的预备会议上,该会及其所属行会的领导人否决了一位钱庄董事提出的动议。该董事认为应该立即停止订购美国商品,但应在 4 个月后才停止销用美货,以便商家处理所有存货。下午 4 点,曾铸正式宣布上海商务总会的大会开始,号召全国实行抵制美货。与他的演讲相呼应,戈明云的演说强烈谴责美国对华人的虐待,另一位演讲者则提出停止订购和销用美货并行的策略。①

然而,在会议结束时,上海商务总会的个别主要领袖出面,代表有着大量美国商品库存的商家,提出了温和的抵制策略。该总会资深董事周晋镳登台演说,建议立即停止订购美国商品,并要求每个行业的巨商自愿签名保证。随后,9 个行业的行会领袖在雷鸣般的欢呼和掌声中签署了保证书,其中大部分人是上海商务总会的董事和会员。该会随后决定向 35 个大城市发出电报,宣布开始全国范围的抵制美货运动,但与会者并未就是否立即停止销用或订购美国商品达成一致。②

7 月 31 日,上海商务总会再次召集所属行会领袖开会,确认了周晋镳等主要领导人物的温和抵制美货策略。该会决定对上述 7 月 20 日会议之前各行业中商人订购的美国商品进行调查,并特许这些商家继续销售这些货物。但在 7 月 20 日之后继续订购美国货物的商人将面临上海两大钱业行会的抵制。8 月 6 日,沪学会也举行了一次有 2 000 多人参加的会议,其主要领袖和著

---

①《申报》1905 年 7 月 21 日。
②《申报》1905 年 7 月 21 日。

名教育家马相伯提出更为温和的抵制美货建议。他提议从该会召开的当天开始抵制从美国海关输出的货物，但先前订购的美货将由上海商务总会发给印花，允许出售。上海商务总会于 8 月 9 日采纳了这一建议，并在该市主要报纸上刊登广告，号召商人和行会报告其美国商品的库存情况，以便取得特许发售的印花。①8 月 19 日，北京商部也认可了这一温和抵制美货策略。直到 9 月初，上海商务总会仍然继续对中国商人库存的美国商品进行注册，并发放许可继续销售的印花。②

同时，曾铸关于立即停止销用美货的呼吁主要得到了激进知 ¹¹⁸ 识分子、小商人、工人和妇女的支持，而他们都不可能因为这场民族主义运动造成严重个人损失。8 月 11 日，曾氏揭露了一个针对他的阴谋，并发表了一封慷慨激昂的《留别天下同胞书》，表示决心为抵制美货而牺牲。③ 这一事件将激进的抵制美货运动推向新的高潮。与此同时，曾氏还通过与其他抵制活动人士和组织的密切沟通，领导了这场抵制美货运动。在此期间，他每天在上海商务总会工作至深夜，每日收到三四十封关于抵制美货的来信。他不仅将来信抄录汇编后交给上海报纸发表，还要回复函电，鼓励各地抵制者及其组织，并对他们提出相关建议。④

上海商务总会还利用它与其他商会的组织制度化联系来协调江浙两省乃至全国的民族主义运动。除上海外，位于其他通商口岸、省会等大城市以及海外华人社区的至少 33 个商会曾通过

① 《申报》1905 年 8 月 3 日、8 月 7 日、8 月 10 日。
② 张存武：《光绪卅一年中美工约风潮》，第 93、154—55 页；《申报》1905 年 9 月 3 日。
③ 和作辑：《1905 年反美爱国运动》，第 68—89 页；《申报》1905 年 8 月 11 日；张存武：《光绪卅一年中美工约风潮》，第 158—165 页。
④ 《申报》1905 年 8 月 9 日、8 月 11 日；苏绍柄编：《山钟集》，第 28 页。

邮件和电报与上海商务总会取得联系,其中包括 20 个位于江浙两省的商务总会和商务分会。① 7 月 20 日上海商务总会宣布开始全国范围抵制美货运动后,这些商会迅速采取行动,举行公开会议,并动员其商人成员签名承诺抵制美国商品。作为杭州商务总会前身,浙江商务总会立即向省城所有商铺及全省的商务分会发出了抵制美货通知。这些商会中,石门县的商务分会截至 8 月 28 日已经举行了 4 次抵制美货大会。通崇海花业总会在一份公告中列出了所有美国品牌的货物,并呼吁其所属各业行会和商家停止销售和购买美货。②

上海商务总会的抵制美货决议也得到了江浙两省市镇的商人领袖等地方精英及其行会等组织的响应,并激励了乡镇层次的抗议活动。浙北的硖石等镇多次举行抵制会议,南浔镇在 7 月 20 日举行的会议吸引了多达 2 000 人参加。在上海附近的南翔镇,参加抵制的商人领袖以这场运动为契机,创建了江南地区最早的镇级商会之一。③

119　　这场抵制美货运动最终超过了清朝官方容忍的限度。由于担心民众的激化和美国的反应,清政府于 8 月 31 日颁布一项禁止抵制美货的命令,对这一运动造成了致命打击,但曾铸继续他的抵制活动。12 月 15 日,他仍然带领 21 省千余人士向外务部请愿,呼吁拒绝续签与美国的移民条约。虽然美国公使柔克义一再迫使清廷惩治曾氏,清政府始终不敢采取行动,害怕由此激起

---

① 苏绍柄编:《山钟集》,第 42、44—47、49、56、73、102、105、133、136、155、164、173、186、209、236、253 页。

② 苏绍柄编:《山钟集》,第 20、128、131、164、195、222 页。

③ 苏绍柄编:《山钟集》,第 15—24、135、143、166、180—181、187—188、211、215、246、284 页;《时报》1905 年 7 月 25 日、11 月 10 日;《申报》1905 年 7 月 31 日、8 月 1 日、8 月 4 日。《农工商部统计表(第一次)》第 4 册,第 25a 页。

民变。1905 年 11 月，曾铸在上海商务总会的年度选举中取得胜利，成为总理，并在 1906 年 1 月成功获得了商部的承认。[①] 在他的领导之下，上海商务总会进一步扩大了在城市社会中的网络和影响，江浙地区的其他商会也是如此。

争取社区组织和公共活动的领导权力

上海商务总会发起抵制美货并领导了这场近代中国首次城市民族主义运动之后，它的精英商人领袖还帮助创建了晚清中国最早的现代市政机构。江浙两省的其他商会也纷纷效仿，在它们的城镇中提供了新的市政服务，或改革原有的社区组织。它们在这些社区组织活动中的介入显然继承并强化了此前工商业行会领袖和其他精英商人管理地方慈善机构等公共设施的趋势。然而，作为商会领袖，他们给社区组织带来了新的制度规范和长期影响，改变了其中传统的士绅寡头政治。

1905 年底抵制美货运动仍在进行之际，上海商务总会卷入了另外一场民族主义的抗议活动，即大闹会审公廨事件。从 1869 年开始，会审公廨一直在上海公共租界中运作。它最初允许清朝官员审理所有中国人的案件，并与外国陪审官合作处理华洋司法纠纷。然而，外国陪审官长期以来就一直在侵夺清朝官员的管辖权。1905 年 12 月 8 日，清朝官员关炯之审理一名广东女子的案件时，英国陪审官的干预导致了租界警察与关氏及其衙役

---

① 张存武：《光绪卅一年中美工约风潮》，第 194—195、202—203、209—210、212—213 页；上海市工商业联合会、复旦大学历史系编：《上海总商会组织史资料汇编》上册，第 100 页。

之间的冲突,还导致该女嫌疑人被强行押送到西牢关押。①

关炯之随后既向上海道台也向上海商务总会报告了这一事件,因后者曾一直争取中国人在租界的合法权益,并正在领导抵制美货运动。12月9日,愤怒的商务总会领袖就此召集有数千人参加的抗议大会。这次会议不仅要求解除英国陪审官的职务,保证中国人在会审公廨中的权利,而且还要求选派代表参加公共租界工部局。② 12月18日,抗议者在公共租界举行总罢工,并放火焚烧了一个警察局。租界警察向抗议者开枪射击,造成至少11名中国人死亡,数十人受伤。③ 当时,上海商务总会仍然呼吁通过清朝官方与外国当局谈判来解决问题,并和附属行会的领导人物在双方之间发挥了关键的调解作用。因此,1906年2月,公共租界工部局不得不表示接受"华商公议会"作为中国居民的代表机构。上海商务总会然后选派了它的21名议董中的16名领袖参加该委员会。不幸的是,公共租界的外籍纳税人委员会拒绝了这个代表中国居民的委员会。④

尽管在外国租界遇到挫折,上海商务总会的领袖还是成功地与其他社会精英合作,获得了当地清政府的许可,在上海县城建立了上海城厢内外总工程局。以往的研究论著不仅将这种新型的社区组织描述为中国最早的现代市政管理机关,而且还将其称

---

① A. M. Kotenev(A. M. 科特涅夫), *Shanghai: Its Mixed Court and Council*(《上海会审公廨和委员会》),第69—72、127页;席涤尘:《大闹公堂案》,第417—419页。

②《时报》1905年12月9日;《申报》1905年12月10日。

③ 席涤尘:《大闹公堂案》,第432页;Bryna Goodman(顾德曼),*Native Place, City, and Nation: Regional Networks and Identities in Shanghai*(《家乡、城市和国家:上海的地缘网络与认同》),pp. 189 - 191。

④《申报》1905年12月18日;徐鼎新、钱小明:《上海总商会史1902—1929》,第132—133页;蒯世勋:《上海公共租界华顾问会的始终》,第919—923页。

颂为中国近代"第一个正式的民主政治机构"。① 然而,它与上海商务总会之间的人事和制度关系并没有在以往的论著中得到太多关注。两本关于上海商务总会的中文专著也对此问题缺乏讨论。②

曾铸在 1905 年 5 月利用上海商务总会发起抵制美货运动后,他也和其他城市社区头面人物一道联系了上海道台袁树勋。他们对清朝政府未能维修上海华界的街巷、道路和河流,以至外国势力乘机扩张、国家主权日益丧失的局面表示强烈担忧。在袁树勋的鼓励下,曾氏进一步就此问题与本地官绅之中的重要人物李钟珏进行接触。李氏曾因在广东为官期间抵抗法国入侵行为而失去知县职位,回到上海担任江南制造局和中国通商银行的经理,但他也与其他地方精英一起建立了新式学堂和改良社团。曾、李二人带领更多上海精英于 9 月 20 日向袁道台请愿,要求组建上海城厢内外总工程局。他们得到了袁氏的许可,组建这一新的机构来管理"所有马路、电灯以及城厢内外警察一切事宜"。③

上海的一家外国报纸称赞建立这一社区机构的计划为"建 *121*立中国人代议制市政府的首度尝试"。④ 确实,上海城厢内外总工程局在中国历史上首次明确规定了执行机关与议事机关的分离。作为执行机关的参事会(后称董事会)由一名领袖总董、4 名

---

① Mark Elvin(伊懋可),"The Gentry Democracy in Chinese Shanghai"(《上海县城的中国士绅民主制度》),p. 41;Mark Elvin(伊懋可),"The Administration of Shanghai,1905-1914"(《上海的市政管理 1905—1914》),pp. 239-262.

② 徐鼎新、钱小明:《上海总商会史 1902—1929》;张桓忠:《上海总商会研究 1902—1929》。

③ 李平书:《李平书七十自叙》,第 40—44、50—53 页;杨逸编:《上海市自治志》,"大事记甲编"第 1a 页;"公牍甲编"第 1a 页。

④ North China Herald(《北华捷报》),October 20,1905.

办事总董组成,下辖多个区、局等机构,并直接控制一支警队和一个法院。相比之下,作为代议机关的议会(后称议事会)由 33 名议董组成,包括一名议长。他们可以决定年度预算并作出其他决议,但其决定由参事会之下的行政部门执行。这些行政部门还与警察、法院一起,履行各项市政职能,包括户口登记、赋税征收、公共工程、街道卫生、社会安全等。[①]

尽管受到西方代议制政府模式的影响,不过上海城厢内外总工程局主要以中国本土的行会、善堂、上海商务总会等组织为基础。特别重要的是,总工程局与商务总会共有许多在双方兼职的绅商领袖。1905 年 8 月,上海城厢内外总工程局举行首次选举,在善堂、书院的士绅董事中挑选了 30 名候选人。随后,它在不同行会的商人领袖中举行了第二次选举,获得了 28 名候选人。其余 18 名候选人由"众论交推"而来。总共 76 名候选人名单随后被提交给上海道台袁树勋,接受正式任命。除了李钟珏受到任命,成为上海城厢内外总工程局参事会领袖总董外,上海商务总会新任总理曾铸和协理朱葆三成为四位办事总董中的两位。[②]李钟珏后来回忆,曾铸与他配合默契,而且"宏才伟抱,所见远大"。[③] 该局议会的 33 位议董中,施兆祥(善畦)和张乐君是上海商务总会的会员,其余议董很多都是与商务总会有关系的行会领袖。例如,议长姚文楠既是当地教育组织的领袖之一,也是附属

① 杨逸编:《上海市自治志》,"大事记甲编"第 1a—3b、7a 页,"各项规则、规约、章程甲编"第 1a—7a 页。关于上海城厢内外总工程局构成的更详细描述,见 Mark Elvin(伊懋可),"The Administration of Shanghai, 1905 - 1914"(《上海的市政管理 1905—1914》),pp. 250 - 257,但该文作者未能注意这一组织与上海商务总会在人员组成上的重叠。

② 杨逸编:《上海市自治志》,"大事记甲编"第 1a—1b 页;《上海商务总会同人录·丙午年(1906 年)》,第 1a 页。

③ 李平书:《李平书七十自叙》,第 53 页。

于上海商务总会的米业行会董事。①

1906 年沪南商务分所出现后,它和上海商务总会的领袖通 122 过人事和机构的相互渗透,进一步控制了城厢内外总工程局。1907 年,上海城厢内外总工程局允许所有年龄在 25 岁以上、在本城居住时间超过 5 年、每年缴纳 10 元之上地方税的居民参与董事和议董的初选。然而,由来自这两个商会和其他城市精英组织的代表组成的"选举局"将从通过初选的候选人中决定当选者,然后将其名单交付官方批准,而不是接受任命。② 在新一届的总工程局董事会中,4 位办事总董包括上海商务总会的现任总理李厚佑、沪南商务分所的总董王震和会员郁屏翰(怀智)。此外,李钟珏仍在该局担任董事会的领袖总董,而且他后来成为从沪南商务分所改组而来的沪南商务分会董事。总工程局议事会的 33 名议董中,至少有 6 位是在 1908 年前后的沪南商务分所的董事或会员。③ 虽然上海商务总会派出参加总工程局议事会的代表比来自沪南商务分所的议董更少,但其前任总理曾铸、协理朱葆三

---

① 杨逸编:《上海市自治志》,"大事记甲编"第 1b 页;《上海商务总会同人录·丙午年(1906 年)》,第 3b、5a 页。关于姚文楠及总工程局内任职的其他行会、商会领袖,见上海通社编:《上海研究资料续集》,第 143—155 页;上海市工商业联合会、复旦大学历史系:《上海总商会组织史资料汇编》上册,第 108 页;Mark Elvin(伊懋可),"The Gentry Democracy in Chinese Shanghai"(《上海县城的中国士绅民主制度》),pp. 43 - 45。

② 杨逸编:《上海市自治志》,"大事记甲编"第 7a—8a 页;"公牍甲编"第 6a—7b 页;"各项规则、规约、章程甲编"第 3b—4a 页;Mark Elvin(伊懋可),"The Gentry Democracy in Chinese Shanghai"(《上海县城的中国士绅民主制度》),pp. 53 - 54。

③ 杨逸编:《上海市自治志》,"董事会职员表"第 1a—2a 页,"议事会职员表"第 2a—6a 页;上海市工商业联合会、复旦大学历史系:《上海总商会组织史资料汇编》上册,第 94 页;《上海万国官商士绅职业住址录》,丑部(第二部分),第 4—5 页;《沪南商务分会报告题名册》。在上海城厢内外总工程局议事会中,这六名沪南商务分所的董事或会员包括程鼎(凝园)、李厚垣、干城(兰屏)、顾馨一(履桂)、沈缦云和林景周。

和会员张乐君都成为总工程局新设立的 3 位荣誉董事,可以参与讨论"地方重大事件"。①

除了这种人事和机构联系,这两个商会还与上海城厢内外总工程局紧密合作,为城市社区提供公共服务。1906 年 6 月长江泛滥导致米荒发生之后,上海商务总会和总工程局向地方官府暂借 10 万石大米,让商人在本地市场以该局设定的低价出售。7 月,它们从香港、泰国等地采购了更多的大米,并于次月在市区和郊区分别设立了 10 个和 20 个平粜局,将采购的大米以优惠价格出售给城乡居民。它们的联合行动从 1906 年 8 月 9 日延续到 10 月 7 日的近两月时间。沪南商务分所也帮助总工程局处理了许多市政问题。1907 年,该商务分所收到了总工程局关于提名一位警察局长的特别请求,它所提名的人选很快被欣然接受。在这两个商会和其他地方精英组织的支持下,总工程局通过对公共设施、教育、慈善及其他市政服务的管理,极大地改变了上海华界,而这些变化都发生在 1909 年清政府进行地方自治改革之前。②

上海商务总会和沪南商务分所还与其他社区组织就共同关心的其他市政改革问题保持着密切联系和合作。迄至 1908 年,这两个商会的领袖和会员如李厚佑、王震、郁屏翰、林景周等人直接创办或参加了地方自治研究会、地方公益研究会、东南城地方联合会、西北城地方联合会和家政改良研究会。它们之中,前四个协会和两个上海商会均是 1907 年上海城厢内外总工程局选举

---

① 杨逸编:《上海市自治志》,"大事记甲编"第 8b 页,"公牍甲编"第 7b 页;上海市工商业联合会、复旦大学历史系编:《上海总商会组织史资料汇编》上册,第 94 页。
② 《申报》1906 年 6 月 9 日;杨逸编:《上海市自治志》,"大事记甲编"第 4a、6b 页;Mark Elvin(伊懋可),"The Administration of Shanghai, 1905 - 1914"(《上海的市政管理 1905—1914》), pp. 257 - 260。

局的组织成员。家政改良研究会则包括沈缦云等商会领袖的妻子,而它的定期会议一再呼吁消除性别歧视和迷信活动,推动妇女教育以及改革家庭礼仪。①

1905 年底曾铸出任上海商务总会总理的同时,也创办了该商务总会所赞助的振武宗社,在清廷颁布鸦片禁令之前近一年发起了一场禁烟运动。据 1906 年上海商务总会的报告,该社约有 600 个分会和 3 万会员。它保持了对鸦片市场的监控,并有效帮助许多人停止吸食鸦片。它的分支不仅出现在松江等上海附近的城市,而且扩展到安徽和湖南等省份,并影响了青年学生、煤矿工人。该组织发誓要洗刷中国"东亚病夫"的恶劣名声,振兴中国人民的尚武精神。②

很明显,上海两个商会的关系和影响已经深入扩展到总工程局和其他社区组织之中,这些组织又进而促进了从社区到家庭和个人层面的社会改良。1909 年清政府发动自治改革运动之前,其他的江浙城镇并没有形成类似上海城厢内外总工程局的新型市政机构。虽然如此,这些城镇的商会仍以新型市政服务为己任,或尝试以上海的总工程局为样板来改革既有的善堂组织。商会与此类社区组织之间的联系为它们共享的领袖提供了一个强有力的网络,使他们得以召集来自社会各界的进步精英人物,打破以士绅家族和官场关系为基础的社区寡头政治。

在上海商务总会的领导下,松江府城的商务分会将其活动扩 124

---

① 上海通社编:《上海研究资料续集》,第 155—157 页;《上海万国官商士绅职业住址录》,丑部(第二部分),第 19—22 页;杨逸编:《上海市自治志》,"公牍甲编"第 6a 页;《新闻报》1907 年 1 月 7 日、3 月 25 日、5 月 27 日。

② 《新闻报》1905 年 11 月 11 日、11 月 13 日,1907 年 8 月 8 日;《商务官报》1906 年第 10 期,第 25b 页,1907 年第 6 期,第 18a 页;《上海县续志》第 18 卷,第 47a—b 页。

展到了当地城市生活的各个方面。根据它在 1906 年的报告,这个商务分会开办了一所免费夜校,为商铺伙计提供中文、英语、商学、地理、数学、书法和法律课程,并进行道德教育和体育训练。它还组织了上述反鸦片的振武宗社分社,促使其 200 名成员停止吸食毒品,并向穷困的鸦片成瘾者低价出售药物,帮助他们治疗烟瘾。通过与当地善堂的合作,松江商务分会设立了一个拥有 50 名成员和 3 台新型灭火设备的消防协会。它还安装了路灯,以造福行人、防止犯罪。此外,该商务分会组织一支包括 40 名成员的商人体育会,帮助维持当地治安。它甚至还补贴一家米店,使其在粮食短缺期间以低价向居民售米。[1]

常州府城的商务分会提供了更为广泛的市政服务。1905 年这个商务分会成立后,它就开始雇用清洁工人保持城市卫生,并在所有市中心的街道安装煤油路灯。它的领导人物还创建了一支新的警队,以便保证当地治安,但该警队很快就被官府控制。1907 年,这个商务分会将一座旧式书院改造成该市的第一座公园,并负责此后的维护工作。它的首任总理恽祖祁原来就是长期管理地方公共事务的士绅,但他又在当年筹资创办了一所中学。另外一位商人出身的商务分会领袖于定一曾在 1904 年创办了一所公共图书馆。在恽祖祁和其他精英商人的资助下,于定一在 1909 为图书馆修建了一座新的建筑。此外,在 1907 年、1908 年和 1911 年,常州商务分会主持了 3 次大规模的灾荒救济工作。它的领导人物提供大量个人捐赠,又向当地其他富有家庭筹集善款,并与苏州和上海的其他商会在此类救灾活动中密切合作。[2]

---

[1]《商务官报》1907 年第 6 期,第 18a—19a 页。

[2] 常州市民建、工商联文史资料办公室编:《武进县商会及工商业发展史略》,第 104—108 页。

　　江浙城镇的商会领袖并不都像常州商务分会那样吸纳原有的士绅来管理当地社区事务,但更多在它们的社区活动中挑战士绅权力。1906 年至 1908 年,昆山和新阳两县的商务分会商人领袖与当地士绅展开了特别激烈的竞争,争夺对新近成立的警队控制权。同时,浙江北部石门县的商务分会也卷入同样的斗争。在这种权力斗争中,商务分会领导人物通常利用商会网络等新的制度化关系来占据上风,而得到地方官员支持的士绅往往以失败告终。①

　　在浙江东部的奉化县,当地知县于 1909 年任命两名士绅管理当地警察,但奉化商务分会总理王禹甸强烈要求由商人管理因设立警队而征收的商业捐税。当商务分会的一名雇员在与警察发生争吵而被捕后,王禹甸起初要求知县帮助释放此人,但没有成功。随后,数十名商人在警局制造了骚乱。正在此时,一名店员因在马路小便被警察抓进局里,正巧看到骚动而大声叫好,被警察打了一个巴掌。在场的商人抗议者因此更加激怒,打破了警局所有的灯,并拔掉了该局周围新种的树木。他们的抗议最终迫使知县释放了被捕的店员和商务分会雇员,并解雇了警长。此后,一名药店老板与警察发生冲突,再次引发商人在警局的骚乱。结果,管理当地警务的两位士绅只得辞职,并要求商务分会接管警队。②

　　在上海西北郊区的嘉定县南翔镇,当地商务分会领袖与长期管理社区组织的士绅发生了更为激烈和戏剧性的斗争。这一案

①　章开沅、刘望龄、叶万忠主编:《苏州商会档案丛编 1905—1911》,第 148 页;《中外日报》1906 年 8 月 17 日、12 月 7 日。

②　《申报》1909 年 8 月 23 日;《华商联合报》1909 年第 14 期,“海内外商会纪事”第 4—6 页。

例值得详细分析的原因在于它典型显示了新的商会网络如何在乡镇层次发展,帮助团结了各种改革派精英社团,并有效领导了地方社会的变革。[1] 该镇在 1903 年产生了南翔学会,开始管理新式学堂。它的领导人物既包括改革派士绅,也包括李树勋等富有商人。1905 年 8 月,南翔商务分会也在 170 多家商铺的支持下成立,它的发起者和领导人包括李树勋和其他来自南翔学会的精英商人。商务分会的总理王维泰是一位贡生,但他在松江府城和上海的新式学堂中的活动比在地方商业中更为活跃。他的弟弟王维亮也是南翔学会的董事。[2]

因此,南翔商务分会和南翔学会共享许多精英商人领袖。它们也很快联合起来,力图控制该镇的公共事业,并改革当地的两个主要慈善机构,即育婴堂和振德堂。事实上,在这两个善堂担任兼职领袖的也是数量不到 10 人的士绅。这些士绅的家族凭借其科举功名、商业财富和官场关系,世世代代垄断了这两个善堂的董事职位。[3]

126　　　1905 年末,面对这些士绅的首次挑战,王维泰领导之下的南翔商务分会要求商人参与由这两个善堂控制的当地河道疏浚工程。从 1903 年开始,这些善堂士绅领袖就开始计划这个项目,并从 1904 年起向商人征收费用。然而,到 1905 年底,他们还没有

---

[1] 关于辛亥革命时期南翔案例的更为细致的分析,见 Zhongping Chen(陈忠平),"Beneath the Republican Revolution, Beyond Revolutionary Politics: Elite Associations and Social Transformation in Lower Yangzi Towns, 1903 - 1912"(《深入共和革命,超越革命政治:江南的精英社团与社会转型 1903—1912》)。

[2] 自治会编:《南翔近事调查录》,"调查之二,争河案略"下卷,第 8、12、18—21 页,"调查之三,夺堂案略",第 22—23 页;《农工商部统计表(第一次)》第 4 册,第 25a 页;嘉定县南翔镇志编纂委员会编:《南翔镇志》,第 458 页。

[3] 自治会编:《南翔近事调查录》,"调查之二,争河案略"下卷,第 28 页,"调查之三,夺堂案略",第 2、18、28 页;《嘉定县续志》第 10 卷,第 2b 页。

开始疏浚连接该镇和嘉定县城及苏州、上海两个大城市的河道。由于这两个善堂没有对南翔商务分会的要求作出任何回应,王维泰便向嘉定知县请愿,认为商人参与这样一个公共项目管理完全符合清廷有关商会的诏令。[①]

但是,这两个善堂的士绅领袖继续无视王维泰所代表的南翔商务分会要求,并请求知县允许他们雇用两位嘉定县城内的"在城绅董"来负责河道疏浚工程。他们还试图向当地商人额外征收附加费用,但拒绝回答南翔商务分会关于为何此前筹集的资金不敷使用的问题。因此,南翔商务分会的总理王维泰和18名董事向知县投诉了两个善堂士绅领袖的腐败行为,并再次要求参加河道疏浚工程。[②]

嘉定知县急于平息南翔商务分会与这两个善堂士绅领袖之间的纠纷,并且希望河道疏浚工程于1905年冬季竣工。因此,他决定让南翔商务分会领袖和两位"在城绅董"共同管理该工程。然而,南翔的两个善堂的绅董仍然策动他们的商人同伙,向官府请愿,要求避免参与河道工程。作为"在城绅董"之一的顾仲英也试图将南翔商务分会排除在河道疏浚工程之外。他先是高价将河道工程承包出去,然后又宣布工程延期。然而,王维泰和其他商务分会领袖挫败了所有这些阴谋,从1905年12月开始从事此项河道疏浚工程,并于1906年冬天完成。[③]

这一初战胜利后,南翔商务分会进一步与南翔学会合作,试

---

① 自治会编:《南翔近事调查录》,"调查之二,争河案略"上卷,第1—3页;"调查之二,争河案略"下卷,第1、5—7页。
② 自治会编:《南翔近事调查录》,"调查之二,争河案略"下卷,第1—2、6—8页。
③ 自治会编:《南翔近事调查录》,"调查之二,争河案略"下卷,第10—13、17—18、21—35页;《嘉定县续志》第4卷,第17b页。

图对这两个善堂进行改造和控制。1907 年 1 月,以这两个新式
社团领袖为主的 21 名地方精英人士向嘉定知县请愿,要求选举
该镇两个善堂的董事。他们认为少数士绅家族世代承袭董事职
位,垄断了这两个善堂,但将商人排斥在外。所以,他们的请愿书
要求选举"多数赞成"的善堂董事,并制定了选举条例。根据这些
条例,该镇两个善堂的领导阶层将从少数绅董扩大,包括 1 位总
董、8 位董事和 12 位议董。这些董事和议董的任期均为一年,只
有在年度选举中继续获胜,才能连续任职。选举人将限于南翔商
务分会和南翔学会职员、两个善堂的董事及司事,其他地方绅董、
师范学校或中学毕业生以及每年向善堂大量捐款的商人。[①]

很显然,这些南翔地方精英正试图按照上海城厢内外总工程
局的模式改革该镇善堂,并意图通过改革获得当地社区领导权
力。由于嘉定知县越来越依赖新的地方精英组织来管理公共工
程和推进地方改革,他同意了南翔地方精英的请求。两个善堂的
领袖董事周承奭别无选择,只能接受选举计划。然而,这些善堂
的绅董仍然利用他们的商人同伙,向嘉定知县请愿,反对商人参
与选举。[②]

与此同时,南翔商务分会与南翔学会先后召开两次会议,对
符合条件的选民进行动员。由于他们的努力,1907 年 1 月 31 日
下午,该镇成功地举行了善堂董事选举。大约有 150 人参加了持
续 3 个小时的选举大会,62 名符合选举资格的人士当场投票。
由于两个善堂的绅董和他们的支持者抵制选举,当选的善堂董事
和议员大多来自南翔商务分会与南翔学会。在他们当中,李廷榜

---

① 自治会编:《南翔近事调查录》,"调查之三,夺堂案略",第 2—5 页。
② 自治会编:《南翔近事调查录》,"调查之三,夺堂案略",第 1—3、5—8 页。

是此前兼任这两个新式社团和两个善堂的领导人物。他和同样兼任两个社团领袖的富商李树勋各得 39 票,所以他们两人分别成为两个善堂的总董和董事之一。此外,包括王维泰在内的 4 位商务分会领袖也在其余 7 位新选善堂董事之列。在 12 位当选的善堂议董中,有 3 位也是南翔商务分会的领导人物。此外,南翔学会的王维亮等 3 位领导人也当选为善堂议董。①

　　这一选举结果很快得到了嘉定知县的批准,但原来的善堂绅董仍然拒绝接受既成事实,并威胁停止向这两个善堂捐款。李廷榜因与互相斗争的双方都有关系,便试图在两派之间达成妥协。他向知县提出辞去新任善堂总董职务,但他的真实意图是让原本兼任两个善堂领袖总董的周承奭留任,自任副总董。周氏立即按照计划行事,并试图与李廷榜让所有原来的绅董与新当选的董事和议董中的 5 名人士一起管理两个善堂。虽然嘉定知县拒绝批准他们的计划,周承奭和李廷榜仍然竭力阻挠新近当选的善堂领袖从原任的绅董经理手中接管会计账簿和其他管理权力。②

　　由于南翔两个善堂的首次选举未能达到目的,南翔学会的领袖不仅呼吁进行新的选举,而且呼吁改革两个公共机构的管理规章。1907 年末,李树勋接替王维泰担任南翔商务分会总理。李氏在南翔商务分会和南翔学会兼任的领导地位终于帮助他在 1909 年当选为该镇两个善堂的领袖总董。在他的领导下,这两个南翔善堂在修筑街道、桥梁的公共活动和推广地方自治改革的

¹²⁸

---

① 自治会编:《南翔近事调查录》,"调查之三,夺堂案略",第 6—13 页。
② 自治会编:《南翔近事调查录》,"调查之三,夺堂案略",第 13—16、27—30、34—35 页;"调查之三,夺堂案略补录",第 1 页。

各项事务中都发挥了更为积极的作用。①

南翔的个案典型显示了江浙两省商会是如何与其他改革派精英社团合作,并将新的或改良的社区组织置于它们的共同领导之下的。在南翔,商会网络和改组后的善堂不仅将当地商人领袖与镇内其他地方改革精英结合起来,而且还与上海的新型市政机构发展了人事联系。该镇的王维泰、王维亮兄弟二人分别是南翔商务分会首任总理和上海城厢内外总工程局的工程处主任。他们的侄子王纳善也是该总工程局的议董之一。② 1909 年地方自治组织普遍出现之前,这种社区组织尚未建立从市镇到都市一级的正式关系。但是,许多商会与各种新的职业社团建立了联系,并且控制了商团武装力量。这种组织之间的关系尤其促进了跨行业的改革派精英的社会整合。

129

建立与新兴职业社团及商团的联系

晚清时期的江浙商会在社会各界精英按照专业组成的新型职业社团出现之前就已经得到发展。它们也通过其制度影响、兼职领袖、共享成员和同样的改革追求而与各种新兴职业社团发展了紧密关系。在一些江浙城镇,商会还为了加强社会治安和民族救亡目的而提倡尚武精神,推动年轻商人和其他城市青年进行体育锻炼。到了清朝末年,一些体育训练团体甚至演变为商会领袖

---

① 自治会编:《南翔近事调查录》,"调查之三,夺堂案略",第 34—35 页;《农工商部统计表(第一次)》第 4 册,第 25a 页;《商务官报》1909 年第 25 期,第 11a 页;《寥天一鹤》1910 年 3 月 11 日。

② 杨逸编:《上海市自治志》,"议事会职员表",第 4b 页,"各科办事主任表",第 2b 页;嘉定县南翔镇志编纂委员会编:《南翔镇志》,第 459、465 页。

控制之下、拥有武器装备的商团。

　　江浙两省的一些较大城市中，精英商人既成立了商会，也组织和商业相关的商学会。这些商学会主要关注工商问题的研究，但它们与商会在机构和人事上都有联系，往往是商会的共生或附属组织。1904年，孙氏企业家兄弟孙多森、孙多鑫与上海商务总会协理徐润及其他领导人物发起成立了上海商学会，讨论和研究工商实业事务。这个职业社团还包括江宁商务总会总理刘士珩。1907年孙多森出任上海商务总会协理后，商学会与该商务总会的关系更为密切。① 1908年前后，商学会与沪南商务分所拥有一位共享的主要领袖王震，两者也建立了紧密关系。由于这种密切联系，上海商学会在前述抵制美货运动中为上海商务总会提供了有力支持。在1906年的救济市内和郊区的米荒活动中，它还帮助上海商务总会提供了捐款和具体救灾建议。②

　　1907年，清廷农工商部开始在全国推广商学会，它还批评商会未能研究和振兴工商实业。③ 其实，该部的真正目的是创建商学会，将其变为官府下属机构，并从商会中分离出来。1909年杭州商学公会成立时，浙江省当局特意迫使它与商会划清界限。该职业社团随后举行会议修订其条例，强调其目标是探索和交流商

---

① 《中外日报》1904年4月9日；《申报》1904年8月25日、10月14日；上海市工商业联合会、复旦大学历史系编：《上海总商会组织史资料汇编》上册，第94、106—110页；《上海商务总会同人录·丙午年(1906年)》，第5a页；《寿县孙氏经营阜丰面粉厂及有关财团所属企业史料稿》。

② 1908年左右，这个最早的上海商学会也被称作商学公会。当时，上海还有另一称为商学会的组织。为了避免混淆，本书以下只用商学公会指称这个与上海商务总会关系最为密切的商学会。关于上海商学公会与上海两个商会的人员重叠及其和上海商务总会的合作活动，见《商学公会同人录》；《上海商务总会同人录·丁未年(1907年)》；《上海万国官商士绅职业住址录》，丑部(第二部分)，第1—6、22—23页；《新闻报》1906年10月2日。

③ 《申报》1907年7月3日。

业知识,从而将该协会与商会区分开来。事实上,它的正会长高培卿和它的 4 个副会长中的 3 个,即周湘舲、王锡荣和胡藻清(焕)都是杭州商务总会的董事。此外,它的 15 位议董包括杭州商务总会的总理潘赤文和协理顾松庆。[①]

这些商会领导人物对商校及其他与商学相关议题的兴趣进而导致他们与传统士大夫及现代知识分子合作,在教育领域形成新的职业社团。这种现象并不意味着在这些教育社团中"商人[已]占主导地位"。[②] 相反,它进一步证明商人和士人精英在行会、善堂、商会和这些新的教育协会之中产生了人际性和制度化关系的融合。由于江浙商会已经吸纳了这类士商混合的精英人物,并建立了等级有序的网络,它们的精英商人领导体制和网络结构都深刻地影响了后来出现的新型教育职业社团。

确实,具有商人和士人背景的商会领袖都积极地组织和推广这些新的致力于教育改革的职业社团。1905 年苏州出现一个私塾改良社后,上海的绅商很快将其纳入更大的社团,即私塾改良总会。它的创始人和领导者包括上海商务总会的一些主要领袖人物,如李厚佑、曾铸和陈润夫。他们的主要目的是促进数量庞大的私塾进行改良和走向现代化,但他们通过公开演讲的宣传活动也强调禁止鸦片和废除缠足风俗。私塾改良会后来在江苏省成立了 40 多个分会。[③]

同年,作为士绅企业家和教育改革家的张謇在通州直隶州设

[①] 浙江省辛亥革命史研究会、浙江省图书馆编:《辛亥革命浙江史料选辑》,第 7、13 页;《杭州商业杂志》1909 年第 1 期,"调查录"第 5—6 页。

[②] 朱英:《辛亥革命时期新式商人社团研究》,第 225、228 页。

[③]《中外日报》1905 年 5 月 29 日;《江苏学务总会文牍》,"补编"第 12—13 页;上海市工商业联合会、复旦大学历史系编:《上海总商会组织史资料汇编》上册,第 94 页。

立了一座学务公所,用以推广附近州县新式学校。1905 年 9 月清廷废除科举考试后,苏州商务总会的名誉会员王同愈也创办了苏州学务公所,并利用商会规章建立它的组织结构。苏州学务公所的董事后来包括王同愈和其他苏州商务总会的主要领袖人物如尤先甲、张履谦、潘祖谦和彭福孙。它以推进教育改革为名,控制了地方教育资源。① 上海等城市也出现了类似的教育组织,但它们最终成为半官方机构,改名为"劝学所"。②

同时,商会领袖和士绅中的改革领导人物也组织了学会来管 131理地方的教育资源和新式学堂,并最终将它们变成教育领域的主要职业社团。1905 年 10 月,常州商务分会的主要领袖恽祖祁与来自通州的张謇、苏州的王同愈以及江苏省的其他商会领导人和士绅改革家一道创办了江苏学会,并很快将其改组为江苏学务总会。③ 这个新的教育职业社团的创立者承认,它的领导体制、会员制度、选举程序等等方面都是"援照商会办法"设立的。④

由于这个新的教育职业社团位于上海,但其名称又表示享有对于江苏全省教育事务的管辖权力,它很快受到江宁省城的官员责难。1906 年,江苏学务总会两次接到位于江宁的省级官员指示,命令将其办公地点迁至该省城。然而,该会领袖有效地利用上海商务总会的先例来强调它设在上海的必要及其对

---

① 《南通地方自治十九年之成绩》,乙编"教育"第 167 页;"苏州商会档案",乙 2—1,29/3,《翰林院编修王同愈等呈》,第 3、5 页;章开沅、刘望龄、叶万忠主编:《苏州商会档案丛编 1905—1911》,第 46 页。

② 《上海县续志》第 9 卷,第 8a—9a 页。

③ 《新闻报》1905 年 10 月 9 日、12 月 22 日;《农工商部统计表(第一次)》第 4 册,第 19b 页;《上海县续志》第 11 卷,第 16a 页。在当时,恽祖祁是张謇所经营的通州大生纱厂驻沪事务所的资深账房先生,见 Elisabeth Köll(柯丽莎),*From Cotton Mill to Business Empire*(《从棉纺工厂到商业帝国》),p. 142。

④ 《江苏学务总会文牍》初编上,第 2 页。

于江苏省其他教育会的领导地位。虽然它在1906年11月最终遵照清朝学部的要求改名为江苏教育总会,它在上海的办公处仍是江苏各类教育团体和协会的总部,它的新的领导人物包括上海商务总会的总理曾铸、董事周廷弼等更多商人出身的商会领袖。①

江苏教育总会在其章程中强调推动教育研究、新式学堂以及年轻学生的尚武精神,并将通过职业教育发展农、工、商业。这样广泛的目标吸引了专业教育工作者和精英商人在内的各种改革派精英。因此,该教育社团不仅吸收了学会和学堂的领导人物,而且还招纳了商会的领袖和会员。除了上面提及的商会领袖,1909年前后江苏教育总会的成员还包括江苏省其他前任和现任的商务总会和商务分会的总理,如苏州的尤先甲、扬州的周树年、海州的许鼎霖、海门的刘燨钧、梅李镇的张振庠及罗店镇的朱诒烈。②

132　　江苏省州县一级的教育会通常由地方学会发展而来。它们与江苏教育总会形成了类似商务分会对于商务总会的从属关系。1909年前后,他们的会长之中有相当一部分是地方商会的前任或现任总理。其中典型的人物如皋县的沙元炳、江阴县的祝廷华、昆山—信阳县的方还以及宜兴—荆溪县的任锡汾。他们一般先在当地商务分会中担任主要领导职务,然后将权力扩展到地方

---

① 《江苏学务总会文牍》初编上,第9—10、81—83页;《时报》1906年11月7日、11月8日;上海市工商业联合会、复旦大学历史系编:《上海总商会组织史资料汇编》上册,第94页。

② 《江苏学务总会文牍》初编上,第3—5、11页。关于江苏教育总会内的上述商会领袖,见江苏教育总会:《江苏教育总会会员姓名一览表》,第3a、9a、12a、14a、24b页;《农工商部统计表(第一次)》第4册,第4b、18b、26a—b、38a页;《宝山县续志》第6卷,第31b页。

教育会。①

　　浙江的教育职业社团没有留下可供详细分析的会员数据,但现有资料显示,瑞安县首任商务分会总理和晚清著名学者孙诒让即是该省教育总会的主要创始人和首任会长。1909 年前后,定海直隶厅商务分会总理丁中立也担任了当地教育会的会长。②通过这种兼职和连锁的领导人事关系,商会和教育会形成了从大都市到小城镇的平行但相互连接的网络。

　　新型的职业社团中,农会的出现相对较晚,所以它们的发展更多得益于先前建立的商会领导体制。许多商会领袖对农会和农业改革深感兴趣的原因在于,他们不仅是富裕商人,而且还是大地主或农业企业家。通崇海花业总会的总理张詧与其弟张謇就在当地沿海地区开办了一家农垦公司,其目的是为他们的纺织工厂生产棉花,并为盐碱地上的晒盐工人提供救济。所以,1907 年北京农工商部颁布了农会组织章程,号召促进农业生产后,张詧在 1908 年 9 月就召集地方精英开会,成立通州农务分会,并利用通崇海花业总会来获得官方批准。这个农务分会就设在通崇海花业总会内的同一办公地点,其总理也是张詧。到 1909 年 1 月,它已经在附近的城镇建立了 6 个分支机构,形成类似于通崇海花业总会及其商务分会的网络。③

───────────────

① 江苏教育总会:《江苏教育总会会员姓名一览表》,第 10a、12b、20a—b 页;江苏教育总会:《江苏全省教育会一览表》,第 100—101、104 页;《宜荆续志》第 5 卷,第 2b 页。
② 《申报》1907 年 8 月 30 日;《新闻报》1908 年 8 月 13 日;学务公所编:《宣统元年份浙江教育统计表》,第 7 页;《农工商部统计表(第一次)》第 4 册,第 41b、42b 页。
③ 卞孝萱、唐文权主编:《民国人物碑传集》,第 257 页;《南通地方自治十九年之成绩》,甲编"实业",第 77 页;《农工商部统计表(第二次)》第 2 册,第 2b 页;《新闻报》1908 年 9 月 12 日;Samuel C. Chu(朱昌峻), Reformer in Modern China : Chang Chien(《近代中国的改革者:张謇》), pp. 114 - 23;Elisabeth Köll(柯丽莎), From Cotton Mill to Business Empire(《从棉纺工厂到商业帝国》), pp. 212 - 230。

苏州商务总会也包括拥有大量土地的商人领袖。它的第一总理尤先甲和第二任总理张履谦分别拥有 6 000—7 000 亩和 4 000—5 000 亩土地,所得租金收入几乎等于、甚至超过了他们家族的商业利润。早在 1907 年 6 月,他们就计划在苏州商务总会之下成立一个农工会,并试图将其用于收租。1909 年,鉴于通州农务分会取得垦荒成果的先例,苏州商务总会领袖向江苏巡抚请愿,要求成立一个类似的组织,在苏州市周围开垦荒地。次年,他们不仅获得官府批准成立苏州农务总会,还帮助它制定章程,并建立其对于苏南地区农务分会的领导权力。此后,苏州农务总会得以向地方政府取得城郊未开垦土地的所有权。它的实验农场甚至从东南亚的华侨商会获得了改进的水稻良种。[1]

在江苏省内,无锡—金匮县的商务分会前任总理周廷弼于 1908 年直接成立了当地农务分会,并成为其首任总理。1909 年,宝应县的商务分会现任总理鲍友恪也直接组建了当地农务分会,并兼任总理。农工商部勉强允许鲍氏身兼两职,但它重申了官方不赞成一人身兼地方商务分会和农务分会总理职务的态度。[2]虽然如此,这种政府干预并没有切断这些职业社团之间及其从地方到更高层次的密切关系。

在江苏如皋县,沙元炳从 1906 年起就担任当地商务分会总理,并兼当地教育会会长。1909 年,他进而成为当地农务分会的总理。在嘉定县,当地的农务分会就设在该县商务分会内的同

---

① 马敏:《官商之间》,第 162—164 页;《新闻报》1907 年 6 月 18 日;"苏州商会档案",乙 2—1,73/9,《呈抚台移农工商局稿》,第 5—37 页;马敏、朱英:《传统与近代的二重变奏:晚清苏州商会案例研究》,第 115 页。
② 《农工商部统计表(第二次)》第 2 册,第 2b 页;《申报》1909 年 3 月 28 日;《商务官报》1909 年第 6 期,第 8b 页。

一办公地点。由于商会网络的影响,一个包括农务总会、农务分会和农务分所的三层等级结构最早在江浙两省出现。1910 年,全国农务联合会在江宁成立,并选举通崇海花业总会的前总理张謇为会长。[1]

商会和其他新型职业社团的发展,加以它们对于社会治安 [134] 和国家存亡的关切,进一步催生了各种各样的体操会。为了培养尚武救国的精神,沪学会首先在 1904 年成立了体操会。出于同样目的,上海商务总会会员郁屏翰和总理曾铸等在 1906 年开始分别组织两个商人组成的学会,推广体操锻炼。王震等上海商会领袖和改革派精英在 1907 年之前又成立了另外两个体操会。[2] 同时,曾铸和李钟珏所领导的上海城厢内外总工程局敦促上海道台严格执行清廷禁止鸦片政策,要求在 1907 年 6 月关闭所有的鸦片烟馆。由于此举面临流氓黑帮发动暴乱的威胁,总工程局请求上述 5 个商人体操会在街道连日巡逻。1907 年 9 月,曾铸和李钟珏乘势将这些商人体操会组成为上海南市商团公会。该商团公会由 5 个商人体操会中挑选出来的成员组成,并与沪南商务分所在同一地点办公。[3]

1908 年 3 月,李钟珏进而组织上海商团公会,将上述 5 个体操会及后来在不同行业和街区成立的其他体操会纳入其中,但该组织继续与沪南商务分所共用办公地点。随着清末上海南市社

---

[1] 《农工商部统计表(第一次)》第 4 册,第 25b 页;江苏教育总会:《江苏全省教育会一览表》,第 100 页;《商务官报》1909 年第 18 期,第 11b 页;《嘉定县续志》第 2 卷,第 39a 页;朱英:《辛亥革命前的农会》,第 19—20、22—23 页。

[2] 《上海县续志》第 13 卷,第 12a 页;上海市工商业联合会、复旦大学历史系编:《上海总商会组织史资料汇编》上册,第 94、107、122 页;《新闻报》1906 年 7 月 22 日、8 月 9 日;《上海县志》第 15 卷,第 29 页。

[3] 《上海县续志》第 13 卷,第 12a 页;《新闻报》1907 年 10 月 26 日、1908 年 2 月 23 日;杨逸编:《上海市自治志》,"公牍甲编",第 121a—122a 页。

区治安恶化,地方官府不得不向商团成员提供武器,以便他们在街道巡逻,维护治安。这些商团的人数也迅速增长到 2 000 余人。他们通常来自商人家庭,但也有来自工界和学界的成员。①据上海商团公会所属商余学会的一位成员回忆,其中 300 名成员大多是商店店主和工厂老板。至 1911 年,上海商团公会的 6 任会长为李钟珏、曾铸、苏本炎、王震、张乐君和叶增铭,均为上海商务总会和沪南商务分所的领导人物。② 因此,这个商团中既有年轻的精英商人,也有其他受过教育的知识青年。它们与上海两个商会共有许多精英商人领袖。

上海的另一支商团是在 1906 年出现于公共租界的华商体操会。由于该组织的主要创始人虞洽卿及其名誉会长曾铸分别为上海商务总会的一位董事及现任总理,它与商务总会也保持了密切关系。华商体操会于 1907 年加入了公共租界万国商团或外人义勇队,并仅接受"体面商人"作为成员。当时,它的成员包括上海商务总会现任总理李厚佑及多位董事和会员。1909 年,上海商务总会开始从这支商团招收 17 名"超等毕业生"为特别个人会友,使用他们作为保卫力量。③ 如本书第六章所述,上海商会领袖在辛亥革命的前夜将进一步努力联合该地和附近城镇的商团

135

---

① 《申报》1908 年 3 月 3 日;《上海县续志》第 13 卷,第 12b—13b 页;中国史学会编:《辛亥革命》,第 7 册,第 87 页。

② 杨立强、沈渭滨:《上海商团与辛亥革命》,第 109、111 页;《上海县续志》第 13 卷,第 12b—13b 页;上海市工商业联合会、复旦大学历史系:《上海总商会组织史资料汇编》上册,第 94—95 页;《上海万国官商士绅职业住址录》,丑部(第二部分),第 4—6 页;《沪南商务分会报告题名册》。

③ 《新闻报》1906 年 5 月 21 日;上海通社编:《上海研究资料续集》,第 191—192 页;《上海商务总会同人录·丙午年(1906 年)》,第 1a—2a 页;《上海万国官商士绅职业住址录》,丑部(第二部分),第 1—4、12 页;上海市工商业联合会、复旦大学历史系编:《上海总商会组织史资料汇编》上册,第 115—116 页。

组织。

　　苏州商务总会也帮助建立了由其精英商人领袖统率的商团。1906 年,它的一些领袖和会员向清政府请愿,要求建立一个商人体操会。他们的请愿书特别强调通过体操锻炼来增强国力、保护商人、改善个人健康、维护社会秩序的重要性。这份请愿书通过苏州商务总会提交给了江苏巡抚和商部,很快获得官方批准,苏商体育会也随后应运而生。它的 19 位创始人当中,有近一半是苏州商务总会领导人物,并在开始就得到商会资金补助。1906 年至 1911 年间,苏州商务总会的两位董事洪毓麟和邹宗淇先后担任该体育会领袖。[1]

　　与首先出现于上海的商团相似,苏商体育会主要由商人、学生和其他城市青年组成,但其中所有成员都需要有商人担保,并且必须每月缴纳一银元的会费。所以,它主要包括富裕商人或来自这些商人家庭的青年,但到 1911 年,也有少数店员加入其中。它的成员起初从事体育锻炼,但在 1907 年后转为接受军事训练。通过苏州商务总会,这支商团从本地官府获得了武器,并为打击该市的鸦片烟馆提供了帮助。到 1911 年底,苏商体育会扩充到 145 名会员,其所属 6 个分会另有数百名新成员,但它仍在苏州商务总会的控制之下。[2]

　　在浙江省,该省巡抚直到 1907 年仍然极力禁止这种体育社团,并阻止它们从事军事训练。但在 1908 年 9 月,杭州的丝绸行

---

① 章开沅、朱英、祖苏、叶万忠编:《苏州商团档案汇编 1905—1911》上册,第 1—14 页;下册,第 1068 页。
② 章开沅、朱英、祖苏、叶万忠编:《苏州商团档案汇编 1905—1911》上册,第 2—5、16—21、230—231 页,下册,第 479—580、936—944 页;《时报》1911 年 4 月 16 日;《新闻报》1911 年 7 月 28 日。

业中仍然出现了一个商团。后来,杭州商务总会控制了一支商团,并利用它来维持整个城市的社会秩序。[1] 1910年12月,江苏北部的通崇海花业总会也组织了一个拥有160名会员的商业体操会,并于1911年6月成立了另一个拥有120名会员的工业体操会。这两个组织的"所有会员均为商业、工业中有执业之人",获得了武器从事兵式体操训练。它们的3位主要领袖包括通崇海花业总会的第一任总理张謇和第二任总理刘桂馨。[2]

在上海商务总会的直接影响下,松江府城和闵行镇的商务分会早在1906年就分别成立了商人体操会。1908年和1909年,无锡—金匮两县商务分会和常州府城商务分会也先后成立了商人体操会。正如上海、苏州和南通的同类组织一样,这些城镇商人体操会吸收店员和学生,并从当地政府获得武器进行军事训练。[3] 清朝末年的社会动荡导致更多的商务分会在官方许可之下组建和武装商团。1910年,浙北硖石镇的商务分会领袖就仿效上海南市商团公会,组织了包括130多名店员的商团。这支商团在一位退役军官指挥下从事军事训练,并得到官府发给的武器。[4]

这些商团还仿效商会和其他新型职业社团,努力保持彼此之间的联系。1906年10月,上海商人体操会不仅派出大批会员参加苏商体育会的成立仪式,而且捐助100银元,作为后者的部分

---

[1]《新闻报》1907年8月18日;《时报》1908年9月6日;程心锦:《旧时代的杭州商会》,第144—45页。

[2]《南通地方自治十九年之成绩》,甲编"实业",第71、73—74页。

[3]《商务官报》1907年第6期,第18a—19a页,1909年第22期,第10a页;《农工商部统计表(第一次)》第4册,第25b页;《申报》1908年8月10日;常州市民建、工商联文史资料办公室编:《武进县商会及工商业发展史略》,第108页。

[4] 吴欣木:《辛亥革命时期的硖石商团和工兵铁道大队》,第170页;《农工商部统计表(第一次)》第4册,第32a页。

开办资金。此后,苏商体育会通过两名常驻上海的代表与上海的商团保持组织联系。它还组织会员到无锡和常州等附近城市定期访问,并在那里与当地商团一道举行会议,甚至举行军事演习。有一个典型案例:1910 年 3 月 19 日上海商团公会特别命令它的会员前往浙北硖石镇,抵达该镇后,它的成员受到当地商务分会和商团领袖及 3 000 名居民的热烈欢迎。作为回应,上海商团公会的指挥官发表了热情的爱国演说。除了观光,上海商团公会的成员还在硖石镇进行军事训练。[①]

这一事例反映当时江浙地区商会和新型职业社团及商团不仅追求人员和组织机构之间的互相渗透,而且扩展了他们从大城市到小城镇间彼此交织的网络。这种网络发展使得这些商会在 1905 年的全国抵制美货运动中得以采取统一行动,不仅动员了不同的社会阶层,并且与多种社区组织和工商界内外的其他职业社团发展了更加长远的联系。特别重要的是,商会网络使其精英 137 商人建立了前所未有的社会联系,并在工商业事务中展开互相协调的集体行动。

---

① 章开沅、朱英、祖苏、叶万忠编:《苏州商团档案汇编 1905—1911》上册,第 4 页,下册,第 230—232 页;《新闻报》1908 年 1 月 9 日,1910 年 3 月 23 日。

第五章　商会在工商业事务中的政治追求

　　江浙地区商会的网络扩张增加了他们在商人社区内外的社会政治影响,但也日益引起清朝政府的警觉。1906 年 10 月,江苏巡抚陈夔龙向清廷报告:商会、学会等新的社团不仅时常干扰公共事务,而且"此会与彼会参商",聚众反抗官府。同时,报纸、电报和公众集会也常被用来"妄议大政,动称学界全体、商界全体",列名请愿,要挟官府。因此,该巡抚建议对报纸、电报、会议,特别是新兴社团进行法律控制。①

　　在此之后,清朝中央政府即于 1907 年命令民政部颁布针对新兴社团及其集会等活动的一系列规章,并禁止士绅、商人和民众干涉政治事务。1909 年,北京农工商部也针对有关杭州商务总会干预政府事务的指控作出指示,特别强调商会只是商业组织,不能从事政治活动。②

　　与清朝官方反复重申的禁令相反,江浙地区商会已经将许多工商事务政治化。基于精英商人利益与清朝官方政策的矛盾或一致的考虑,它们与官府或者发生冲突,或者进行合作。这些商会经常采取一致行动来反对清政府对商人特别是精英商人增加

① 故宫博物院明清档案部编:《清末筹备立宪档案史料》上册,第 149—151 页。
② 故宫博物院明清档案部编:《清末筹备立宪档案史料》上册,第 53—54 页;《商务官报》1909 年第 15 期,第 8a 页。

税收。但因精英商人和地方官员都关注社会安定，它们也帮助了清政府稳定地方市场，甚至为此牺牲小商人的利益。通过集体参与江浙铁路建设等大型现代工业项目，两省商会首次形成了地区联盟，抗拒清朝政府和外国势力控制商会参与兴建的铁路，从而追求了其中精英商人、省区与国家利益相结合的目标。然而，这种冲突并未妨碍它们在其他工商事务中与清政府合作，也未妨碍它们在跨国实业和外交领域中与外国资本合作。

因此，这些商会在工商界领导了一场真正的网络革命。它们不仅在所属商人成员之中，特别是精英商人之间建立了日益制度化、扩大化和多样化的社会关系，而且将他们的个人利益和公共利益带入与清政府工商业政策进行的各种互动。结果，这些精英商人逐渐利用商会网络，将他们的商业利益与地方、省区和国家的公共政治事务联系起来。尽管这些精英商人与普通民众之间的阶级关系在清末的地方社会冲突中有时趋于紧张，江浙商会在与清朝政府和外国资本的互动之中仍然可以代表商人群体和广大社会。这种公众代表权力的上升又转而增加了这些商会对清政府工商业政策的影响。

城镇市场中的精英商人与民众利益

江浙商会在与清朝政府的互动中通常代表了商人群体，但它们在工商事务上又总是优先考虑精英商人的利益。针对清朝末年商税增加和铜钱贬值的问题，这些商会多次领导商人抗议官方税收政策，但它们在货币问题上又与官府合作，反映了精英商人对社会动荡的担忧，并因此造成了小商人的经济损失。所以，尽管商会领袖总是声称代表商人群体甚至社会的公共利益来管理市场,他们与地方市场中的普通商人之间仍然存在阶级矛盾。

140　　从 1906 年起,由于清政府在新政改革期间增加捐税,并放任铜钱贬值,导致普通民众以银交税的负担大为增加。① 除了农民,商人是新增税收的主要对象,并是铜币贬值的受害者。在江苏省,江宁地方官府于 1908 年前后进行新政改革所需的附加税收大多出自该城商人,尤其是在丝业与绸缎业中的商人。同年,该省镇江府的一份报告显示,当地官府在此之前的三四年里为了建立女校、警察等新政机构,征加了额外税收,以至普通商铺的经营费用增加了一倍。在浙江省,各府、州、厅、县的警察开办经费也主要来自商人缴纳的附加税。② 尽管清政府的增税影响了整个商人群体,江浙商会领导发动的大规模抗税运动主要发生在它们所包括的精英商人集中的行业之中。

　　苏州商务总会就因它的主要领袖包括酱业富商,从而领导了苏南城镇商会采取集体行动,就官府增加酱缸捐的问题展开首次大规模抗税活动。在这个商务总会的创始人和领导人当中,长期担任董事的潘祖谦便来自经营酱业的苏州潘氏家族。事实上,由于酱业需要使用官府垄断的食盐从事生产,苏州和苏南地区的所有酱坊通常都由具有声望的精英商人运营,并由势力强大的盐商作保。③

　　酱坊商人原来仅需在每 5 个酱缸中为一缸交税,但此项捐税

---

① Yeh-chien Wang(王业键), *Land Taxation in Imperial China*(《中华帝国的土地税收》), p. 121.

②《申报》1908 年 3 月 22 日;《商务官报》1908 年第 25 期,第 25a 页;经济学会编:《浙江全省财政说明书》,"岁出部·支款:民政费"第 48—50 页。

③ 马敏、朱英:《传统与近代的二重变奏:晚清苏州商会案例研究》,第 49、354—357 页;经济学会编:《浙江全省财政说明书》,"岁入部·收款:盐课税厘"第 43、46 页;苏州历史博物馆、江苏师范学院历史系编:《明清苏州工商业碑刻集》,第 260—261 页。

从 1904 年的近 2 000 文铜钱逐渐增长到 1906 年的 4 560 文钱，此外还有商家向官府的其他临时捐纳。1906 年 10 月，江苏巡抚声称为了筹集资金兴办各类新政项目，计划进一步提高酱缸捐，对每缸征收 2 625 文的捐税，即每 5 缸共收 13 125 文。由于该项酱缸捐突然增加近 190%，苏州城乡的 62 家酱坊首先以酱业行会为基础联合起来，请求吴、长洲及元和三县的知县免除新增税收，但他们的请愿遭到了断然拒绝。随后，他们便与苏州府的其他六县酱坊商人举行了一次联席会议，直接向苏州知府和江苏巡抚请愿。这份新的请愿书声称他们酱坊所拥有的每 5 个酱缸中只有一个正缸用来制酱，其余 4 个副缸仅用于抽取酱油和囤积货物，应予免税。这一请愿再次遭到官方拒绝后，苏州酱业商人试图作出让步，同意在每 5 个酱缸纳税 4 560 文的基础上，再缴纳 1 750 文铜钱。换言之，他们将为每 5 个酱缸缴纳 6 310 文税，即仅将该项酱缸捐提高 38%。[1]

1907 年初开始，苏州商务总会与它在苏南的商务分会联系，商议此事。溧阳县的商务分会提议苏南各地商会采取统一办法，公举驻于苏州和上海代表数人办理此事，并筹集资金以支付联合行动的费用。按照这一提议，商会将代表各地酱业商人，集体向北京农工商部提出申诉，并向盐商联络求助。如果清政府采取压制政策，拘留抵制酱缸捐的商人领袖，所有商人都将前往官府，自愿要求一同入狱，作为和平抗争方式。各商会还需举行联合会议，商请一位苏南出生的京官直接向清廷奏报此事。如果奏报无效，苏南地区的所有酱业商人将在无可奈何的情况下将作为营业

---

[1] 章开沅、刘望龄、叶万忠主编：《苏州商会档案丛编 1905—1911》，第 1042—1052 页，特别是第 1045、1048、1050、1052、1176 页。在晚清中国，"文"是基本的铜币单位。浙江省东部的地方政府在 1906 年规定，1 000 文铜钱可以兑换 1 银元。

执照的酱牌交还给官府，发起事实上的罢市。①

苏南商会并未将此整个计划付诸实施，但它们确实为酱坊商人反对官方增加酱缸捐的运动提供了领导力量、保护措施和联系渠道。1907年5月，吴、长洲及元和三县的知县勒令苏州及其周边各地酱业商人在三日内上缴账册，以便调查这些酱坊是否仅用正缸制酱。针对此事，苏州府九县的92家酱坊商人联名向农工商部申诉请愿。他们援引清廷颁布的有关公司条例，抗议地方官员践踏酱坊商人保护各自账簿中营业信息的法定权利。此后，苏州商务总会将酱业商人的申诉及其表示支持的电报正式转发给北京农工商部，并通过上海商务总会的帮助，将此申诉书以苏州商务总会的名义发表在上海的报纸上。②

由于商会的支持，酱业商人抗议官方增加酱缸捐的信心更为坚定。当驻于苏州的江苏巡抚衙门命令他们交代写作上述申诉书的主笔之人时，酱业商人声称其申诉书的写作经过众商在同业公所的共同讨论，并在苏州商务总会采用多数表决方式作出决定。通过商会的网络及其领袖的帮助，苏州府的酱业商人还将松江、常州、镇江三府以及太仓直隶州的同业商人纳入抵制官方提高酱缸捐的联盟，其总数由苏州府的92家酱坊增加到包括苏南地区的265家。1907年9月，这265家酱坊再次得到苏州商务总会的帮助，向农工商部递交新的请愿书，直接抨击了江苏巡抚对于商人疾苦的漠视及其对于相关盐税的干涉。③

① 章开沅、刘望龄、叶万忠主编：《苏州商会档案丛编 1905—1911》，第 1052—1054 页。
② 章开沅、刘望龄、叶万忠主编：《苏州商会档案丛编 1905—1911》，第 1058—1063 页；《时报》1907 年 6 月 14 日；《新闻报》1907 年 6 月 14 日。
③ 章开沅、刘望龄、叶万忠主编：《苏州商会档案丛编 1905—1911》，第 1069—1072 页。

直到 1907 年 11 月，苏州府内吴、长洲及元和三县的知县仍然继续执行高压政策，威胁要对继续抵制增税的酱坊同业行会领袖加以撤职、逮捕的惩罚。与此同时，这些地方官员还试图安抚苏州酱业商人，建议对于每 5 个酱缸增加 3 500 文的捐税。换言之，每 5 个缸酱的捐税将从 4 560 文提高到 8 060 文，而不是原来规定的 13 125 文。作为苏州酱业行会的主要领袖，潘廷枞也是苏州商务总会董事之一。他以苏南其他同业商人的压力为借口，拒绝了官府的提议。潘氏并秘密联系了无锡和其他城市的商会领袖，呼吁继续抵制官方提高酱缸捐。同时，苏州商务总会通过向两江总督致电，保护了潘廷枞，并帮助酱业商人顶住了地方官府压力。最终，1908 年 7 月，两江总督只得免除了增加的酱缸捐。因此，在商会领导和支持之下，这场抵制官方提高酱缸捐的运动持续近两年之久，最终以酱业商人的完全胜利而告终。①

几乎在抵制官方增加酱缸捐的同时，苏州和上海附近的商会领导了另外一场更大规模的抗议活动，反对提高牙税。这场运动影响了更多的商人，尤其是许多苏南商会中的牙行商人。在清朝时期，不同行业的牙行一般需要从地方官府获得营业执照，而江苏省官府在 1878 年规定只有富裕商人才能持有牙商执照。因此，直到 1907 年，许多身为富商的牙行商人缴纳的牙税仍然较低。4 个不同等级的牙商缴纳的年税仅分别为 0.5、1、1.5 和 2 两白银。②

---

① 章开沅、刘望龄、叶万忠主编：《苏州商会档案丛编 1905—1911》，第 48、1073—1079 页。
②《申报》1878 年 2 月 9 日；章开沅、刘望龄、叶万忠主编：《苏州商会档案丛编 1905—1911》，第 1029 页。

　　在苏州周边的商会中,许多成员是各种行业或其中行会代表,但他们实际上是该行业中的牙行商人。1906 年,常熟县梅李镇的商务分会就由一位猪行牙商担任总理,其中两名董事和三名会员也是猪行、木行、饼行和砖瓦石灰行的牙商。1907 年,吴江县盛泽镇商务分会的 11 名董事中,至少有 5 名是丝行、绸领业的牙商,而其余 20 名成员中的 10 名也是米行、丝行、绸领业的牙人。后来,该镇织绸工匠的一份投诉证实了牙行商人在盛泽商务分会的支配地位。① 同样,无锡—金匮两县商务分会的第一任总理周廷弼和第三任总理薛南溟都拥有大量的蚕茧贸易牙行,而且前者还在上海商务总会长期担任董事。② 自然地,这些商会积极参与了反对牙税增加的运动。

　　1906 年 11 月江苏巡抚宣布将牙税提高 10 倍后,镇江商务分会首先向北京农工商部转递了当地牙商的请愿,要求撤销这一官方决定。此后,常州府和无锡—金匮县的两个商务分会迅速与镇江商务分会就联合行动事宜取得联系。苏州、上海的两个商务总会进而联合吴江—震泽县、盛泽镇和梅里镇的三家商务分会,于 1907 年 1 月就牙税增加问题向农工商部提出申诉。这些商会认为,由于银价上涨和各种附加捐税纷至沓来,近年来牙税已经上涨 3 倍,而新的官方决定实际上会将牙税提高 30 倍。因此,他们要求农工商部与江苏巡抚联系,减少牙税增加额度。与此同时,苏州和上海的两个商务总会向江苏巡抚提交了一份类似的

---

① 章开沅、刘望龄、叶万忠主编:《苏州商会档案丛编 1905—1911》,第 76—77、124—126 页;《申报》1911 年 9 月 4 日。

② 高景嶽、严学熙编:《近代无锡蚕丝业资料选集》,第 31、34、44—45 页。

请愿。①

　　尽管江苏巡抚和北京农工商部拒绝了这些商会的要求,常州、江阴、镇江、无锡—金匮等地的商务分会在1907年初仍然继续向该部递交请愿书。常州商务分会在其总理恽祖祁领导之下,先后两次向农工商部表示反对增加牙税。同时,该商务分会积极与常州本府及镇江和苏州两府之内的7个商务分会联络,寻求对策,并敦促苏州和上海的商务总会领导一场共同行动。通过这样的互相联系,苏州、松江、常州和镇江四府及太仓直隶州的商会决定于1907年10月1日在苏州举行一次大会,以商讨牙税问题。②

　　在这次会议召开的一周之前,丹阳县商务分会特别致函苏州商务总会,其中提议抵抗牙税增加的办法与前述溧阳县商务分会关于反酱缸捐运动的计划如出一辙。丹阳商务分会建议通过报纸报道和向农工商部的请愿,对牙税和酱缸捐的增加提出申述。它还建议通过所有江苏籍贯的京官向清廷奏报这两项捐税增加的问题,并强调反对增加捐税斗争的关键在于各个商会的相互团结及其在官府压力之下的坚持不懈。③ 苏南地区的商会在抗税运动中基本上遵循了这一计划。

　　上述苏州、松江、常州和镇江四府及太仓直隶州的22个商会确实按照计划于1907年10月1日举行了联席会议。此后,在苏

---

① 《申报》1906年11月14日;章开沅、刘望龄、叶万忠主编:《苏州商会档案丛编1905—1911》,第1028—1030页。

② 章开沅、刘望龄、叶万忠主编:《苏州商会档案丛编1905—1911》,第1032—1035页;《商务官报》1907年第1期,第14a页,1907年第8期,第10b—12a页,1907年第10期,第11b页。

③ 章开沅、刘望龄、叶万忠主编:《苏州商会档案丛编1905—1911》,第1033—1034页。

州商务总会领导下,它们集体联名向北京农工商部请愿,要求官方将牙税仅增加 5 倍,而不是 10 倍。这些商会还按照上述丹阳商务分会的计划,利用与江苏籍贯京官的同乡关系来反对大幅增加牙税。确实,一位镇江籍贯的官员与清廷其他 3 位京官联名给江苏巡抚致函,要求适度提高酱缸捐和牙税。此外,常州商务分会总理恽祖祁的一位侄儿即为在翰林院担任京官的恽毓鼎。他直接向清廷奏报了江苏的牙税问题,但他建议的增税幅度与上述商会的提议完全一致。在苏南商会和江苏籍贯京官的双重压力下,农工商部和江苏官府终于作出让步。1908 年 8 月下旬,两江总督同意仅将牙税提高 5 倍,并宣布完全放弃增加酱缸捐的官方决定。[1]

在抗议官方增加牙税和酱缸捐的运动之外,苏州和杭州的两个商务总会还在 1909 年分别领导了江浙两省商人反对针对所有商业文件征收的印花税,并均获得成功。1906 年至 1909 年间,苏州商务总会又帮助了本地花树、洋货等行业中商人反抗重税的斗争。[2] 这种抗税活动没有动员更广泛的商会网络,但直接代表了普通商人的利益。与此相较,江浙商会在铜钱危机中却竭力帮助清政府维持其货币政策,牺牲了小商人的利益。值得注意的是,商会领袖声称他们在货币问题上仍然保护了大众消费者。

清政府在 1853 年鉴于铜料短缺,难以大量铸造一文的铜钱,从而开始发行面值 10 文的铜币。在清朝的最后 10 年,10 文铜

---

[1] 章开沅、刘望龄、叶万忠主编:《苏州商会档案丛编 1905—1911》,第 1031—1032、1034—1035、1039—1041、1079 页;《申报》1907 年 8 月 22 日;恽毓鼎著、史晓风整理:《恽毓鼎澄斋日记》上册,第 314、316、381 页。

[2] 马敏、朱英:《传统与近代的二重变奏:晚清苏州商会案例研究》,第 349—353、357—360 页;经济学会编:《浙江全省财政说明书》,"岁入部·收款:杂税"第 5 页;《华商联合会报》1910 年第 1 期,"海内外商会纪事"第 5 页。

币成为城乡贫民使用的主要货币。由于一枚 10 文铜币的面值远
远高于其中所含铜的实际价值,清朝中央和省级官府的铸币厂都
不计后果地大量发行这种硬币以谋利。然而,地方官员在征税
时,却拒绝接收 10 文铜币。非法的私人铸币作坊也制造了大量
的 10 文铜钱,作为假币投入市场,从而加剧了这种铜币贬值。①
在浙江东部的鄞县,民众必须用银元纳税和缴租,但 10 文铜币不
被接受。根据官方兑换率,一枚银元相当于面值 960 文的 10 文
铜币,或 96 枚 10 文铜币。但到 1909 年末,地方市场上的实际银
价已飙升至一枚银元兑换 1 360 文铜钱。因此,普通民众每交一
银元租税,就要遭受近 400 文钱损失。由于小商人必须用银元向
批发商付款,并在与贫民交易中接受贬值的铜币,他们也成为官
定银钱兑换率的受害者。② 尽管小商铺要求按照市场价格改变
官府的银元和铜钱兑换比例,商会出于帮助官府维持社会稳定的
考虑,并不总是给予支持。

　　在浙江的许多府县,10 文铜币在 1908 年初实际上已经贬值
到面额的 80%—90%。但许多商会仍不愿接受当地市场的既成
事实。因为组成商会的精英商人只用银元交易,他们仅担心官府
如果承认 10 文铜币贬值,就会引发大规模贫民暴乱。1908 年中
期,浙江石门县和仁和县塘栖镇的两个商务分会在小商人的压力
下,曾经一度容许将当地市场的 10 文铜币贬值 10%。然而,
1908 年 6 月下旬,由于秀水县王江泾镇因 10 文铜币贬值引发了
严重骚乱,该县商务分会立即按照当地官员指示,坚持维持铜

---

① Hosea Ballou Morse(马士), *The Trade and Administration of China*(《中国贸易
　和行政管理》), pp. 144 - 46;章开沅、刘望龄、叶万忠主编:《苏州商会档案丛编
　1905—1911》,第 1177—1078、1187 页。
②《华商联合报》1909 年第 10 期,"海内外纪闻"第 3 页。

146 钱面值。次月,在秀水知县声明反对铜币贬值后,临近的新塍镇商务分会做出了同样决定。①

在浙江省城,杭州商务总会于 1908 年 6 月 7 日召集 90 多位行会领袖和其他精英商人讨论此项问题,但绝大多数的商会董事对于此事可能引发的贫民暴乱表示担忧,对于小商户所遭受的经济损失则无动于衷。与会者呼吁政府在征税时接受一定比例的 10 文铜币,并停止发行和进口这种贬值铜币。对于这一呼吁,官府口头表示支持,但并未付诸实际行动。不到 3 个月后,浙江省官府还从福建省的官营铸币厂进口了 200 箱 10 文铜币。9 月 15 日,杭州商务总会召开紧急会议,试图阻止官府将如此大量的贬值铜币投入市场,但它仍然不允许在本城市场让铜币贬值。结果,1909 年 4 月,银元与 10 文铜币的实际兑换率从 1∶1 200 上升至 1∶1 400,导致杭州的铜钱危机加重,许多店铺只得关门停业。②

铜钱危机在江苏南部更为严重,以至于苏州府的吴、长洲及元和三县的知县也从 1906 年开始提议将铜币贬值。然而,苏州和上海的两个商务总会均拒绝了这 3 位知县的建议。直到 1908 年,它们仍然要求江苏省官府维持 10 文铜币的面值。这两个商务总会的领袖指出,物价上涨已经使得贫民深受其害、生计困难,无法承受 10 文铜币的进一步贬值。他们还表示,如果当地官员

---

① 章开沅、刘望龄、叶万忠主编:《苏州商会档案丛编 1905—1911》,第 1177、1185 页;《浙江日报》1908 年 6 月 12 日、6 月 19 日、6 月 20 日、6 月 27 日、7 月 19 日。

②《浙江日报》1908 年 6 月 8 日;《申报》1908 年 6 月 11 日、6 月 22 日、9 月 3 日,1909 年 4 月 26 日。

宣布铜币贬值,苏州将会出现市场动乱,甚至导致罢工罢市。[①]

然而,无论是这两个商务总会还是江苏省官府都未能提出具体的铜钱危机解决办法,更没有提出减少小商户经济损失的方案。苏州商务总会只是敦促江苏省官府禁止非法私铸 10 文铜币,并限制从邻省进口已经贬值的铜钱。苏南地区的其他绝大多数商会基本上遵循了上海和苏州商务总会的决定,并未对于维护铜币面值的不切实际官方政策提出质疑。但位于昆山县的菉葭浜镇商务分所、罗店和盛泽两镇及吴江—震泽两县的商务分会包括了更多的小商人作为会友。因此,它们都致函苏州商务总会, *147* 要求向官府提出联合请愿,允许贫民和小商贩以 10 文铜币交税。[②]

同时,一些江浙市镇的小商人已经强行将铜币贬值,甚至发动罢市,抗议官府的货币政策。在金山县的朱泾镇,10 多位商人于 1909 年 5 月敦促该镇商务分会总理宣布将 10 文铜币贬值 20％。虽然他们的要求被该商会领袖拒绝,这些商人在自己的商店交易中仍然将顾客的铜币折价处理。在他们的店员与顾客因此发生争吵和扭打之后,该镇近一半的商店关门停业,发起了一场商人罢市。但朱泾镇商务分会总理仍然通过公告禁止铜币贬值,并与当地官员亲自敦促所有商店开门营业。然而,面对商人持续不断的抗议,该镇商务分会总理后来不得不向上海商务总会

---

① 章开沅、刘望龄、叶万忠主编:《苏州商会档案丛编 1905—1911》,第 1175—1176、1179—1183 页;《新闻报》1908 年 7 月 25 日;《申报》1908 年 7 月 11 日、7 月 12 日、7 月 13 日;《华商联合报》1909 年第 15 期,"海内外公牍"第 3 页。

② 章开沅、刘望龄、叶万忠主编:《苏州商会档案丛编 1905—1911》,第 1177、1179、1184—1185 页。

递交辞呈。①

在上海商务总会派出一名会员到朱泾镇调查动乱之际,铜币危机风潮已在 1909 年 5 月进一步蔓延到附近华亭县的亭林、张堰和叶榭三镇。在亭林镇,商人们首先在与顾客交易中自行将 10 文铜币折价。在愤怒的顾客捣毁了两家将铜币折价的商店之后,镇上所有的商店都立即关门停业。在张堰镇,暴怒的贫民打毁了 5 家自行实施铜币贬值的商店。② 5 月下旬,叶榭镇发生了最为激烈的骚乱,暴动民众并与该镇商会领袖发生了直接冲突。他们捣毁了 6 家将 10 文铜币贬值的商店后,当地所有商户便停止营业。该镇商务分会总理请来当地巡防局兵勇逮捕暴乱的头目,但暴动民众用武力从一艘巡防局船只上救出了他们的领袖。尽管该镇董事从当地驻防清军中调来两艘枪船恢复秩序,但群众仍旧继续抗议。与此同时,贫民顾客在苏州附近的震泽镇也发起类似骚乱,导致了该镇商人罢市。③

因此,1909 年 6 月,上海商务总会向北京农工商部发出紧急电报,报告了朱泾、亭林、叶榭等市镇贫民暴动和商人罢市的情形。但是,该商务总会仍然反对官府将 10 文铜币贬值,并警告官方的铜钱贬值公告将引发类似的城镇市场动乱。不过,它的电报也敦促清政府在税收中接受贬值铜币,以此解决铜钱危机。针对江浙地区的民众骚乱和商人罢市,北京度支部最终采纳了上海商务总会的建议,并下令各省停止铸造 10 文铜币。与此同时,苏州

---

① 《申报》1909 年 5 月 14 日、5 月 16 日;《华商联合报》1909 年第 15 期,"海内外公牍"第 3—4 页。

② 《华商联合报》1909 年第 15 期,"海内外公牍"第 3 页;《申报》1909 年 5 月 22 日。

③ 《申报》1909 年 5 月 22 日、5 月 27 日;《新闻报》1909 年 5 月 26 日;《华商联合报》1909 年第 7 期,"海内外商会纪事"第 11 页。

商务总会更加积极地帮助了当地官员制止该城附近的周庄镇内商人将铜钱贬值的举动。它迫使所属 20 多家商铺遵守官方命令,责成吴江—震泽商务分会查处已将 10 文铜币折价的商户,并敦促元和知县发布公告,禁止该县其他市镇商人效仿周庄先例。[1]

这些江浙地区的绝大多数商会对于铜币贬值危机的处理办法都倾向与清朝官府合作,并以牺牲小商人的利益为代价。这种态度似乎与它们积极领导和支持商人抵抗官方增加牙税和酱缸捐的行动有所不同。事实上,这些商会对这两类问题的处理均证明它们主要还是追求了精英商人利益,但也对本地社会秩序的安定表示了广泛关怀。在铜币危机中,他们努力阻止小商人将 10 文铜币折价,这不仅反映了精英阶层对社会稳定的忧虑,而且对更为广大的贫民消费者也是有益的措施。更为重要的是,上海商务总会最终利用普通民众的抗议和小商铺罢市的行动,促使清政府接受了以贬值的铜币纳税,从而以有利于小商人和平民消费者的方式解决了这场货币危机。在这些商会将其经济活动扩展到江浙两省铁路建设事务以后,它们的精英商人领袖与小商人和大众平民发展了更多共同利益,并因他们在这种大型公共工程中的合作而超越了双方在地方市场上的阶级矛盾。

铁路运动中的精英、省区和国家利益

清末浙江和江苏的商会先后参与了各自省内铁路的建设,分

_____

[1]《东方杂志》1909 年第 6 卷第 6 期,"纪事"第 161—163 页。《华商联合报》1909 年第 8 期,"海内外商会纪事"第 6—7 页;1909 年第 10 期,"海内外纪闻"第 3 页。章开沅、刘望龄、叶万忠主编:《苏州商会档案丛编 1905—1911》,第 1191—1193 页。

别为两省铁路公司提供了组织、人事和资金方面的帮助。它们首先帮助浙江、江苏铁路公司获得了商人资金的支持和清朝政府的批准,后来又加入了反对清朝官方和英国资本干涉两省铁路的运动。由于江浙商会包括两省铁路的主要创立者、投资者和领导人,它们在各自省内的抗议活动和跨省的联合行动不仅捍卫了精英商人的经济利益和政治权力,而且反映了对外国资本侵略之下的省、地区及国家主权的公共关怀。尽管清末江浙地区的铁路运动已经受到学者关注,但这一运动与该地区商会及其政治动员的重要关系尚未得到以往研究充分注意,仍然值得深入分析。[①]

来自宁波的上海商人从 19 世纪 90 年代末就开始与外国公司在浙江铁路建设中进行竞争。然而,清政府仍然在 1898 年与代表汇丰银行和英国银公司的怡和洋行签订草约,授权建造从苏州经杭州到宁波的铁路。[②] 1905 年,即将担任杭州商务总会总理的樊恭煦领导浙江精英举行抗议,挫败了一家美国公司在浙江省修建铁路的计划。此后,浙江改良派领袖汤寿潜等人联系上海商务总会总理严信厚等来自该省的沪商,建议自行建造经过杭州的

---

① 冉枚铄的近著仅仅包括了关于清末商会在浙江铁路运动中行动的有限讨论,见 May Backus Rankin(冉枚铄), *Elite Activism and Political Transformation in China*(《中国精英行动主义与政治转型》), pp. 251-298。在其他有关的中、日、英文论著中,江浙商会和这个铁路运动的关系在很大程度上受到了忽略,见赵金钰:《苏杭甬铁路借款和江浙人民的拒款运动》;藤井正夫「清末江浙における鉄道問題とブルジョア勢力の一側面」(《清末江浙铁路问题和资产阶级势力的表现》);E-tu Zen Sun(任以都), "The Shanghai-Hangchow-Ningpo Railway Loan of 1908"(《1908 年沪杭甬铁路贷款》); Lee En-han(李恩涵), "The Chekiang Gentry-merchants vs. the Peking Court Officials"(《浙江绅商与北京朝廷官员》); Madeleine Chi(玛德琳·齐), "Shanghai-Hangchow-Ningpo Railway Loan"(《沪杭甬铁路贷款》)。

② 墨悲编:《江浙铁路风潮》,第 7—8、29—31 页;E-tu Zen Sun(任以都), "The Shanghai-Hangchow-Ningpo Railway Loan of 1908"(《1908 年沪杭甬铁路贷款》), p. 138。

铁路。严氏很快就呼吁浙江籍贯的人士于 1905 年 6 月 24 日在上海商务总会集会,讨论这一铁路问题。虽然后来因为浙江籍贯的留日学生姗姗来迟,该会议被推迟到 7 月 24 日,它还是吸引 160 多名浙江籍贯的士绅、商人、京官和学生代表。他们决定组建浙江铁路公司,并推选汤寿潜为公司总理。①

浙江铁路公司很快得到北京商部的承认,同时也得到上海和浙江的商会中众多精英商人支持。1906 年至 1907 年间,该公司可以确定身份的 19 位创始人和领导者中包括严信厚、李厚佑和其他 8 位上海商务总会领袖和会员,以及杭州商务总会总理樊恭煦和瑞安商务分会总理孙诒让。② 1906 年 10 月 26 日,浙江铁路公司召开第一次股东大会,选举产生 11 名董事,其中还包括其他的商会领袖,如杭州商务总会的议董王达夫(文显)、名誉议员胡藻青等人。③

商会领袖和其他富裕商人精英能够在浙江铁路公司占据如此重要位置的原因在于,该公司在 1905 年规定,拥有 5 000 银元以上股份的股东不仅可以每年得到投资 7% 的红利,还可以成为董事和查账人,并且在公司选举和决策会议中拥有投票权。④ 确

¹⁵⁰

① 浙江同乡会编:《浙赣铁路事件》,第 12、16、24 页;《东方杂志》1905 年第 2 卷第 11 期,"交通"第 151 页;《申报》1905 年 7 月 25 日。

② 宓汝成编:《近代中国铁路史资料》下册,第 1000—1001 页。冉枚铄的有关研究指出,浙江铁路公司的 19 名创办人和领导人中有 7 名上海商务总会的会员或领袖,见 May Backus Rankin(冉枚铄),*Elite Activism and Political Transformation in China*(《中国精英行动主义与政治转型》),pp. 254 - 255。实际上,冉枚铄书中所列的樊时勋(棻),则则敬(子英)和谢纶辉也是上海商务总会的成员,见《上海商务总会同人录·丙午年(1906 年)》,第 1b—3a 页。

③《商办浙江全省铁路有限公司股东会第一次议事录》,第 13b—15b 页;《申报》1907年 8 月 19 日;《杭州商业杂志》1909 年第 1 期,"调查录"第 5—6 页。

④《东方杂志》1906 年第 3 卷第 3 期,"交通"第 80 页。浙江铁路公司在 1906 年 10 月的第一届股东大会上将决策会议中投票权的要求降至每票投票人为 100 银元股份的持有者,见《商办浙江全省铁路有限公司股东会第一次议事录》,第 5a—5b 页。

实,在上海商务总会的浙江籍贯商人领袖中,严信厚、李厚佑、虞洽卿、苏葆森、朱葆三、陈子琴和杨信之都作了 5 000 到 10 000 银元不等的投资。在其他商会领袖中,沪南商务分所的主要领袖王震和湖州商务分会的总理李垲也是如此。到 1908 年,认购 100 到 10 000 银元股票的较大股东达到 7 305 人,占全部 10 422 名投资者的 70%。在该公司的 4 899 500 银元投资总额中,他们提供了 4 773 600 银元投资,拥有 97% 的铁路股份。[1] 因此,如同江浙商会的成员一样,浙江铁路公司的投资人主要是精英商人,它与上海和浙江商会有许多共享的领袖人物。

在江苏省内,铁路运动更直接地来自商会领袖的倡导。在浙江精英的影响下,苏州商务总会也于 1905 年 10 月要求江苏省当局向清廷呈请废除与英国公司签订的苏杭甬铁路草约,并提议在苏南建设经过该省城的铁路。此后,苏州商务总会总理尤先甲和名誉会员王同愈专程前往上海。他们与上海商界精英及浙江铁路公司总理汤寿潜等人的会谈催生了在苏南建立商办铁路公司的计划。1906 年 2 月,北京商部收到他们的计划后,鼓励苏州商务总会筹建苏省铁路公司,负责全省铁路建设。[2]

更多江苏士绅和精英商人很快加入苏州商务总会的领袖行列,成为苏省铁路公司创办人物。他们包括上海商务总会新任总理曾铸、通崇海花业总会协理刘桂馨,以及江苏省多个商务分会的总理,如常州府的恽祖祁、无锡县的周廷弼和如皋县的沙元炳。

---

[1]《商办全浙铁路有限公司中华民国元年份第七届报告》,第 24—25 页;闵杰:《浙路公司的集资与经营》,第 277 页。在 1907 年 11 月 15 日,浙江铁路公司将股票从每股 10 银元降为 5 银元。这个改变导致了 1907 年前入股的老股东和此后投资的新股东之间的区别,见《申报》1907 年 11 月 16 日。

[2] 宓汝成编:《近代中国铁路史资料》下册,第 962 页;章开沅、刘望龄、叶万忠主编:《苏州商会档案丛编 1905—1911》,第 48、767—770、777 页。

苏省铁路公司的总理王清穆是商部左参议,曾负责推广上海的商会,但他当时正在丁忧离职期间。该公司三位协理包括与商会关系密切的通州绅商张謇、苏州商务总会名誉会员王同愈以及将在次年成为苏北海州—赣榆商务分会总理的许鼎霖。在他们的领导之下,苏省铁路公司迅速得到了 200 多位江苏籍贯京官支持,并于 1906 年 5 月获得北京商部的批准。①

　　苏省铁路公司也得到了该省商会领袖和会员的资金支持。该公司在其 1906 年的筹款公告中声明,它由江苏各府州县的商会组织而成。② 在投资 2 500 到 5 000 银元的铁路股东中,来自本省的商会领袖包括苏州商务总会的王同愈、杭祖良(筱轩)、王驾六(立鳌)和张履谦;上海商务总会的周廷弼和陈幼香;沪南商务分所的顾馨一和宜兴—荆溪商务分会的任锡汾。其他较大股东包括具有名望的绅商张謇以及前任军机大臣王文韶。③ 到 1907 年为止,苏州、上海、北京这三座城市内具有绅士、富商和官员背景的股东为苏省铁路公司提供了总额为 300 万银元当中的大约三分之二投资。与浙江铁路公司的规定相似,苏省铁路公司的较大股东除了每年将获得其投资的 7% 分红之外,拥有 500 银元以

① 章开沅、刘望龄、叶万忠主编:《苏州商会档案丛编 1905—1911》,第 48、771—778 页;上海市工商业联合会、复旦大学历史系编:《上海总商会组织史资料汇编》上册,第 69、94 页;《农工商部统计表(第一次)》第 4 册,第 5a、19a—b、25b—26a 页;《时报》,1909 年 4 月 12 日。

②《东方杂志》1906 年第 3 卷第 9 期,"交通"第 190 页。

③《苏路公司五百股以上股东名单》。关于这些大股东与上海和江苏省内商会的关系,见章开沅、刘望龄、叶万忠主编:《苏州商会档案丛编 1905—1911》,第 48 页;《上海商务总会同人录·丙午年(1906 年)》,第 2a、6a 页;《上海万国官商士绅职业住址录》,丑部(第二部分),第 4 页;《农工商部统计表(第一次)》第 4 册,第 28b 页。

上股票的人可以在公司年会和董事选举会议中各投一票。①

因此，江浙两省的商会领袖和其他地方精英各自组建了铁路公司，但他们在此大型工业项目之中追逐权力和利润的目标基本相同。尽管如此，这两家铁路公司仍然可以看作是具有公共精神的组织机构。它们不仅集聚了江苏或浙江省内各府、州、县的股东，得到商会等各种社会组织的支持，而且试图保护江浙两省以及中国主权不受外国经济侵略。基于这种民族主义的目标，江浙两省铁路公司在其活动初期均曾与清朝政府密切合作。1905 年 9 月 23 日，清廷颁发了一道诏书，表示全力支持浙江精英修建该省铁路，并命令苏杭甬铁路草约的签署人盛宣怀与英国公司谈判，废除这一草约。正如清朝官员后来所述，北京商部虽然明知这一草约已经授予了英国公司建造这条铁路的权利，它仍然支持江浙精英的要求，试图借助民众的压力从外国列强手中收回此前出让的铁路利权。②

152　　1906 年初，清廷意识到英国方面不会轻易让步，就转而试图赎回建造苏杭甬铁路的权利。至 1907 年 10 月，北京外务部与英国方面就苏杭甬铁路问题展开谈判，试图以英方向江浙铁路公司提供借款的方式来取消此前出让铁路建造权利的草约。尽管这一新的协议以其他收入而不是江浙铁路作为英方借款的担保，但它规定将以两省铁路的利润偿还贷款。1907 年 10 月 20 日，清廷的一道诏书宣布了这一贷款协议以及官方准备任命江浙两省

---

① 章开沅、刘望龄、叶万忠主编：《苏州商会档案丛编 1905—1911》，第 777 页；墨悲编：《江浙铁路风潮》，第 410 页；《东方杂志》1906 年第 3 卷第 9 期，"交通"第 189—190 页，1906 年第 3 卷第 11 期，"交通"第 225 页。

② 宓汝成编：《近代中国铁路史资料》下册，第 1004 页；"中央研究院"近代史研究所编：《海防档》第 5 册，第 593 页。

铁路督办官员的计划。①

　　由于这一诏书仍然承认此前与英国公司达成的苏杭甬铁路草约,但违背了清廷准许江浙精英建造和控制两省铁路的承诺,它的颁发立即引发了他们的集体抗议。江浙精英认为接受这一诏书和英国贷款将会导致清朝官府和外国资本对于两省铁路的双重控制。实际上,浙江和江苏的商会和两省铁路公司领袖从1907年10月6日前后就收到关于贷款协议谈判的消息,并开始向北京外务部、农工商部和邮传部连续发出抗议该项谈判的电报。② 上述诏书公布之后,浙江、江苏两省很快掀起了一场反对铁路借款运动,而商会及其精英商人在这场运动中发挥了领导作用。

　　对这一诏书的最先反应包括了来自江浙绅商、学生、铁路股东等人士的个人电报和两省学校、教育会、铁路公司以及商会的团体电函。从1907年10月底至12月初,在两省发出的209份抗议电报中至少有40份来自商会。这些电报主要来自拥有较大铁路股东的商会,或来自铁路沿线城镇的商会。它们包括上海、苏州、杭州和通州的商务总会,以及位于松江府、嘉兴府和绍兴府,无锡—金匮县和吴江—震泽县,甚至盛泽镇和平望镇的商务分会。他们的抗议迫使清廷提出与江苏和浙江两省的铁路公司 *153* 总理协商此事。③

---

① 宓汝成编:《近代中国铁路史资料》中册,第 842、855—856 页;《时报》1907 年 10 月 27 日。

②《时报》1907 年 10 月 6 日、10 月 25 日、10 月 27 日、11 月 17 日。

③ 冉枚铄的有关研究指出 24 封抗议电报来自浙江省的商会,见 May Backus Rankin (冉枚铄), *Elite Activism and Political Transformation in China*(《中国精英行动主义与政治转型》), p. 274. 关于 16 封来自江苏省商会的抗议电报,见墨悲编:《江浙铁路风潮》,第 76—77、81—83、88、91、327、332、343—344、347—348、350 页;《申报》1907 年 11 月 7 日。

上海商务总会领导了这一电报抗议运动。这是因为它的现任总理李厚佑以及其他绅商领袖和成员都曾大量投资浙江或江苏的铁路公司。1907 年 10 月 28 日，他们发给北京农工商部第一份电报，李氏和该商务总会协理孙多森是两位领衔抗议的人物。电报表示，清廷与英方的借款协议及其派遣官员督办江浙铁路的计划与官方原先的承诺背道而驰，摧毁了商人对于朝廷的信任和信心。面对这一指控，外务部发出一份复电，认为英方没有通过借款协议干预江浙铁路的可能，并否认政府企图控制两省铁路，但这封电报远未能够平息抗议运动。①

11 月 15 日，在李厚佑领导下的上海商务总会向农工商部发出了第二份抗议电报。这份异于平常的长篇电文回溯了李氏从 1903 年起与英国方面在浙江铁路建设问题上的竞争。它严厉批评清廷信守对外国人的草约，却违背对本国人民的承诺，并公开谴责朝廷关于借款协议不会导致英方控制铁路的诡辩。在外务部和两江总督邀请浙江和江苏铁路公司代表前往北京讨论有关事宜之后，上海商务总会于 11 月 16 日向该总督发出第三份抗议电报。这份电报拒绝派遣任何代表前去北京讨论，以防陷入清廷设下的陷阱。后来，由于江苏的精英坚持派遣代表前往北京，以此拒绝英国铁路借款，上海商务总会才决定同意选派代表，采取一致行动。②

同时，江苏、浙江两省商会也协助组织了多种多样的反铁路借款的集会或协会。1907 年 10 月 22 日，在杭州举行的一场抗议集会促成了"浙江国民拒款公会"的成立。该组织进而号召浙

---

① 《时报》1907 年 10 月 28 日、11 月 17 日。
② 《申报》1907 年 11 月 15 日、11 月 16 日；墨悲编：《江浙铁路风潮》，第 413 页。

江省各府、州、县、厅的绅、商、学生和士兵在 11 月 25 日举行抗议大会。浙江许多城、镇的商会积极响应这一号召，成立了自己的拒款协会，并为这次全省抗议大会作了准备。①

1907 年 10 月 27 日，宁波商务总会与本地教育会举行联席会议，并在会后致电北京外务部，抗议铁路借款协议。此后，400 多名士绅、商人和学生于 11 月 1 日在宁波商务总会集合，举行了当地第一次抗议大会。这次会议催生了宁波拒款协会，并选举宁波商务总会总理吴传基作为该协会的会长。同时，宁波商务总会联系了上海商务总会、浙江铁路公司及浙江国民拒款公会，准备联合行动。② 嘉兴府、湖州府、定海直隶厅和硖石镇等地的商务分会也举行了抗议大会，组织了拒款协会，并为计划中的全省抗议铁路借款大会选举了代表。这一大会最终于 11 月 25 日在杭州召开，集合了来自浙江全省的 2 000 多名抗议铁路借款代表。③

在江苏省境内，苏州商务总会于 1907 年 10 月 29 日主持召开了该地最早的一次反对铁路借款会议。这次会议产生了"苏州拒款会"，并计划在 10 月 31 日举行一次集体抗议大会。大约 1 000 名士绅、商人和学生参加了这次抗议大会，并决定在铁路运动中利用苏州拒款会来支持和监督江苏铁路公司。该会议还选举产生了苏州拒款会的 27 名领袖，他们包括苏州商务总会总理尤先甲和 4 名其他领导人物，即王同愈、彭福孙、倪开鼎和杭祖良。此后，苏州拒款会多次利用该商务总会召开抗议集会。位于

① 墨悲编：《江浙铁路风潮》，第 95—97、113—118、122、132 页；《时报》1907 年 11 月 1 日。
② 墨悲编：《江浙铁路风潮》，第 78、90—92、124—125 页。
③ 墨悲编：《江浙铁路风潮》，第 82、86、92、135—136、339、369、403 页；《时报》1907 年 11 月 29 日。

松江府、嘉定县以及盛泽镇的商务分会也成立了自己的拒
款会。①

这场反对铁路借款运动的中心是上海,而上海商务总会也成
为江浙两省诸多抗议组织和活动的关键性联结纽带。从 1907 年
11 月 1 日至 15 日,江苏和浙江的铁路公司、江苏铁路协会及浙
江同乡会在上海召开了至少 8 次拒款大会,吸引了江浙两省的商
会领袖参与其中。② 19 日,江浙两省的精英活动人物终于在上海
举行了第一次联席会议,并选出向清廷直接请愿、拒绝接受英国
铁路借款的代表。这些代表包括苏州商务总会的领袖人物王同
愈和海州—赣榆商务分会的总理许鼎霖。这次会议还成立了"江
浙协会",作为两省公民反对铁路借款运动的联合代表机构。后
来,江苏和浙江的铁路公司又成立了苏浙铁路董事局联合会,与
派往北京的代表进行联系。③

从 1907 年 11 月初开始,浙江和江苏两省的反对铁路借款运
动采用了新的策略,试图通过筹集更多的铁路投资,以便拒绝英
国借款。这一策略使得商会成为反对铁路借款运动成败的更为
重要力量。11 月 10 日,浙江省的 11 府代表在上海举行会议,为
该省铁路公司认捐了 2 200 多万银元新的资本。13 日,江苏铁路
公司在上海召开了类似的会议,来自苏南六府的代表承诺认购价
值 1 340 万银元的铁路股票。一周之后,处于苏北的扬州府承诺

---

① 墨悲编:《江浙铁路风潮》,第 119—124 页;《申报》1907 年 11 月 2 日;章开沅、刘望
龄、叶万忠主编:《苏州商会档案丛编 1905—1911》,第 48 页;《时报》,1907 年 11 月
13 日、11 月 23 日、11 月 30 日、12 月 9 日。
② 墨悲编:《江浙铁路风潮》,第 118—119、124、126—127、139—140、274、381—382、
384—388、409—413 页;《申报》1907 年 11 月 16 日。关于江苏铁路协会的信息,见
《时报》1907 年 11 月 15 日。
③《申报》1907 年 11 月 20 日;《时报》1907 年 12 月 8 日、12 月 11 日。

购买 100 万银元的铁路股票。上海的两场铁路股票认购大会结束后,江浙两省的许多商会举行会议,以履行各府代表所作出的承诺,并分别向它们的附属行会分派股票认购份额。①

作为上海商务总会的长期领袖,周晋镳代表他的家乡宁波府参加了在上海举行的浙江代表股票认购大会。他承诺该府购买700 万银元的铁路股票,这也是该省所有府级代表承诺的最大数额。为了达到这一目标,宁波商务总会和当地的教育会分别负责铁路股票推销和拒绝英国借款的宣传活动。该商务总会专门挑选了 19 名会员担任铁路股票销售董事。在它之下,奉化县的商务分会相应派出代表,在该县的 8 个乡镇推销铁路股票。杭州、嘉兴和湖州府的代表们也曾在上海会议上承诺,各府将分别提供100 万到 500 万银元的铁路资金。因此,杭州商务总会及其下属的余杭县商务分会,以及湖州和嘉兴等府的商务分会都积极动员所属工商业行会和商人成员,通过公开集会或其他措施推销铁路股票。②

在江苏省,苏州商务总会和苏州拒款会的领导人物分区召集城市居民,要求他们购买铁路股票,以实现该府代表在上海会议上作出的筹集 300 万银元铁路资金的承诺。同时,常州府代表承诺了 200 万银元的铁路资金,所以该府城和境内的无锡县等地商务分会或者直接大量认购股票,或者向所属工商业行会分摊股票。镇江府承诺购买 100 万银元的铁路股票后,该府城的商务分

156

① 墨悲编:《江浙铁路风潮》,第 139—154、357—428 页,特别是第 385—387、412 页;《时报》1907 年 11 月 20 日。
② 上海市工商业联合会、复旦大学历史系编:《上海总商会组织史资料汇编》上册,第94—95 页;墨悲编:《江浙铁路风潮》,第 373、394—398、403、420—421、423 页;《申报》1907 年 11 月 11 日、11 月 13 日、11 月 19 日、11 月 21 日、11 月 22 日。

会决定从其所属工商业行会筹集 40 万银元,剩余的 60 万银元则向溧阳、金坛和溧水等县的商务分会摊派。在上海和苏州周边,罗店、闵行、梅里、盛泽、平望、震泽等镇的商务分会或商务分所也通过公开会议,推动商人认购铁路股票,完成各自所承担的股份。[1]

正是主要通过这种组织化的行动,江苏铁路公司至 1908 年筹集了 620 682 银元的额外资本。到 1909 年,浙江铁路公司也发行了 3 400 117 银元的新股票。[2] 这场反对铁路借款运动并未改变精英商人对两省铁路公司支配的局面,但这一活动确实使得它们看来更像代表民众利益的公共企业。1907 年 11 月初,杭州 2 000 多名脚夫捐出约 1 000 银元作为铁路资本,该城和苏州的轿夫们也迅速跟进。在上海,乞丐、演员和码头工人也在 11 月中旬加入了这一运动,并购买了铁路股票。在浙江省西部的双林镇,由当地商务分会领导的反铁路借款运动甚至吸引了饭店侍者、家庭女佣和运水劳工。当江苏和浙江铁路公司的代表于 1907 年 12 月 10 日离开上海前往北京,准备就英国铁路贷款问题与清廷直接谈判之际,数百名工人加入了 1 000 多人的送行人群,并哀切高呼:“不要借钱!”[3]

因此,这场反对铁路借款运动通过实际经济利益,而不仅是乡土感情和民族意识,成功地将商会成员和其他投资江浙铁路的精英人士与民众联系起来。作为这一运动的结果之一,浙江铁路

---

[1]《申报》1907 年 11 月 14 日、11 月 23 日、11 月 24 日、11 月 26 日、12 月 3 日、12 月 22 日;《时报》1907 年 11 月 23 日、12 月 29 日、12 月 31 日。

[2] 宓汝成编:《近代中国铁路史资料》下册,第 1008 页;《宣统元年份商办全浙铁路有限公司收支账略》,第 1a 页。

[3]《申报》1907 年 11 月 10 日、11 月 17 日;《时报》1907 年 11 月 21 日、12 月 11 日、12 月 12 日、12 月 14 日。

公司的股东总数从 1908 年的 10 422 人增加到 1912 年的 67 691 人。尤其值得注意的是，投资不足 100 银元的较小股东从 3 117 人猛增到 51 361 人。他们在全部股东人数中的比例从 30％上升到 76％。从 1907 年 11 月至 1912 年 12 月，浙江铁路公司的股本总数从 4 899 500 银元增加到 10 248 660 银元，其中较小股东的投资从 125 900 银元增加到 1 284 045 银元，在该公司股本总数中的比例也从 2.6％上升到 12.5％。[1]

　　由于这场反铁路借款运动后来没有达到预期目标，这两家铁路公司所募集到的资金也并未达到股票认购者先前承诺的数额。江苏、浙江两省铁路公司代表抵达北京后，他们与外务部的谈判达成了妥协。根据他们与官方达成的协议，外务部将与英国方面签订借款协议，并以京奉铁路的收益作为贷款担保。江苏、浙江铁路公司将与邮传部另外订立协议，接受贷款，以便防止英方直接干涉两省铁路。[2]

　　在这场妥协之后，江苏、浙江铁路公司与清政府在协议执行问题上的冲突仍在继续。到 1908 年中期，浙江铁路公司总理汤寿潜仍然拒绝使用英方通过邮传部支付的贷款。杭州商务总会和其他反铁路借款的组织为此积极提供支持，继续推动所有认股人上交承诺的股金。1909 年 4 月和 7 月，江苏、浙江铁路公司先后两次联名上书邮传部，要求归还英方首期贷款，并取消借款协议。1910 年 8 月 23 日以后，双方冲突突然升级。由于汤寿潜公

---

[1]《商办全浙铁路有限公司中华民国元年份第七届报告》，第 24 页；《宣统元年份商办全浙铁路有限公司收支账略》，第 1a 页。1907 年 11 月前的投资全部来自上述"老股东"。

[2]《东方杂志》1907 年第 4 卷第 12 期，"杂俎"第 29 页；1908 年第 5 卷第 6 期，"交通"第 95—99 页。关于这两份贷款协议的文本，见"中央研究院"近代史研究所编：《海防档》第 5 册，第 582—592、620—626 页。

开抨击时任邮传部侍郎的盛宣怀对于苏杭甬铁路问题处理不善，他在浙江铁路公司的总理职务被清廷解除。① 清政府的武断决定在浙江省引发了新的一轮抗议浪潮，杭州商务总会也再次在此运动中发挥了领导作用。

汤寿潜刚被解职后，杭州商务总会即于 8 月 27 日、28 日及 9 月 5 日连续召开三次紧急会议，讨论此事。这些会议都吸引了商人和士人参加。10 月 1 日，杭州商务总会集合浙江省内各商会代表召开会议，该会议的参与者再次包括了商会领袖和士人精英。这场会议决定援引清朝商法，并派遣代表到北京请愿，以此抗议清廷对于汤寿潜的罢免。② 后来，杭州商务总会协理王锡荣、上海商务总会前总理李厚佑确实与浙江铁路公司的其他代表一道前往北京请愿。王锡荣还特别以杭州和宁波商务总会以及浙江全省商务分会的名义向农工商部提交了一份请愿书。这份请愿书认为清政府强行要求浙江铁路公司接受英方贷款，并直接解除汤寿潜在公司的职务，违反了清朝商法，并质问清廷是否信守其颁行的有关商办企业和商会的法律。作为对该请愿的回应，清廷不得不确认商人对于浙江铁路公司的所有权，并在辛亥革命前夕将英方贷款转而用于另一铁路。③

江浙铁路运动无疑疏远了这两省商会领袖和其他地方精英与清廷的关系。然而，此前研究认为这场运动导致了这些地方精

---

① 《时报》1908 年 4 月 28 日、5 月 8 日，1909 年 7 月 9 日；宓汝成编：《近代中国铁路史资料》中册，第 880—886 页。

② 政协浙江省萧山市委员会文史工作委员会编：《汤寿潜史料专辑》，第 155、163 页；《时报》1910 年 10 月 4 日。

③ 《东方杂志》1910 年第 7 卷第 10 期，"中国大事记补遗"第 77—79 页；《浙路代表旅津绅商废章保律公牍》；《浙路董事局报告》，第 2 页；祁龙威：《论清末铁路风潮》，第 53、59 页。

英及其组织与清政府的彻底决裂,并引导他们转向反清革命,[①]这一看法仍然值得商榷。实际上,江浙铁路运动在 1907 年末达到高潮,而不是在辛亥革命到来之际。即使在它的高潮时期,汤寿潜仍然警告杭州商务总会,不要实行将税款改作浙江铁路公司资本的计划。[②] 1908 年初铁路运动仍在进行之际,它在浙江的主要领导人之一、杭州商务总会的总理樊恭煦就回到了久别 20 多年的官场。这场铁路运动在江苏的两位领袖是担任苏州商务总会名誉董事的王同愈和江苏铁路公司总理的王清穆,但他们也于 1909 年回到了仕途。作为上海商务总会在 1907 年的协理,孙多森曾参与铁路活动,但他在 1909 年前后同样成为一名省级官员。[③]

实际上,在这场铁路运动中,这些江浙商会和铁路公司的领袖在与清廷就英方借款问题发生冲突之前曾与官方密切合作。即使在这些商会后来与清廷冲突期间,它们反铁路借款运动仍然赢得了包括满洲官员在内的江浙官僚的同情和支持。1907 年 12 月初,满族出身的两江总督端方甚至将自己的部分薪水捐给江苏铁路公司,并迫使该省所有官员效仿。1910 年 10 月初,杭州商务总会领导了反对罢免汤寿潜的抗议活动,其中一次抗议大会实际是由杭州驻防八旗的一位将领主持的。[④]

---

① May Backus Rankin(冉枚铄), *Elite Activism and Political Transformation in China*(《中国精英行动主义与政治转型》), pp. 248 - 298.

②《申报》1907 年 11 月 14 日。

③《新闻报》1908 年 1 月 9 日;章开沅、刘望龄、叶万忠主编:《苏州商会档案丛编1905—1911》,第 293 页;《时报》1907 年 10 月 28 日、12 月 12 日、12 月 16 日;田原天南编「清末民初中國官紳人名錄」,721 頁。

④《时报》1907 年 12 月 8 日、12 月 13 日、12 月 14 日,1910 年 10 月 4 日;浙江省辛亥革命史研究会、浙江省图书馆编:《辛亥革命浙江史料选辑》,第 521—522 页。

159 　　很显然,在这场铁路运动中,江苏、浙江两省商会和铁路公司的绝大多数精英领袖都没有选择与清政府决裂。这是因为商会为主的新式社团网络可以让他们与清朝官方进行更为多样和有效的互动,以维护他们个人、省区和国家的利益,而不必毫不妥协地与清朝政府摊牌。虽然这场铁路运动在 1907 年的高潮之后仍有回响,江浙地区的商会领袖却在其他金融和工商业事务中积极地与清政府进行了合作。

金融危机、南洋劝业会与中美实业外交

　　1907 年之后,江浙商会继续抗议清廷所强加的英国铁路贷款协议,但它们又似乎自相矛盾,同时寻求了清政府和外国银行在金融市场危机中给予援助。此外,这些商会还协助清政府组织了晚清中国最大规模的产品博览会,并通过与美国商会兴建合资企业来加强中美之间的外交关系。这些令人费解现象背后的历史事实十分清楚:广为分布的商会网络为其精英商人提供了与清政府和外国资本在发展工商实业和民间外交方面进行合作的宽阔空间,超越了上述关于江浙铁路冲突的利害范围。

　　上海是 1907 年江浙铁路运动的中心,但此后,当地金融市场多次面临危机。因此,上海商务总会和沪南商务分所不得不寻求清政府帮助,从官府和外国银行获得巨额贷款,用以稳定金融市场、特别是救济商会所属精英商人领袖的钱庄。1908 年末,由于受到西方国家经济危机的影响,上海金融市场出现了严重的银荒。尤其紧急的是,上海一些买办商人的破产促使外国银行从中国钱庄收回约 500 万两的贷款。尽管现任上海商务总会的总理周晋镳和协理李厚佑曾是在江浙铁路运动中反对清政府向英方

借款的两位主要领袖,他们却在此时急于获得官方帮助,同英国商人的汇丰银行达成贷款协议,以便缓解当地金融市场的危机。在上海道台同意作为担保人后,两家官办银行和一家宁波商人银行以其财产作为担保,使得上海商务总会从汇丰银行获得 230 万两白银贷款。江苏省官府也向上海商务总会贷出 40 万银元。这些外商和官府的贷款由上海商务总会分拨给本地钱庄,从而帮助当地金融市场避免了一场近在咫尺的危机。①

　　然而,1910 年上海橡胶股票交易市场崩盘,新的金融危机迅速冲击当地市场,迫使上海商务总会再次请求清政府帮助,与外国银行达成了另一项贷款协议。由于此前西方工业特别是美国汽车制造业面临橡胶供应短缺问题,于是橡胶股票热潮从 1909 年末席卷上海股市。结果,橡胶股票吸引了大量投资,其面值从每股约 60 两白银飙升至 1 000 两。到 1910 年初,已有 40 多家外国公司在上海出售了总值达 2 500 万两的橡胶股票。上海的中国人和外国人分别购买了这些股票的 80％和 20％。上海钱庄不仅在这次炒股热潮中投入巨资,而且还接受了大量的橡胶股票作为贷款担保。橡胶股票市场的巨大泡沫在 1910 年 7 月崩溃,以至于 7 月 21 日至 24 日的三天之内,8 家上海钱庄相继宣布破产。②

　　上海商务总会迅速与上海道台蔡乃煌联系,寻求拯救金融市场的方案。7 月 24 日晚,它的总理周晋镳和蔡道台同乘列车前

---

① 徐鼎新、钱小明:《上海总商会史 1902—1929》,第 115—116 页;《申报》1908 年 10 月 10 日、10 月 11 日、10 月 12 日、10 月 15 日。

② 中国人民银行上海市分行编:《上海钱庄史料》,第 74—75 页;徐鼎新、钱小明:《上海总商会史 1902—1929》,第 117—119 页;Zhaojin Ji(季肇瑾), *A History of Modern Shanghai Banking*(《近代上海银行史》), pp. 92 - 93。

往江宁,当面要求两江总督向清廷请愿,为上海钱庄提供财政援助。经过他们讨论之后,上海道台再次作为当地钱庄的担保人,从汇丰等 9 家外国银行贷款 350 万两白银。上海商务总会协理邵琴涛然后负起监督这些钱庄的责任,确保它们将来偿还这些借款。①

然而,橡胶股票市场崩盘以及由此引发的上海金融危机远未结束。1910 年 10 月 8 日,上海的源丰润银号及其在国内其他大城市内的 17 家分号宣布破产,留下了总共 2 000 多万两白银的债务。作为清末上海乃至全国最大的本土金融机构之一,该银号由上海商务总会首任总理严信厚创办,并在后来由严信厚之子、上海商务总会前任协理严义彬继承和管理。它的破产加剧了上海
161 的金融危机,并导致当地及天津、北京等大城市的众多钱庄纷纷倒闭。② 由此可见,这场金融危机对晚清社会的影响远远超出了上海。

源丰润银号宣布破产后,上海商务总会集合所属各工商行会领袖召开特别会议,并向清廷、两江总督、江苏巡抚发出内容相同的三份电报。在这些紧急电报中,上海商务总会警告金融危机可能将在上海扩大,导致全市商业停滞的危险,并会造成 20—30 万劳工失业和社会治安崩溃的危险。然而,北京度支部仅指示大清银行向上海调拨区区 100 万两白银救市,清廷则简单下令两江总督赴上海考察,通过其他手段挽救金融市场。③

---

① 中国人民银行上海市分行编:《上海钱庄史料》,第 75—78 页。
② 中国人民银行上海市分行编:《上海钱庄史料》,第 80—81 页;天津市档案馆、天津社会科学院历史研究所、天津市工商业联合会编:《天津商会档案汇编 1903—1911》上册,第 538—565 页。
③ 中国人民银行上海市分行编:《上海钱庄史料》,第 81 页;《新闻报》1910 年 10 月 18 日;《时报》1910 年 10 月 20 日。

通过两江总督的帮助,上海商务总会和沪南商务分会又与汇丰银行达成借款 200 万两白银的协议。根据汇丰银行提出的苛刻条件,这笔贷款不仅由上海道台与这两家商会的 30 位董事和两位总理共同担保,而且还以接受款项的商人个人财产抵押作保。上海商务总会协理邵琴涛、沪南商务分会总理王震、以及在这两个商会兼任董事的沈缦云被选为商会代表,帮助中国商人从汇丰银行获得抵押的贷款。①

除了上海的两个商会,苏州商务总会以及江浙两省其他商会在维护当地金融市场稳定方面也发挥了重要作用,但在金融动荡期间,它们越来越难以获得清政府的实际帮助。② 尽管这些江浙商会在当时已经面对各种金融困境,它们仍然在 1910 年为清政府筹办南洋劝业会提供了至关重要的经济资助。

南洋劝业会是由两江总督兼南洋大臣端方在其辖区内推动的。事实上,这是一个全国性博览会,并从开始之际就得到清廷赞助,也要求所有省份提供支持。关于这个全国性博览会的官方计划许诺赞助该会的商人将名利双收,并号召将官、商利益通过发展民族工业融合起来,③因而很快吸引了江浙两省商会。

作为南洋劝业会的官方发起人,端方是一位满族官员,并以收藏古董文物和投机政治改革而闻名。他首先于 1908 年萌生了在江宁公园举办植物展览会的想法。④ 他的下属官员很快将这

---

① 《时报》1910 年 11 月 2 日;中国人民银行上海市分行编:《上海钱庄史料》,第 81—84 页;上海市工商业联合会、复旦大学历史系编:《上海总商会组织史资料汇编》上册,第 95、122、125 页。

② 章开沅、刘望龄、叶万忠主编:《苏州商会档案丛编 1905—1911》,第 1291—1306 页。

③ 章开沅、刘望龄、叶万忠主编:《苏州商会档案丛编 1905—1911》,第 390—392 页。

④ North China Herald(《北华捷报》), January 8, 1902;章开沅、刘望龄、叶万忠主编:《苏州商会档案丛编 1905—1911》,第 384 页。

一想法扩大为一项关于全国性博览会的宏伟计划。他们进一步提议将这个博览会变为官商合办实业,并让上海和江宁的商务总会认购 50 万银元股票的半数。然后,端方将此计划呈请清廷批准,声称这个博览会将振兴实业,开通民智。①

1908 年 6 月,端方邀请上海商务总会总理周晋镳及其 7 位董事到江宁开会讨论此事,承诺向投资南洋劝业会的商人支付高达 8% 的股息,并将以官府持有的股份赔偿任何亏损。于是,上海商务总会的领袖们爽快地认购了 15 万银元的南洋劝业会股份,并让江宁商务总会承购其余价值 10 万银元的商人股票。但在 1909 年,劝业会的官方组织者发现 50 万银元的总预算远远不够,因而决定发行 20 万银元的新股票。由于当时金融市场的恶化,官方号召更多商人投资的呼吁只是得到了苏州商务总会和其他江浙商会的象征性支持。然而,上海商务总会利用它与东南亚华人商会的关系,帮助官方从该地筹集了足够的商人投资。②

江浙商会也参与了南洋劝业会的筹备和组织活动。至 1909 年 3 月,劝业会的主要负责人包括了 1 名会长、5 名副会长和 13 名董事。会长由两江总督亲自担任,副会长也都为现任及前任官员,但其中的唯一例外是上海商务总会的一位前任董事虞洽卿。此外,劝业会的 13 位董事都是来自上海和江宁的商界领袖,他们包括上海商务总会的领袖人物如周晋镳、严义彬和丁价侯,以及江宁商务总会的总理宋恩铨。各地的更多商会领导人物加入了其他南洋劝业会的筹备组织,如在省城和主要通商口岸的"协赞

---

① 章开沅、刘望龄、叶万忠主编:《苏州商会档案丛编 1905—1911》,第 384—392 页。
② 《申报》1908 年 6 月 19 日;章开沅、刘望龄、叶万忠主编:《苏州商会档案丛编 1905—1911》,第 416—417 页;《华商联合报》1910 年第 22 期,"海内外通信"第 1—3 页;《商务官报》1910 年第 12 期,第 4b 页。

会"，在这些大城市和一些主要行业的"出品协会"，以及由两江总督直辖的江苏、安徽、江西三省内各府、州的"物产会"。①

在江苏省境内，上海、江宁、苏州等大城市都成立了"协赞会"。这些城市和其他府城还组织了 10 多个"出品协会"或"物产会"，甚至苏南一些县城也成立了"出品所"。这些赞助南洋劝业会的组织不仅大多由商会领袖主持，而且有些还设在商会之内。地方官府为这些组织提供了部分或大部分资金，用以筹备在府级的初步展览。这些城市的商会通常承担了其余费用，动员商人提供在当地展览的主要物产，并通过与镇级商务分会的联系，帮助选择当地展品。②

通过南洋劝业会的筹备工作，江苏省的商会还动员了商人之外的城市社区成员。1909 年 4 月 11 日，上海的协赞会开幕，吸引了 200 多名官、商、士人及其他地方精英分子到会。上海商务总会的总理周晋镳首先讲演，呼吁全体同胞齐心协力，办成南洋劝业会。随后讲演的一位官员将南洋劝业会比作中国商人的实业学校，国产商品的大广告，商业界文明的考试院和全国进步的大钟表，从而进一步激发了现场观众的热烈情绪。在江宁召开的协赞会还召集了新军的军官与会，并收集了军事装备作为展品。1909 年 8 月下旬举行的苏州"物产会"是江苏省内首次府级展

①《申报》1909 年 3 月 14 日；章开沅、刘望龄、叶万忠主编：《苏州商会档案丛编 1905—1911》，第 392—393、396—401 页；《劝业会旬报》1910 年第 3 期，"公牍"第 1b 页。南洋劝业会的会长、副会长和董事名单来自所引用的《申报》记载。另一稍微不同的名单载于章开沅、刘望龄、叶万忠主编：《苏州商会档案丛编 1905—1911》，第 416 页，但该文件内容与南洋劝业会的规章不符。

②《劝业会旬报》1910 年第 3 期，"报告"第 1a—5a 页；1910 年第 4 期，"报告"第 1a—3b、7a—9b 页；1910 年第 6 期，"报告"第 1a—4a 页；1910 年第 7 期，"报告"第 3b—5a 页；1910 年第 8 期，"报告"，第 1a—3b 页；1910 年第 9 期，"报告"第 1a—4a 页；1910 年第 10 期，"报告"第 1a—3b 页。

览,其8天的开幕期吸引了7 000多人参观。由于门票价格不菲,许多本地贫民还被拒之门外。①

浙江省的商会也利用、动员了它们的组织网络,为南洋劝业会提供支持。1909年8月,杭州商务总会邀请省内14个商务分会商讨劝业会筹备工作,并决定组织一个"协赞会"和一个"出品协会"。该会议还决定,这两个协会所需的5 000银元资金由省级官府和商会分别承担一半。浙江省的嘉兴、湖州、绍兴等府也和江苏各府一样,为南洋劝业会组织了"出品协会"或"物产会"。②

164　　南洋劝业会还受到来自其他省份的商会和海外华侨社团的支持。两江总督端方原来计划在安徽和江西两省的27个府级城市组织物产会,其中一些地方商会确实组织了这种协会。在行省一级,安徽、江西、广东、广西、直隶、湖北、湖南、福建和贵州等地的协赞会也应运而生。因为南洋劝业会的计划包括了一个东南亚展馆,东南亚的华人商会也承担了提供展品的责任。③

1910年6月5日,南洋劝业会正式开幕,至11月29日结束,历时近6个月。共5 000多名来宾参加了开幕仪式,上海商务总会代表并收到特别邀请致辞。劝业会展览场地约占江宁城北3.5平方公里的土地,其中30多个展厅陈列了来自帝国首都北京、18个行省、海外华人社区等地的农业、工业、教育、军事等十几个部

① 《时报》1909年4月12日、9月14日;《新闻报》1909年8月27日。

② 《华商联合报》1909年第14期,"海内外商会纪事",第3—4页;《东方杂志》1909年第6卷第11期,"纪事"第356页,1909年第6卷第12期,"纪事"第407页,1910年第7卷第1期,"记载第三"第16页。

③ 章开沅、刘望龄、叶万忠主编:《苏州商会档案丛编1905—1911》,第385、400—401页;《劝业会旬报》1910年第3期,"公牍"第3a—b页、"杂录"第1a—2a页;1910年第4期,"报告"第3b—6a页;《东方杂志》1909年第6卷第11期,"纪事"第355页,1909年第6卷第13期,"纪事"第463页。

门的展品。展区内还有动物园、花园、马戏场、电影院、赛马场和许多商店。展品共约 100 万件,其中 5 269 件展品在展览结束时得到了 5 个不同级别奖牌。参观展览的总人数约为 20 万,包括了来自国内外的华人游客以及美国、日本及德国代表团成员。①

作为清末中国规模最大的全国性博览会,南洋劝业会是江浙商会帮助清政府举办的大规模实业活动,但它的筹备过程并未导致商会领袖和清朝官员的和睦合作。从筹备活动开始之际,清政府就企图对商人送去展览的所有物品征税。在两江总督端方多次代表商人向清廷请愿之后,这项税务才被免除。最终,劝业会也并没有像端方预期的那样盈利,反而亏损了 10 万多银元,使得它的商人投资者非常失望。由于一位来自东南亚的华侨商人为南洋劝业会捐出 10 万银元,并另外以 20 万银元购买了所有展厅,大多数的商人赞助者才勉强收回了他们的投资。②

上海商务总会的总理周晋镳是南洋劝业会的主要赞助商人领袖之一,但他很快在 1910 年 12 月初的金融危机中被清廷解职,在政治上遭受了挫折。直到 1911 年 10 月,曾任上海商务总会董事和南洋劝业会副会长的虞洽卿仍在抱怨他与官府合资举办此次展览,造成了个人经济亏损。饶有兴趣的是,包括周晋镳在内的许多江浙商会领袖仍然在南洋劝业会前后试图寻求官方支持,以便与美国商会兴建合资企业,并由此发展以工商实业为

165

① 《时报》1910 年 6 月 8 日;商务印书馆编译所编:《南洋劝业会游记》,第 2—19 页;《商务官报》1910 年第 12 期,第 5a—6a 页,1910 年第 24 期,第 6a 页,1910 年第 25 期,第 5a 页;马敏:《官商之间》,第 295 页。

② 章开沅、刘望龄、叶万忠主编:《苏州商会档案丛编 1905—1911》,第 405—415 页;《商务官报》1910 年第 25 期,第 4b—5b 页。

基础的中美民间外交关系。①

由于当时美国政府正急于扩大在中国的商业利益,驻上海的美国外交官员首先提出建议,希望中、美商会进行接触。1908 年 10 月,美国驻上海总领事查尔斯·登比(Charles Denby)致函上海商务总会,希望它邀请美国太平洋沿岸的商会代表,在当年 10 月下旬访日行程结束之后访问中国。登比在信中强调,这次访问可以增加美国对中国市场的了解,并有助于发展中国对美出口贸易。上海商务总会在复函中表示愿意欢迎美国客人。它还决定调查中国出口产品,并要求苏州商务总会和长江沿岸的其他商会将商品样本送到上海,以供研究出口贸易。②

由于美国商会访日代表团很晚才收到中方邀请,其中仅有一位成员罗伯特·大来(Robert Dollar)在 1908 年 11 月抵达中国。他从 1901 年就已经在中国经商,所以专程来到上海。拜访了上海商务总会后,他又与上海和汉口商会领袖连续会晤,说服他们向美国商会发出一份新的访华邀请书。所以,1909 年 2 月 18 日,上海商务总会与江宁、广州、厦门、福州和梧州各地商会又正式发函,邀请美国太平洋沿岸商会领袖在次年 4 月访问上海。他们不仅委托登比总领事转交了邀请函,还要求清朝驻华盛顿的公

---

① 《时报》1910 年 12 月 4 日;《新闻报》1911 年 10 月 2 日;章开沅、刘望龄、叶万忠主编:《苏州商会档案丛编 1905—1911》,第 355—356、360 页。

② 《申报》1908 年 10 月 19 日;《新闻报》1909 年 5 月 26 日。上海商务总会在 1908 年给苏州商务总会的信被收录在章开沅、刘望龄、叶万忠主编:《苏州商会档案丛编 1905—1911》,第 353 页,但其发信时间被错误记载为 1910 年。该信提到美国商会代表团将在日本逗留到阳历 11 月 1 日,即阴历十月初八。这两个阳历和阴历日期在 1908 年是同一天,但在 1910 年则不同。

使和驻旧金山总领事为此事提供协助。①

　　1909 年 7 月，在美国商会准备派遣代表团来华之前，上海西商总会又联系了上海商务总会，透露了美国檀香山商会希望加入代表团的消息。与此同时，美国驻上海总领事登比经由夏威夷回国，他在给上海商务总会的信中重申了檀香山商会的愿望。在中国方面，其他 15 个商会于 1910 年 4 月加入上海商务总会和上述 5 家中国商会，向美国商会发出另外一份新的访华邀请。这 15 个商会包括北京、天津、苏州、杭州和宁波的商务总会，以及沪南、无锡—金匮和镇江商务分会。与此同时，上海商务总会说服了北京农工商部和外务部为接待美国客人补贴接待费用。清政府后来还为美国客人提供了从上海到武汉和北京的免费专列火车和轮船。②

　　1910 年 8 月 23 日，美国商会代表团从旧金山出发来华访问。它的成员最终包括来自旧金山、洛杉矶、西雅图、塔科马、斯波坎、波特兰、奥克兰、圣地亚哥和檀香山商会的 23 位代表，以及他们的妻子、3 位秘书和 1 位历史学家。这群美国客人于 9 月 15 日抵达上海，受到以时任上海商务总会总理董周晋镳为首的接待委员会的欢迎。③ 此后，美国商会代表团经历了"六个星期的宴

166

---

① Robert Dollar(罗伯特・大来)，*Memoirs of Robert Dollar*(《罗伯特・大来回忆录》)，p. 28，pp. 104 - 34；Associated Chambers of Commerce of the Pacific Coast(太平洋沿岸联合商会)，*A Visit to China*(《中国访问记》)，扉页；《华商联合报》1909 年第 2 期，"海内外通信"第 6—7 页。

②《新闻报》1909 年 7 月 15 日，1910 年 9 月 11 日；天津市档案馆、天津社会科学院历史研究所、天津市工商业联合会编：《天津商会档案汇编 1903—1911》上册，第 1129—1131 页。

③ Associated Chambers of Commerce of the Pacific Coast(太平洋沿岸联合商会)，*A Visit to China*(《中国访问记》)，pp. ii - iii，33 - 34；《东方杂志》1910 年第 7 卷第 9 期，"记载第三"第 267 页。

会、招待会、贸易会谈和调查活动,并访问了商业设施、教育机构、政府建筑、剧院、花园、宫殿和监狱"。①

9月15日至27日,美国商会代表团访问了上海、杭州等江浙地区的大城市,还在嘉兴、无锡、常州和镇江等城市短暂逗留。在这些大城市内,美国客人受到商会领袖和清朝官员的"暴风雨般的热情款待"。这些清朝官员包括上海道台、浙江和江苏巡抚及两江总督等高级官僚。② 即使在较小的城市,他们发现"也有装饰、爆竹、茶点、演讲和礼物"等方式表达的热烈欢迎。③

由于抵制美货运动和反对英国铁路借款的风潮刚在近年发生,这种隆重欢迎让美国商会代表团的成员起初感到困惑不解。他们对浙江省城杭州之行的反思尤其有趣:"对研究过中国人的反对外国人的态度、并在最近关注[铁路运动中]杭州商会行动的人而言,它在这一[欢迎]场合的态度令人感到匪夷所思。……我们在访问之初就意识到,接待我们的规格超出了接待外国商业团体代表的适当程度。……所以我们不像一群西方商人,而像美国总统和精心挑选的一批内阁官员,从一个欢迎活动进入另一个欢迎活动。"④

167 同样,上海的一家外国报纸也表示了同样看法:"自从中国与外国人打交道以来,从未有过这样[广受欢迎]的访问。……这不

---

① Associated Chambers of Commerce of the Pacific Coast(太平洋沿岸联合商会), *A Visit to China*(《中国访问记》), pp. 34 - 35.

② Associated Chambers of Commerce of the Pacific Coast(太平洋沿岸联合商会), *A Visit to China*(《中国访问记》), pp. 33 - 56;《东方杂志》1910年第7卷第9期,"记载第三"第267—268页。

③ Associated Chambers of Commerce of the Pacific Coast(太平洋沿岸联合商会), *A Visit to China*(《中国访问记》), p. 49.

④ Associated Chambers of Commerce of the Pacific Coast(太平洋沿岸联合商会), *A Visit to China*(《中国访问记》), pp. 46 - 49.

是政府的命令所致,而是自发的热情[行为]。"①

事实上,江浙商会的领导人物和其他精英人士认为,这次美国商会代表团的访问不仅是发展国际贸易的机会,也是推动中美民间外交的良机。张謇是清末立宪运动中新成立的江苏省谘议局议长,他于 1910 年 9 月 25 日在江宁接待了参观南洋劝业会的美国商会代表团,并在日记中将此次会见视为"国民外交之始"。② 这次招待会的最后,美国商会代表和聚集在江宁参加劝业会的中国商人领袖举行了商务会谈。他们还计划另外召开一次专门会议,讨论如何增进中美贸易。③

随后,美国商会代表团访问了武汉、北京、天津、烟台、福州、厦门、广州和香港,其成员甚至拜见了摄政王载沣,并出席了北京外务部的一个聚会。11 月 11 日,他们回到上海,与上海、江宁、天津、广州和汉口的商务总会以及沪南和镇江商务分会的领袖再次会谈。这次会议达成了四项协议:(1) 由中美两国商人平等投资共 1 000 万墨西哥银元,设立中美联合银行;(2) 由美商罗伯特·大来拥有的七艘轮船和中国商人购买的一艘轮船组成中美轮船公司;(3) 中国和美国商会各在对方设立商品陈列所;(4) 美国和中国商会各向对方派遣一名商业调查员。④

1911 年初,上海商务总会专门成立了筹建中美轮船公司的事务所,并号召其他商会投资这一计划。与此同时,上海、天津、

---

① 转引自 Associated Chambers of Commerce of the Pacific Coast(太平洋沿岸联合商会), *A Visit to China*(《中国访问记》),p. 43。

② 张謇:《张謇全集》第 6 卷,第 872 页。

③ Associated Chambers of Commerce of the Pacific Coast(太平洋沿岸联合商会), *A Visit to China*(《中国访问记》),pp. 53 - 54.

④ Robert Dollar(罗伯特·大来),*Memoirs of Robert Dollar*(《罗伯特·大来回忆录》),pp. 168 - 190;章开沅、刘望龄、叶万忠主编:《苏州商会档案丛编 1905—1911》,第 355—358 页。

汉口和广州的商务总会委托张謇向清廷申请资金,以支持计划中的中美联合银行和中美轮船公司。对此,北京度支部(财政部)尚书载泽特意关照张謇,清廷将为这些商会提供秘密贷款,帮助它们与美国商人建立合资企业。[①]

¹⁶⁸ 然而,张謇的动机不仅是与美国商会进行实业合作,他还希望借此帮助清政府与美国政府发展更为密切的国际外交关系。1911 年 6 月 13 日,张謇觐见摄政王载沣时,强调中国应将中美关系置于外交政策的首要位置。然而,他担心某个第三国可能会出面干涉,阻碍两国政府发展正式的外交关系。因此,他认为,两国之间通过双方的商会在实业上的合作来发展非正式的民间外交关系更为灵活、便利和可靠。同时,上海、江宁、苏州和杭州商务总会及天津、汉口、广州、福州等大城市的商务总会向清廷申请 20 万两白银补贴,以资助中国商会回访美国。作为回应,6 月底北京度支部大臣和农工商部大臣允诺提供多达 200 万两白银的款项,资助建立中美两国商会建立合资企业。[②] 然而,1911 年 10 月爆发的辛亥革命中断了这一计划。[③]

这些江浙商会领袖与清政府就发展中美实业和外交问题的合作一直延续到辛亥革命前夕,但这并未妨碍两省的商会参与反清革命。实际上,江浙商会与清政府在此期间就商税问题、两省铁路等问题的冲突从未停止过。它们长期与清朝官员进行不同

---

① 章开沅、刘望龄、叶万忠主编:《苏州商会档案丛编 1905—1911》,第 358—362 页。张謇:《张謇全集》第 2 卷,第 277 页;第 6 卷,第 649 页。

② 张謇:《张謇全集》第 1 卷,第 164 页;第 6 卷,第 651 页。章开沅、刘望龄、叶万忠主编:《苏州商会档案丛编 1905—1911》,第 380—382 页。《时报》1911 年 6 月 23 日。

③ 中美商会举办合资企业的计划仅在 1915 年之后得到部分实现,见 Noel H. Pugach(诺埃尔 H. 普加奇),"Keep An Idea Alive: The Establishment of a Sino-American Bank,1910‑1920"(《念念在兹:中美银行的建立 1910—1920》);贾中福:《中美商人团体与近代国民外交 1905—1927》。

形式的互动,以追求商人精英的集体权利和公共利益。这种追求加强了它们自我宣称的公众代表权力,并将它们在工商事务中的政治影响从地方扩展到全国甚至国际层面。在清末立宪和革命运动中,江浙商会同样通过自身社团网络的扩张及其与清朝官员和其他政治势力的多种形式互动,增加了它们的社会政治影响。

第六章 清末立宪和革命运动中的联合行动

清政府正式宣布致力宪政改革后,江浙商会获得了前所未有的参政机会。1906 年 9 月 1 日,清廷颁布诏书承诺"仿行宪政,大权统于朝廷,庶政公诸舆论"。[1] 上海商务总会迅速将这一激动人心的消息转达江浙地区及福建、广东和其他省份的商会,并敦促它们庆贺清政府的决定。9 月 9 日,上海商务总会和上海城厢内外总工程局分别举行庆祝活动,并向清廷发出支持电报。即将成为上海商团的沪南商人体操会中也集中起来,进行庆祝。它们在庆祝仪式上燃放了成千上万的爆竹,并鸣放了 24 响礼炮。当大清国旗升起之后,所有出席仪式的人都摘下帽子,高呼口号,兴高采烈地为演讲欢呼,然后游行到沪南商务分所。[2]

十分有趣的现象是,这些最为积极支持和参与清朝政府宪政改革运动的上海商会和商团的领袖也在 1911 年的反清共和革命中发挥了极为关键的领导作用,其他江浙城市的激进立宪派人物也是如此。在此前对这些商会领袖和其他社会精英的研究中,学者通常以他们的资产阶级利益、精英改良主义或代表公共的行动

---

[1] 故宫博物院明清档案部编:《清末筹备立宪档案史料》上册,第 43—44 页。
[2] 《新闻报》1906 年 9 月 8 日、9 月 10 日、9 月 11 日;《申报》1906 年 9 月 10 日。

与清廷日益激化的冲突来解释他们从立宪到革命的转变。[1]

本章将使用网络分析的方法来探讨江浙商会在清末立宪和 *170*
革命运动中的政治激进主义,并由此超越以往研究当中仅以这些
精英商人组织与清政府之间冲突为分析焦点的局限性。这种新
的视角将揭示江浙商会如何与清政府和革命党等不同政治力量
进行多种形式互动,从而推动了宪政和革命运动。这些商会与其
他立宪派组织结成同盟,一再向清政府施压,要求进行更为激进
的改革,并显著改变了从商业立法到地方行政的权力结构。在这
种互动过程中,江浙地区尤其是长江三角洲核心地带内的许多商
会领袖最终或者赞助了革命党,参与了反清军事起义,或者推动
了清朝官员与清廷决裂,宣布和平独立。这些精英商人不仅帮助
领导辛亥革命走向成功,他们的商会网络也为新的革命政权提供
了各种支持,尤其是社会合法性。

因此,从清末的立宪改革到辛亥革命,江浙商会的社团网络
都使其精英商人领袖能够与其他改革精英、革命党人或愿意合作
的清朝官员采取联合行动。从这个意义上说来,这些商会所领导
的网络革命为包括共和革命在内的清末民初历史演变既提供了
社会基础,也产生了发展动力。

商业立法和司法中的改革创举

在清廷正式推行宪政改革之前,江浙地区的商会领袖和其他

---

[1] Zhang Kaiyuan(章开沅), "The 1911 Revolution and the Jiang-Zhe Bourgeoisie"
（《辛亥革命与江浙资产阶级》）；Joseph W. Esherick(周锡瑞), *Reform and
Revolution in China : The 1911 Revolution in Hunan and Hubei*（《改良与革命：辛
亥革命在两湖》）；May Backus Rankin(冉枚铄), *Elite Activism and Political
Transformation in China*（《中国精英行动主义与政治转型》）.

改革精英已经形成了多种多样的立宪派组织。他们还在商业立法和司法领域率先发起了宪政改革,但清政府仍然试图垄断立法和司法权。因此,这些商会不仅仅是以往的研究所强调的官方法律所认可的"法人社团"。① 它们还利用了其社团网络特别是与其他立宪派团体的联系,来挑战和改变既有的商业立法和司法制度。

171   预备立宪公会成立于 1906 年 12 月,是清末中国最早、也最有影响的宪政组织之一。它与商学公会在同一地点办公,而后者从商学会改名而来,并和上海商务总会紧密相关。预备立宪公会的主要创始人是一些著名的改革派领袖人物,包括其会长郑孝胥及担任副会长的张謇和汤寿潜。但它最早的 18 位董事包括至少7 位江浙商会领导人物,如上海商务总会的李厚佑、周晋镳和周廷弼,沪南商务分所的王震,苏州商务总会的王同愈,嘉兴商务分会的张广恩及海州—赣榆商务分会的许鼎霖。在该会的名册中,有另外 9 名会员也记录了他们与江浙两省商会的关系,其中包括5 名商会总理,即苏州府的尤先甲、嘉兴府的高宝铨、海门直隶厅的刘燮钧、浙北硖石镇的徐光溥及王店镇的张楳。其他许多精英商人加入了这个立宪派组织,但没有注明他们所属的商会。他们中属于上海商务总会的成员人数就超过 12 人。②

     基于这种密切的相互关系,预备立宪公会自然对工商业事务

---

① 虞和平:《商会与中国早期现代化》,第 76—92 页。
② 浙江省辛亥革命史研究会、浙江省图书馆编:《辛亥革命浙江史料选辑》,第 203、208、210—223 页;《上海万国官商士绅职业住址录》,丑部(第二部分),第 6、22 页;上海市工商业联合会、复旦大学历史系编:《上海总商会组织史资料汇编》上册,第94 页;《商务官报》1906 年第 17 期,第 9a 页;章开沅、刘望龄、叶万忠主编:《苏州商会档案丛编 1905—1911》,第 48 页;《农工商部统计表(第一次)》第 4 册,第 26a 页;《上海商务总会同人录·丙午年(1906 年)》。

表现出特殊兴趣。1907 年 5 月,它向上海商务总会和商学公会提出一份起草新商法的建议,以取代清廷早先颁布的有关法律。上海商务总会和商学公会很快接受了这一提议,前者并呼吁所有中国商会在上海举行一次关于商法起草问题的大会。这三个社团还特别强调它们进行法律起草活动的正当性,声称此前清政府未与商人咨询,便颁布了一些商务法规,但这些法规并未考虑商业习惯。因此,商人在商业活动,尤其在涉外贸易中仍然缺乏法律保护。[①]

在上海商务总会的号召下,来自 14 个省份的大约 80 个商会以及来自新加坡、长崎、海参崴等外国城市的 6 个海外华人商会派出代表,出席了于 1907 年 11 月 19 日至 20 日在上海举行的大会。另外 30 多个商会也发出了支持大会的信件。在出席会议的 151 名代表中,105 名来自江苏和浙江省的 60 个商务总会、商务分会和商务分所。此外,东南亚华人的两家商务总会分别任命了上海商务总会前任总理曾铸和现任总理李厚佑为代表。因此,来自江浙商会的领导人物在这次大会上占了绝大多数。[②]

这些国内外商会的首次会议仅仅持续了两天,但对中国商人 ¹⁷² 来说,这是他们发展社团网络、参与宪政改革的划时代事件。李厚佑代表上海商务总会致开幕辞,宣布本次会议是中国商人共同争取组织团结和谋求公众利益的首次努力。随后,预备立宪公会会长郑孝胥呼吁各商会共同努力,调查当地商业习俗,制定一套商业法律,以便从法律上保护中国商人。商学公会副会长和上海商务总会的董事周晋镳也紧接致辞,称赞这次会议是公共团体谋

①《各省商会大会纪事》,第 10a—11a 页;《申报》1907 年 7 月 30 日、8 月 24 日。
②《各省商会大会纪事》,第 1a—9a 页,10a 页;《时报》1907 年 11 月 21 日。

求公共利益、推动商务振兴和预备立宪的一举两得的行动。他特别强调所有商会在法律起草工作中，必须保持定期沟通联系。①

实际上，从 1907 年 8 月起，这 3 个主办会议的社团已经在上海设立了一个编辑部，共同准备起草商法的工作。虽然清廷已经颁布了有关公司、破产等方面的法律，但根据该编辑部的提议，这次会议的代表仍决定起草七项商法，即公司法、契约法、破产法、商业行为法、契据法、海商法和商法总则。该编辑部还呼吁所有商会调查和报告其所在城、镇的商业习惯，并要求每个商会选择一名审查员，来审查由编辑部起草的法律。当一位与会者提问是否应将法律起草计划报告给北京农工商部时，所有代表决定，法律草案应该首先得到所有商会认可，然后再禀请该部批准。②

为了确保此次会议之后的各地商会长期合作，这些代表一致通过了一项提案，成立一个全国华商联合会，并由该会出版一份期刊，以便就商法起草和其他问题进行联系和交流。他们最后委托李厚佑和周晋镳为这个华商联合会起草了一套简明的章程。此外，与会者决定，所有商会将通过定期信函，与上述位于上海的

173 编辑部保持定期联系。在这次会议上，商会领袖们表现出前所未有的团结，令在场的著名教育家、雄辩的演说家和泗泾商务分会的临时代表马相伯激动不已。他在大会结束时致辞，称赞这次商会领导人物的集思广益是中国宪政的基础，并呼吁由此建立一个国民联合公会。③

---

① 《各省商会大会纪事》，第 10a—11b 页。

② 《各省商会大会纪事》，第 11b—12a、13a—b 页。

③ 《各省商会大会纪事》，第 5b、12a—13a、14a—15a 页。关于提议成立全国华商联合会的提案及草拟简章，见天津市档案馆、天津社会科学院历史研究所、天津市工商业联合会编：《天津商会档案汇编 1903—1911》上册，第 291—294 页。

　　这次上海首届商会大会确实为晚清商会联合起来行动、争取合法权利而开创了一个新的趋势。1909 年 12 月,上海举行第二届商会大会,李厚佑和周晋镳代表上海商务总会,提交了一份草拟的华商联合会简章。他们认为,这样一个组织将把商务总会、商务分会和商务分所以及国内外的其他商业组织团结起来,以便所有中国商人能够齐心协力,促进他们的共同利益。到那时,上海商务总会已经资助出版一份名为《华商联合报》的期刊,以促进各地商会之间的交流。第二次上海会议之后,这一期刊编辑部正式成立了华商联合会办事处。①

　　全国性的商会联合会直到 1912 年才正式成立,但上述两次上海会议大大加强了江浙商会之间及其与其他地区类似组织的相互联系。1907 年首次上海会议后,许多江浙商会或者委派代表,或者利用邮件,与上海商务总会保持了定期联络。到 1908 年 3 月,江浙两省的 16 个商会已经向尚在筹备之中的华商联合会缴纳了会费。② 因此,通过这两次会议,这些商会进一步加强了他们在江浙地区的社团网络,而这种网络又进而增加了它们对商业立法的影响。

　　在预备立宪公会的建议下,上海商务总会还与商学公会密切合作,推动商人参与清廷与外国政府之间的商约谈判。它们在1907 年 7 月举行联席会议,决定向清廷请愿,要求允许商人讨论并通过政府起草的所有对外商业条约。上海商务总会和商学公

---

① 虞和平:《商会与中国早期现代化》,第 104—107 页。上海商务总会为此次大会新拟的华商联合会简章与上述 1907 年简章在内容上有所不同,见《华商联合报》1909 年第 1 期,"海内外公牍"第 10—14 页。

② 虞和平:《商会与中国早期现代化》,第 9 页;《各省商会大会纪事》,第 18b—21b 页;《预备立宪公会报》1908 年第 3 期,第 17a—17b 页。

会在 8 月下旬举行了另一次会议,随后向负责对外商约谈判的官员盛宣怀提交了一份联合请愿书。该请愿书得到了上海所有中国商人组织的支持。在这份请愿书中,它们要求允许其代表调查和讨论将在商约谈判中提出的问题。1907 年底,它们的请愿书得到了盛氏的批准。①

174 在这些商会、预备立宪公会和商学公会的共同努力下,《公司法》的初稿于 1909 年终于完成。这份初稿发表之后,上海各大报纸一致称赞它为中国历史上的一份里程碑式文献。它们赞扬这一法律起草工作是人民从专制的清政府手中获得立法权、并将国家从官治转向法治社会的第一步。这些报纸敦促清廷接受该《公司法》,并称政府在此问题上的决定将是检验官方对于公众舆论真实态度的试金石。②

在得到公众意见的强力支持后,上海商务总会和预备立宪公会于 1909 年 12 月向第二届全国商会大会提交了《公司法》草案。来自 76 个商会的代表审查了该草案,并在修改后一致通过,另有 140 个商会通过信函或其委托的代表对于该草案表示了支持。《商法总则》草案也分发给了出席上海会议代表,以供审查。最终,这些商会在上海召开的第二届会议选出两名代表,以所有商会的名义向北京农工商部提交了这两部商法草案。农工商部后来在 1910 年将这两部商法草案提交新近成立的资政院批准。由于清朝统治很快在辛亥革命中结束,民国政府后来在 1914 年将

---

① 《申报》1907 年 7 月 30 日、8 月 30 日;《各省商会大会纪事》,第 25a 页。

② 《预备立宪公会报》1909 年第 8 期,第 19—21 页;1909 年第 9 期,第 19—21 页;1909 年第 10 期,第 17—19 页;1909 年第 16 期,第 19 页。这份期刊也重印了很多上海主要报纸的有关文章。

这两部草案正式颁布为法律。①

　　这次商法起草活动还导致商会首次集体讨论它们与清政府之间的另一纠葛,即关于商业司法管辖权的问题。在 1907 年商会的上海首届会议上,苏北清江浦商务分会代表建议商会设立商业裁判所,以避免官方干预商业事务。与会代表中有人支持该项提案,但大多数人担心清政府不会授予商会这样的司法权。然而,他们都同意商会应该有权调解、仲裁商业纠纷。②

　　实际上,江浙地区商会早已将传统工商业行会的调解活动正式化,其中一些商会甚至在商业诉讼中行使了裁判权。早在 1902 年,上海商业会议公所就规定其领导人物将通过特别会议来调解商业纠纷。这一规定后来被纳入了江浙许多商会的章程,并得到了北京商部的批准。根据商部 1904 年颁布的商会规则,商会会长和董事在商业案件提交法院之前,应定期调解商业纠纷。③

　　江浙地区的商会确实在商人纠纷中发挥了调解作用,④其中一些商会进而发展了调解商业纠纷的正式程序。例如,上海和杭州的两个商务总会以及罗店镇的商务分会都特别指定了它们的

_175_

------

① 《申报》1909 年 12 月 23 日;虞和平:《商会与中国早期现代化》,第 206—207 页;江苏省商业厅、中国第二历史档案馆编:《中华民国商业档案资料汇编》第 1 卷,第 166—167 页。

② 《各省商会大会纪事》,第 12b、14b—15a、19a、21b 页。商业调解和裁判的区别是前者通过非正式的听证来进行,而后者涉及正式的审讯。调解的结果需要被争议各方自愿接受,而裁判的决定则需要通过政府或商会来强制执行。

③ 上海市工商业联合会、复旦大学历史系:《上海总商会组织史资料汇编》上册,第 50、70、78 页;章开沅、刘望龄、叶万忠主编:《苏州商会档案丛编 1905—1911》,第 17、27、182、186 页;《大清法规大全·实业部》第 7 卷,第 2b 页。

④ 《商务官报》1907 年第 13 期,第 13a 页;1907 年第 14 期,第 10a 页;1908 年第 4 期,第 9a 页;1908 年第 5 期,第 10b 页;1908 年第 11 期,第 9b 页。

一些董事来处理商业纠纷。① 在上海,清朝政府的上海知县和公共租界当局都严重依赖上海商务总会的调解活动,以此"作为解决复杂商业纠纷的一种更为惯用的形式"。②

苏州商务总会还规定了调解程序。根据该程序,该商务总会指定的两名董事将首先与争执各方举行听证会,然后询问证人,最后决定如何解决争议。苏州商务总会于1905年11月成立之后的15个月里,它处理了70起商业纠纷,成功调解了其中70%以上的讼案。1905年至1911年,它共受理和调解了393起商业案件。这个商务总会既行使了政府授予的权力,又遵循了传统行会的惯例,因此可以在争执的商人之间进行有效调解。有时,它还要求官方介入,以强制执行其调解决定。③

更为重要的是,江浙商会在调解商业纠纷时有效地利用了它们的社团网络。1906年,杭州商务总会及其在嘉兴府和王店镇的两个商务分会紧密合作,共同调解了该镇一家当铺与在杭州的债权人之间的纠纷,避免了该案提交地方官府审讯。1907年,杭州商务总会处理了绍兴府和嘉兴府桐乡县两个丝商之间更为复杂的商业纠纷。这场纠纷从1905年发生之后,因绍兴商人得到当地官员帮忙,试图向桐乡商人勒索9 000银元,所以一直没有解决。杭州商务总会对此案进行了深入调查,并由该总会总理与绍兴、嘉兴、桐乡三个商务分会的总理举行了联合调解会议,成功地说服了绍兴商人仅接受900银元作为赔偿,从而结束了这一长

---

① 《上海商务总会同人录·丙午年(1906年)》,第2b—3a页;《华商联合报》1909年第16期,"海内外商会同人录"第4页,1909年第21期,"海内外商会同人录"第13页。

② A. M. Kotenev(A. M. 科特涅夫),*Shanghai：Its Mixed Court and Council*(《上海会审公廨和委员会》),p. 256.

③ 章开沅、刘望龄、叶万忠主编:《苏州商会档案丛编1905—1911》,第521—522页;马敏:《商事裁判与商会》,第33—40页。

达两年的纠纷。①

然而,清政府并没有让这些商会享有完全自主调解商业纠纷 *176* 的权力。1906 年,北京商部命令所有商会使用该部统一印刷的表格记录它们调解商业纠纷的情况,并向该部提交年度报告以供审查。此外,它一再指示商会,只能调解商业纠纷,而不允许裁判商业案件,以免侵犯地方官员的司法特权。② 尽管清政府发出了这种警告,江浙地区的商会并未放弃将其权力从调解商业纠纷扩展到裁决商业诉讼的努力。

1909 年浙西武康县的商务分会成立后,直接在其章程中列出了理案和问案的条文,并提交该省官方批准。浙江巡抚的批复指责该商务分会侵越了地方官府行政权力,并禁止其受理任何商业诉讼。在报道和评论这一事件时,《华商联合报》嘲笑该巡抚的反应,声称当时大多数商会已经处理商业诉讼,所以武康商务分会的章程不足深究。③ 确实,江南地区的商会不仅要求与地方官府享有平等权利,还对官方在商业事务中的司法权提出了挑战。

特别值得注意的是,这些商会巧妙利用它们的社团网络来增加影响,削弱了地方官府对商业诉讼的裁判权力。1906 年,长洲知县用一张未经店铺盖章的无效存款收据为证,判决一家绸缎铺偿还一位已故店伙的遗孀 50 银元。该绸缎铺拒绝接受官方判决,并将案件提交给苏州商务总会。苏州商务总会很快联系上海商务总会寻求支持,同时通知苏州各业行会领袖召开一次特别会议,并邀请省商务局官员主持这次会议。结果,自知误判的长洲

---

①《申报》1906 年 8 月 21 日;《新闻报》1907 年 5 月 20 日。

② 章开沅、刘望龄、叶万忠主编:《苏州商会档案丛编 1905—1911》,第 522—523 页;《商务官报》1909 年第 15 期,第 8a 页。

③《华商联合报》1909 年第 15 期,"海内外商会纪事"第 2—3 页。

知县多次拜访苏州商务总会领导人物，要求后者接手公断此案，不要举行特别会议。因此，苏州商务总会在此较量中取得完全胜利，而该县官蒙受了一场失败和羞辱。①

在另一戏剧性的事件中，江苏省农工商务局于 1909 年设立了一个裁判所来处理商业诉讼，并规定商会每月"呈报"调解此类案件的情形。然而，苏州商务总会强调商会不是省局的附属衙门，拒绝履行此项"呈报"职责。它并利用前述农工商部于 1908 年颁布的商会与省、府、州、县级官府的文书往来制度（见第二章），坚持在给该局的信函中使用相对平等的"移文"而非"呈报"的形式，并要求双方平等交换有关处理商人纠纷和诉讼的记录。苏州商务总会的强硬态度迫使农工商务局让步，在回函中否认它在商务司法中增加该局权威于商会之上的用意。②

一些江浙商会领导人显然滥用了他们得到的新的权力，不仅干涉商业诉讼，还插手民事案件。嘉兴商务分会前总理高宝铨因涉嫌不当处理一起债务案件，导致一名无辜商人自杀，从而在 1910 年成为一起人命官司的被告。在嘉兴知府责令高宝铨到庭接受审讯后，该商务分会特别举行会议，声称高氏为该会前总理，所以不必出庭。当它进而试图得到北京农工商部的帮助，迫使浙江巡抚屈从于这一决定时，该部的回复责成嘉兴商务分会具体说明，究竟哪项法律曾经给予高宝铨特权，免于面对这场民事案件的审判。③

但同年，嘉兴商务分会也领导了浙江省内商会一场维护自身正当权利的斗争。1910 年中期，浙江省劝业道台董季友向该省

---

① 《申报》1906 年 8 月 14 日、8 月 25 日。
② 章开沅、刘望龄、叶万忠主编：《苏州商会档案丛编 1905—1911》，第 38—39 页。
③ 《商务官报》1910 年第 14 期，第 8b 页。

所有商会发出一份使用朱砂所写红色札文,声称北京农工商部授权他的衙门稽查省内所有商会。因此,商会送交农工商部的例行公牍必须通过他的劝业道衙门转达。嘉兴商务分会对此红色札文表示愤慨,声称以往收到的农工商部札文从未如此。事实上,该商会领导人物感到愤怒的主要原因是担心这位省级官员会压制和摧残他们的组织,阻碍他们与农工商部的直接联系。嘉兴商务分会在致董道台和杭州、宁波商务总会的公开信中,指责董氏试图通过官僚程序,制造商会与北京农工商部之间的隔阂,并企图将受人尊敬的商会领袖变成政府官僚附庸。该信敦促这两个商务总会立即采取针对董道台的行动,或召集全省商会大会,以制定对策。①

　　这一事件清楚地表明,这些江浙商会领导人物试图通过动员其社团网络,使其新近获得的权力制度化,并寻求与清朝政府官员在商务行政方面的平等关系。1909 年,苏州府梅里镇的商务分会总理张振庠还向北京农工商部提交了一套规则草案,要求该部澄清各商会的商业行政管理权利。根据张氏草案,商会必须收到官府所有涉及商业诉讼的正式通知,并在地方官派出衙役逮捕被指控的商人之前,由商会对此类案件预先进行调查。如果地方官员允许士绅保释由商会起诉的商业案件中的被告,商会可以要求农工商部惩罚这些官员。张氏甚至要求该部划定每一商会管辖的行政地理范围,并允许商务总会和商务分会像上下级官府一样在等级制度下运作。②

　　张振庠的请求并未成为官方政策,但它表达了江浙地区商会

---

① 《华商联合会报》1910 年第 6 期,"海内外商会纪事"第 1a—2a 页。
② 《华商联合报》1909 年第 14 期,"海内外公牍"第 1—4 页。

领导人物的共同愿望。实际上,张氏在 1907 年与海内外商会代表一道参与他们首次上海会议时,已经提出了该请愿书中涉及的问题。[①] 这些商会领袖追求商业立法和司法权力的斗争表明他们的社团组织不仅依靠国家法律的承认,而且还发起了法律制度的宪政改革,从而对现有的权力关系提出了挑战。这些活动发生在清政府立宪运动正式开始之前,但触及了这场宪政改革中的根本问题。

立宪运动中的社团联盟和行动

在改革派精英热心讨论宪政多年之后,1908 年 8 月 27 日,清廷终于颁布了立宪改革的大纲和九年计划。根据这一计划,关于议院的全国选举将在 1916 年,也就是九年计划的最后一年举行。不过,各省将于 1909 年选出省谘议局,资政院将于 1910 年在北京开办。此外,城、镇和乡及厅、州和县的地方自治机构选举将于 1914 年完成。[②]

此前关于这场立宪运动的研究论著或者强调清廷的真切改革意图受到保守的官员和地方精英挫败,或者认为清廷虚假的改革导致激进的改革精英日益感到失望和不满。尽管如此,既有研究基本一致的观点是,这场立宪改革最终彻底失败,激化了清政府与社会精英之间的冲突,甚至将后者推入了反清革命。[③] 近来

---

① 《各省商会大会纪事》,第 6a 页。

② 故宫博物院明清档案部编:《清末筹备立宪档案史料》上册,第 54—67 页。

③ 关于清末立宪改革较为正面的评价,见 Meribeth E. Cameron(梅丽贝斯 E. 卡梅伦),*The Reform Movement in China*,*1898 - 1912*(《中国的改革运动 1898—1912》),但持负面评价意见的代表作是 Joseph W. Esherick(周锡瑞),*Reform and Revolution in China:The 1911 Revolution in Hunan and Hubei*(《改良与革命:辛亥革命在两湖》)。

关于立宪运动的论著更多地揭示了清政府推动这场改革的正面作用,但它们都没有特别关注晚清商会在其中的重要影响。① 因此,仍有必要研究商会和其他热心宪政的社会精英组织如何动员其社团网络,并利用与清政府的多种形式互动,加速了涉及地方自治机构、省谘议局和资政院的改革运动。

清政府首先开始了省级的立宪运动,并在 1907 年 10 月 19 日颁发的诏书中开始呼吁成立省谘议局。然而,上海商务总会和沪南商务分所早在 7 月就已经与其他 10 个社会精英的改革组织发起讨论省谘议局问题,并很快为江苏省谘议局制定了一套规章草案。这一规章草案也出现于安徽、广东和其他省份改革派精英和官员起草的类似文件之前,并在 1908 年 1 月就正式呈交清朝政府。②

在这种改革精英的压力下,1908 年 7 月清廷颁布了一套关于省谘议局及其议员的选举章程。这套官方章程只允许省谘议局讨论预算、税收、贷款等问题,而且谘议局对于这些问题的决议必须得到巡抚和总督的批准,或由督抚提交资政院审议。根据官方的选举章程,选民和候选人一般为本省籍贯男性居民,其中选民需年满 25 岁,候选人需年满 30 岁。他们还必须曾经办理当地学校或其他公共事务达三年以上,曾获得中学以上程度文凭或科举功名;曾是七品以上的文职官员或五品以上的武职官员;或在

---

① John H. Fincher(约翰 H. 芬彻),*Chinese Democracy：The Self-government Movement in Local，Provincial and National Politics，1905 - 1914*(《中国民主:地方、省级和全国政治中的自治运动 1905—1914》).

② Min Tu-ki.(闵斗基),"The Late-Ch'ing Provincial Assembly"(《晚清各省谘议会》), pp. 150 - 154;杨逸编:《上海市自治志》,"大事记甲编"第 7a—7b 页;《新闻报》1907 年 10 月 21 日,1908 年 1 月 21 日。关于这一规章草案,见《政治官报》1908 年第 81 期,"杂录类"第 17—19 页。

当地拥有价值至少 5 000 元的营业资本或不动产。相比之下,非本地籍贯的选民除了规定年满 25 岁以上、在当地居住超过 10 年之外,还必须在该地拥有价值超过 10 000 元的营业资本或不动产。此外,寄居该地的候选人在满足年满 30 岁以上和在当地居住超过 10 年的规定外,另有其他限制。① 由于商会的成员大多为外地籍贯的商人,这样的官方选举规则对他们极为不利,而且他们也忧虑公开其资产数目后,官府可能要征收更高的财产税。

尽管如此,江浙各地商会仍然积极参与了省谘议局选举的筹备工作。1908 年 9 月下旬,上海商务总会总理周晋镳等浙江省籍的在沪精英商人向该省巡抚提交了详细的选民资格登记方案,并催促在 1909 年初按时选举省谘议局议员。他们的方案特意让商会领袖和其他社会精英负责地方选举的筹备工作。在浙江省境内,宁波商务总会于 1908 年 12 月提供了该府筹备选举工作的办公地点,其领导人物也积极与其他地方精英一起动员和登记选民。②

在江苏省,许多商会领袖于 1908 年 9 月 19 日至 20 日在上海参加了一次会议,决定不需等待当地官员开始行动,就率先编制谘议局选民人名册。此后,沪南商务分所不仅帮助登记合格的选民,还对非本地籍贯的商人选民展开专项调查,并帮助商团成员争取选举权力。该商务分所向地方当局提出的请愿书辩称,这些商团成员已经获得地方官员颁发的体操训练毕业证书,通过商团活动为公共事务提供了服务,因此理应享有与新式学堂毕业生

---

① 故宫博物院明清档案部编:《清末筹备立宪档案史料》下册,第 667—677 页。
② 《申报》1908 年 9 月 25 日;《时报》,1908 年 12 月 20 日。

和公共机构管理人员同等的选举权。①

常州商务分会在筹备谘议局选举的活动中尤为积极。1908年9月23日,该商务分会召开特别会议,组织了当地选举筹备事务所。这次会议还选举了总理恽祖祁等商务分会领导人物担任该事务所所长、副所长、坐办、干事等职务。此后,恽祖祁领导常州商务分会又和当地教育会一起为筹备事务所筹集了资金。这些地方精英社团决定通过逐户调查来登记所有合格的选民,并每周在各城镇通过公开演说来动员选民。常州商务分会特别敦促商人报名参选,不必担心资产曝光。②

由于清廷直到1908年底仍将来自邻近州县的居民视为某一地区选举中的"寄居人",苏南地区的商会便要求官方放宽对于非本地籍贯商人选民居住地的要求。在苏州附近,盛泽镇的商务分会于1908年11月首先向苏州商务总会抱怨称:这种严格的居住地要求将把大多数非本地籍贯商人排除在谘议局选举之外。由于长洲县治就在苏州城内,昆山和新阳两县以及宜兴和荆溪两县均共有县城,这些地方的商会领导人也向江苏巡抚请愿,要求改变对于选民严格的居住地要求。它们强调所在的城市是两个甚至三个县共有共用,因此不同县的居民是无法区分的。最后,清廷只得在谘议局选举中给予来自同省的本地人和寄居者平等的选举权。③

---

① 《东方杂志》1908年第5卷第9期,"记载"第72—73页;《时报》1908年11月13日,1909年3月13日。

② 《东方杂志》1908年第5卷第9期,"记载"第72—73页;章开沅、刘望龄、叶万忠主编:《苏州商会档案丛编1905—1911》,第1233—1234页。

③ 《东方杂志》1908年第5卷第12期,"记载"第156—157页,1909年第6卷第1期,"记载第一"第17—18页;章开沅、刘望龄、叶万忠主编:《苏州商会档案丛编1905—1911》,第50、126、157、1233页;《农工商部统计表(第二次)》第4册上,第33b页。

由于积极参与选举活动,江浙商会在 1909 年成立的两省谘议局中均选入相当数量精英商人,但现有史料只能确定其中部分商会领袖和成员。在江苏谘议局的 126 名议员中,至少 7 名是商会领袖或名誉会员。在浙江谘议局的 118 名议员中,至少有 9 名现任和前任商会总理以及一名商会名誉议员。① 这种人员的重叠使江浙商会能够与两个省的谘议局密切合作,展开从地方到国家层面的政治活动。

确实,江浙两省的谘议局为这些商会提供了政治领导力量,也得到了商会的大力支持。江苏省谘议局成立后,迅速动员全省商会改革厘金,而这也是晚清官府对于商人征收的最为沉重的苛捐杂税。它在 1909 年 11 月的第一届会议中专门讨论了来自苏北如皋县和苏南盛泽镇商务分会的厘金改革建议,并决定以商人认捐制度来取代官府征收的厘金制度。作为回应,江宁商务总会及其在江苏北部和西部的 28 个商务分会中的绝大多数在 1910 年 3 月的年会上对于这项谘议局决议表示赞成。与此同时,江苏省谘议局通过调查人员或邮件,就此决议联系了苏南的 39 个商

---

① 在江苏省谘议局中,7 名可以识别的商会领袖和成员是方还、蒋炳章、钱以振、沙元炳、许鼎霖、于定一和周树年。浙江省谘议局在开始之际包括至少 6 名前任和现任商会总理及一位名誉议员,即丁中立、黄炎、钱允康、劳炯章、张棣、朱其镇和邵羲。但它后来吸收另外两名商务分会总理,即吴恩元和徐光溥,作为替补议员,其中原有议员褚辅成也在 1910 年成为嘉兴商务分会总理。参见张朋园:《立宪派与辛亥革命》,第 209—216、226—231 页;章开沅、刘望龄、叶万忠主编:《苏州商会档案丛编 1905—1911》,第 54 页;《农工商部统计表(第一次)》第 4 册,第 26a、32a 页;《农工商部统计表(第二次)》第 4 册上,第 15b、16b—17a、27b、28a、30b、31b、33a、35a、37a 页;常州市民建、工商联文史资料办公室编:《武进县商会及工商业发展史略》,第 104 页;浙江省辛亥革命史研究会、浙江省图书馆编:《辛亥革命浙江史料选辑》,第 191—192 页;《杭州商业杂志》1909 年第 1 期,"调查录"第 6 页;《海宁州志稿》第 41 卷,第 1b 页;《时报》1910 年 7 月 12 日。

会,获得了其中 35 个商会的支持。① 后来,由于江苏省官府推行更为沉重的统捐,破坏了此项厘金改革,以至于该省谘议局与商会的共同努力最终失败。尽管如此,在这场厘金改革运动结束之前,江苏省的精英商人仍然于 1911 年 7 月在上海成立了苏属商会联合会。②

与此同时,浙江谘议局也曾与商会合作推动厘金改革,但同样未见成效。尽管如此,它们在浙江铁路问题上的联合行动较为成功。清廷于 1910 年 8 月 23 日免去汤寿潜在浙江铁路公司的总理职务后,浙江省谘议局于 8 月 26 日至 27 日召开紧急会议,并向北京发出抗议电报。同时,杭州商务总会也在 8 月下旬至 9 月上旬连续举行两个会议,领导了该市的商人和士人抗议。它们共同施加的压力迫使浙江巡抚上书清廷,要求恢复汤寿潜在浙江铁路公司的职位。由于该巡抚受到朝廷的斥责,拒绝就此问题继续上奏,浙江省谘议局便在 1910 年 10 月将其第二次年会暂停 10 天,迫使该巡抚再次上书朝廷。③ 同时,浙江谘议局议长和议员及全省商会领袖召开联席会议,决定直接派人进京请愿。此后,谘议局议员祝震和杭州商务总会协理王锡荣领导了这次在北京

182

---

① 《江苏谘议局第一年度报告》第 1 册,第 3a—4b 页,3 册,第 54a 页;《江苏省谘议局厘金改办认捐文牍》,第 9a—12a、24a 页;章开沅、刘望龄、叶万忠主编:《苏州商会档案丛编 1905—1911》,第 844—847 页。

② 章开沅、刘望龄、叶万忠主编:《苏州商会档案丛编 1905—1911》,第 847—904、980—1014 页,特别是第 885—893 页。

③ 《浙江谘议局第二届常年会议事录》第 1 册,第 1a—b,2 册,第 37a—39b 页;政协浙江省萧山市委员会文史工作委员会编:《汤寿潜史料专辑》,第 152、159 页;《东方杂志》1910 年第 7 卷第 10 期,"中国大事记补遗"第 75—77 页,1910 年第 7 卷第 11 期,"中国大事记补遗"第 94—95 页。

的请愿。① 正如第五章所述,这些浙江精英组织的联合抗议和他们在北京的直接请愿最终迫使清廷做出让步。

江浙两省谘议局和商会的合作进而从各自省内事务扩展到全国宪政改革的层面。1910 年 10 月,资政院如期在北京召开。它由 196 名议员组成,其中一半由皇室钦定,另一半由省谘议局选举产生。其中 3 位当选的资政院议员是江浙商会的领袖或成员,即方还、许鼎霖和邵羲。上海商务总会的一位资深董事、无锡—金匮商务分会的前任总理周廷弼也获得钦定,作为一位"纳税多额议员"进入资政院。② 由于这种人际关系和共同政治目标,江浙商会、两省谘议局和北京资政院在立宪运动中,特别是在全国性的国会请愿运动中,进行了密切合作。

实际上,在张謇等江浙地区改革派精英的领导下,预备立宪公会早在 1908 年 6 月就曾带领近 9 个省的立宪派团体向清廷请愿,要求在两年内速开国会,并鼓动了商会和其他社团的许多领导人物支持他们的请愿。海州—赣榆商务分会的第二任总理许鼎霖就是其中来自江苏省的请愿者之一。与此同时,杭州商务总会还就速开国会问题印发了一份传单,分发给浙江省各地的商

———————

① 《时报》1910 年 10 月 4 日;《浙路代表旅津绅商废章保律公牍》,"浙省铁路始末述略"第 4a 页;浙江省辛亥革命史研究会、浙江省图书馆编:《辛亥革命浙江史料选辑》,第 192 页。祝震是浙江谘议局的一名替补议员。

② 张朋园:《立宪派与辛亥革命》,第 68、285—286、296 页;章开沅、刘望龄、叶万忠主编:《苏州商会档案丛编 1905—1911》,第 158—159 页;《农工商部统计表(第一次)》第 4 册,第 19a、26a 页;《杭州商业杂志》1909 年第 1 期,"调查录"第 6 页;上海市工商业联合会、复旦大学历史系编:《上海总商会组织史资料汇编》上册,第 94—95 页。据上引张朋园所著《立宪派与辛亥革命》,资政院议员定额为 200 名。由于新疆尚未设立谘议局,无法选举两名议员去资政院,所以两名钦选议员也付诸缺如,但该书将上述两名来自江浙两省的资政院议员名字,即邵羲和周廷弼,错印为邵义和周延弼。

人,敦促他们在请愿书上签名。① 尽管如此,清廷于 1908 年 8 月颁布的立宪改革的大纲和九年计划仍将国会选举规划在 1916 年,并将国会开会日期定在 1917 年。1909 年末张謇就任江苏省 *183* 谘议局议长后,他与许鼎霖等议员特别举行会议,共同决定动员各省谘议局再次向清廷请愿,要求速开国会。时任昆山—新阳商务分会总理的方还等 3 名江苏省谘议局议员承担了拜访各省谘议局,并就此事与它们保持联系的任务。②

应张謇的邀请,十六省谘议局代表于 1909 年 12 月在上海召开联席会议。该会讨论的结论是,为使中国免于列强瓜分和暴力革命发生,必须速开国会。所以,他们决定向清廷请愿,在两年内成立国会。结果,来自各省谘议局的 33 名议员组成了一个请愿代表团,其中包括方还和一位常州商务分会领袖于定一。③

1910 年 1 月 26 日,这个代表团以各省谘议局的名义第一次向清廷提交了速开国会请愿书,但遭到断然拒绝。这次请愿失败之后,其发起人意识到仅仅依靠各省谘议局来从事这项运动的力量远远不够,所以开始呼吁商会、教育会和其他社团参与第二次请愿。他们直接呼吁江苏、广东、湖北和直隶等省的商会加入请愿运动,于定一特别带着动员苏南商会的特殊使命从北京返回

---

① 张玉法:《清季的立宪团体》,第 356 页;《新闻报》1908 年 6 月 22 日;《农工商部统计表(第一次)》第 4 册,第 19a、26a 页;《浙江日报》1908 年 7 月 19 日。

② 故宫博物院明清档案部编:《清末筹备立宪档案史料》上册,第 66—67 页;张謇:《张謇全集》第 6 卷,第 625 页;章开沅、刘望龄、叶万忠主编:《苏州商会档案丛编 1905—1911》,第 157—159 页。

③ 《东方杂志》1909 年第 6 卷第 12 期,"纪事"第 394 页;1909 年第 6 卷第 13 期,"记载第一"第 446—448 页;张朋园:《立宪派与辛亥革命》,第 52—54 页;《华商联合报》1909 年第 8 期,"海内外商会纪事"第 2 页。

江苏。①

作为回应,上海、苏州和江宁商务总会及常州商务分会于1910年5月选出沈缦云、杭祖良等代表参与第二次速开国会请愿。同时,浙江省的商会也选派了代表,并且在地方动员支持请愿活动。在上海商务总会原总理李厚佑的带领下,华商联合会办事处发出长文公告,号召海内外商人支持第二次请愿活动。它还为所有商会和其他商人组织的代表起草了一份长篇请愿书。②

在第二次速开国会的请愿中,沈缦云、杭祖良等 24 人分别代表 12 行省和东南亚 26 个城市的华人商会。6 月 16 日,总共 10 个不同类别组织的代表也向清廷提交了 10 份要求速开国会的请愿书。沈缦云在代表全国商会提交的一份请愿书之外,还和杭祖良一道作为江苏商会的代表,提出了特别请求。此外,他们还与各省谘议局、教育会、立宪派组织等代表共同签署了另外两份请愿书。尽管第二次请愿再次遭到清廷否决,它的参加者并未放弃努力,而是下定决心准备第三次请愿。③

在 1910 年 10 月间进行的第三次速开国会请愿中,沈缦云再次担任全国商会的主要代表。从第一次到第三次请愿,请愿者试图以越来越紧迫的措辞警告清廷:只有国会才能确保真正的立宪改革,使中国度过内忧外患,并在责任内阁制下建立有效的政府。

---

① 《东方杂志》1910 年第 7 卷第 2 期,"记载第三"第 27—29 页;1910 年第 7 卷第 3 期,"记载第三"第 47—48 页;章开沅、刘望龄、叶万忠主编:《苏州商会档案丛编1905—1911》,第 1258—1262 页。

② 章开沅、刘望龄、叶万忠主编:《苏州商会档案丛编 1905—1911》,第 1262—1264 页;May Backus Rankin(冉枚铄),*Elite Activism and Political Transformation in China*(《中国精英行动主义与政治转型》),第 292 页;《时报》1910 年 4 月 26 日、5 月 1—3 日;《华商联合会报》1910 年第 4 期,"海内外时事社言"第 1a—4b 页。

③ 《国会请愿代表第二次呈都察院代奏疏汇录》,第 20—32、42、51 页;《东方杂志》1910 年第 7 卷第 6 期,"记载第一"第 84—86 页。

来自商会的请愿书进一步强调：只有国会才能监督国家银行系统以及政府商业和税收政策，使中国实业免于彻底崩溃。第三次请愿书特别警告清廷：如果不提前召开国会、继续虚假的宪政改革，清廷可能难以幸存。[1]

第三次请愿得到新近召开的资政院甚至各省数十名督抚的支持，但清廷仅承诺在 1913 年召开国会，比其预备立宪的九年计划，提前四年。四川和湖北等省的请愿者对此表示极度失望不满，但江苏和浙江的请愿者似乎准备就此与清政府妥协。江苏和浙江的谘议局都在致资政院的电报中称赞清廷的承诺，欢呼请愿成功。苏州商务总会除了发出同样电报，还发动和领导了该地为期三天的庆祝活动。[2]

当然，江浙商会的精英商人领袖和会员及两省谘议局的议员并没有一致接受妥协。作为第二、三次请愿的一位主要领袖及兼任上海商务总会和沪南商务分会的一名董事，沈缦云和这两个商会中一些相对年轻的领导人物很快就转向反清革命。尽管如此，即使沈缦云等转向革命的人士仍然与其他商会领袖和成员一起参加了他们所在城镇的地方自治运动。因此，他们继续在地方层面推动了宪政改革，直到辛亥革命发生和清朝灭亡为止。[3]

江浙地区的商会领袖和其他改革派精英最初曾计划将地方自治机构作为宪政改革的基础。1907 年 9 月至 10 月，上海商务总

185

---

① 张朋园：《立宪派与辛亥革命》，第 53—54、60、64—66 页；《国会请愿代表第二次呈都察院代奏疏汇录》，第 20—32 页。

② 《东方杂志》1910 年第 7 卷第 11 期，"论说"第 265 页，"记载第一"第 143—157 页；《政治官报》1910 年第 1091 期，"事由单"第 3—4 页；章开沅、刘望龄、叶万忠主编：《苏州商会档案丛编 1905—1911》，第 1275—1277 页。

③ 徐鼎新、钱小明：《上海总商会史 1902—1929》，第 151—152 页；杨逸编：《上海市自治志》，"大事记"乙编，第 11a 页。

会、沪南商务分所和其他10个改革精英组织不仅完成了上述江苏省谘议局规章草案，而且还起草了一套厅、州、县级自治机构的条例。与此同时，江苏省的地方精英筹划组建了数十个不同名称的自治组织，但它们只得到了省政府的许可，从事调查和研究本地问题。北京民政部也试图对地方自治运动实行控制，并在1909年1月颁布了城、镇、乡自治条例，1910年2月进而颁布了厅、州、县自治条例。该部在1909年6月给苏南官员的电报中坚持，从1912年到1914年期间所有自治机构的选举都应该按照它的时间表进行。①

苏南许多城镇的商会领袖和其他改革派精英很快就敦促省级官府提前推行自治，并成功地建立了他们集体控制下的新的社区管理机构。作为晚清中国最早的市政机构之一，上海城厢内外总工程局于1910年2月直接更名为上海城自治公所，并在当时举行的董事和议员选举中采用了自治条例。新的上海城自治公所的领导阶层仍然包括了上海商务总会和沪南商务分会的领袖，其管辖范围从3个市区扩展到包括租界周围的北郊和西南郊区。此外，林景周等商会领袖和其他城市精英也在一些城市街区建立了自治组织，比如前面提到的东南城地方联合会和西北城地方联合会等。这些基层自治组织从1905年开始出现，后来在1912年组成了全市范围的联合会。②

① 杨逸编：《上海市自治志》，"大事记"甲编，第7a—b页；《新闻报》1907年9月15日、10月21日，1908年1月21日；Roger R. Thompson（汤若杰），*China's Local Councils in the Age of Constitutional Reform*（《宪法改革时代的中国地方议会》），pp. 59 - 60, p. 73, p. 86, pp. 111 - 112, p. 219。
② 章开沅、刘望龄、叶万忠主编：《苏州商会档案丛编1905—1911》，第1226页；杨逸编：《上海市自治志》，"大事记"甲编，第12b—13b页，"大事记"乙编，第1a页；上海市工商业联合会、复旦大学历史系编：《上海总商会组织史资料汇编》上册，第96页；《新闻报》1905年11月10日，1912年1月14日；《上海万国官商士绅职业住址录》，丑部（第二部分），第2、4、20—21页。

苏州商务总会与其他地方改革精英社团一道，也在官方计划之前推动了该市的自治运动。该商务总会和当地教育会的重要人物蒋炳章是在 1907 年 3 月成立的苏省地方自治调查研究会的主要创始人和领导者。这个社团邀请了苏州商务总会全体成员参加其选举等组织活动。1909 年 7 月，苏州商务总会现任总理张履谦也开始筹备设立苏州城厢自治公所。结果，1909 年 7 月 15 日该自治公所通过选举之后成立，它的董事会和议事会都包括苏州商务总会的主要领导人物，如它的前总理尤先甲，现任总理张履谦和协理倪开鼎，以及久任董事潘祖谦。[1]

1909 年 5 月的一场大火烧毁了苏州闹市区的 17 家商铺，随后，苏州商务总会协理倪开鼎及其会员施莹进一步发起、组织了观前街市民公社，以防治火灾、保持卫生、修建街道，并为市民提供保安。这些商会领袖和成员以及其他地方精英组织的代表于 6 月 28 日举行观前街市民公社成立大会，通过演讲表达了他们的雄心壮志；这个街道组织将成为地方自治的起点和新的市政管理的基础。他们设立这个城市居民组织的要求很快通过苏州商务总会的渠道得到了当地官府批准。[2]

观前街市民公社在 1909 年成立后包括约 100 名成员，其中大部分成员尤其是其领导人物都是店主。这些富有的商人也为该组织提供了大部分开办资金和其他经费。因此，这个市民公社

---

[1]《新闻报》1907 年 5 月 28 日；Roger R. Thompson（汤若杰），*China's Local Councils in the Age of Constitutional Reform*（《宪法改革时代的中国地方议会》），pp. 61 - 62；章开沅、刘望龄、叶万忠主编：《苏州商会档案丛编 1905—1911》，第 46—54、1213—1217、1222—1224 页；张海林：《苏州早期城市现代化研究》，第 190 页；江苏省苏属地方自治筹办处编：《江苏自治公报类编》，第 144—145 页。

[2] 苏州市档案馆编：《苏州市民公社档案选辑》，第 58—59、87—89 页；《时报》1909 年 6 月 24 日；《新闻报》1909 年 6 月 29 日；章开沅、刘望龄、叶万忠主编：《苏州商会档案丛编 1905—1911》，第 55 页。

显然是与苏州商务总会类似的由富裕商人控制的组织,其中主要领导人物也包括施莹、倪开鼎等商务总会的精英商人会员或领袖。[①] 1910 年至 1912 年,苏州市区的渡僧桥、金阊下塘和道前街附近出现了另外 3 个市民公社。与观前街的先例一样,这 3 个市民公社都是通过苏州商务总会而获得当地官府批准的,其中领导人物也包括来自该商务总会的精英商人。苏州地方官员在 1910 年 9 月曾试图将所有市民公社置于他们的直接控制之下。但是,这些市民公社继续向苏州商务总会提交其章程和会员名单,并认为后者是当地商业和商人应该隶属的领导机构。[②]

在浙江省城,杭州商务总会以及仁和、钱塘这两个附郭县的教育会在地方自治运动中发挥了主导作用。1908 年 7 月出现的一个地方自治研究会就设于该教育会内,但该组织的 4 个发起人包括了杭州商务总会的总理金月笙、协理潘赤文及其荣誉会员胡藻青(焕)。在杭州东北郊,拱辰桥商务分会总理吴恩元于 1910 年 3 月发起和领导了杭州最早的自治公所之一,而该公所就设于他领导的商务分会之内。[③]

在一些江浙地区的州、县级城市,自治公所的出现甚至比在上述省城更早。1908 年 10 月,也就是清廷颁布其地方自治章程的一年多之前,通崇海花业总会就帮助组织了一个通州地方自治公所,其中包括一个议事会和一个董事会。[④] 在上海附近的嘉定

[①] 苏州市档案馆编:《苏州市民公社档案选辑》,第 61—62、112—114、183—184 页;章开沅、刘望龄、叶万忠主编:《苏州商会档案丛编 1905—1911》,第 53—57 页。

[②] 苏州市档案馆:《苏州市民公社档案选辑》,第 64—70、89—93、114 页,特别是第 92 页。

[③]《浙江日报》1908 年 7 月 8 日,1910 年 3 月 30 日;《杭州商业杂志》1909 年第 1 期,"调查录"第 5—6 页;《农工商部统计表(第二次)》第 4 册上,第 27b 页。

[④]《南通地方自治十九年之成绩》,丁编"自治",第 1—2 页。

县,当地商务分会的首任总理周世恒更早于 1907 年就领导发起了一个地方自治局,但官方将其职能仅限于帮助调查和研究当地情况。至 1911 年 4 月,嘉定县当地的乡镇已经出现了 34 个自治公所。在嘉定县的南翔镇,商会领袖直接创办并控制了当地自治公所。① 到 1911 年 9 月,江苏南部的厅、州、县(或府治附郭县)城内的自治公所数量达 27 个,乡、镇的自治公所总数达 320 个。这些自治机关许多是在商会领导人物控制之下。②

至 1911 年 9 月,浙江省已有 1 021 个城、镇和乡选举了议事会,其中 810 个还选举了董事会。在浙北的硖石镇,当地商务分会的第一、二任总理徐光溥和吴肇培是该地自治公所的仅有两位董事,而与徐氏一起创办商团的吴清则担任了自治公所议事会议长。③ 这些清末地方精英对于自治机构的控制,甚至有时以牺牲民众利益为代价而在宪政改革中谋取权力的行为长期以来一直受到学术界的抨击。④ 确实,在清末地方自治等项改革导致税收增加的情况下,民众的暴力抗议活动曾以徐光溥等地方精英为打击目标。1908 年 1 月,桐乡县和海宁州交界地方的农民发起了

---

① 《嘉定县续志》第 2 卷,第 38a—b 页;第 6 卷,第 4a、10a—12a 页。《寥天一鹤》1910 年 4 月 10 日;《民立报》1911 年 6 月 4 日。

② 江苏省苏属地方自治筹办处编:《江苏自治公报类编》,第 143—161 页;《内阁官报》1911 年第 76 期,"折奏:宪政类"第 233—234 页。清政府的地方自治章程将府、厅、州、县所在城厢定义为"城",并将县以下的居民区划分为拥有 5 万以上人口的"镇"和少于 5 万人口的"乡",见故宫博物院明清档案部编:《清末筹备立宪档案史料》下册,第 728 页。

③ 《内阁官报》1911 年第 63 期,"折奏:宪政类"第 209—210 页;《海宁州志稿》第 41 卷,第 4a、6a 页;《农工商部统计表(第一次)》第 4 册,第 32a 页;《农工商部统计表(第二次)》第 4 册上,第 29a 页;吴欣木:《辛亥革命时期的硖石商团和工兵铁道大队》,第 170 页。

④ Chūzō(市古宙三),"The Role of the Gentry:An Hypothesis"(《绅士的角色推论》),pp. 301 - 304, p. 312;Joseph W. Esherick(周锡瑞),"1911:A Review"(《辛亥革命研究评述》),pp. 166 - 168.

大规模抗税起义,徐光溥在硖石镇的裕丰酱园、房屋以及十几个邻镇的新式学堂、警署等建筑都被抗议民众一道摧毁。① 这种民众抗议无疑印证了此前研究所揭示的宪政改革期间地方精英与民众之间阶级关系紧张的情形。

然而,这样的阶级分析忽视了更为重要的历史变化:江浙商会领袖和其他改革派精英的社团网络也导致他们与地方民众之间关系在更大的社会政治空间、特别是在双方与清政府斗争中的接近。就硖石镇而言,徐光溥等地方商务分会领袖并非仅是一群狭隘、保守、自私的富有商人。相反,徐氏积极介入了上述有关苏杭甬铁路的民族主义运动,参加了浙江省谘议局等各种改革组织,并在后来参与了 1911 年的杭州反清革命起义。② 显然,商会领袖和其他精英改革者与民众之间确实在地方自治改革等问题上发生了阶级冲突,但这并没有阻止他们在与外国列强及清政府斗争的过程中代表和保护包括普通民众在内的更广大地方社会。

因此,在清朝末年,江浙商会及其精英商人领袖确实经历了普通民众对地方层面改革活动负面结果的抗议。然而,这些商会在清末立宪运动中帮助建立了地方自治公所、省谘议局和北京资政院,主要还是发挥了积极历史作用。这些改革不仅改变了社会精英对于地方控制的形式,而且将他们的个人追求与省级和国家层面的公共利益和改革事业联系了起来。这些商会和各种新式社团及新成立的各级政治改革机构也通过与清政府的多种互动

---

① 《海宁州志稿》第 40 卷,第 27a—b 页;海宁硖石镇志编纂委员会编:《海宁硖石镇志》,第 6,443 页。

② 海宁硖石镇志编纂委员会编:《海宁硖石镇志》,第 443 页;《海宁州志稿》第 41 卷,第 1b 页;中国史学会编:《辛亥革命》第 7 册,第 130 页。

加速了宪政改革,并因此影响了辛亥革命运动。

辛亥革命期间的社团网络力量

　　辛亥革命运动发端于 1911 年 10 月 10 日在长江中游爆发的武昌起义,但其高潮是在位于长江下游的南京设立中华民国临时政府。以往的研究已经注意到了在长江下游的商会等社会组织在该地区核心和边缘地带的革命运动中的不同经历。在长江下游地区的边缘地带,由于革命造成的社会动荡,商会领袖很难与猖獗的土匪、秘密会社及当地驻扎的清军达成共识,所以只是扮演了维持社会稳定的角色。但在该区核心地带,特别是在上海这样的大城市,商会领袖和其他城市精英积极参加了反清起义,为革命运动做出了重要贡献。[1] 实际上,即使在长江下游地区的核心城市,商会在辛亥革命中也扮演了至少两种不同的角色:它们或者支持革命党人举行了反清武装起义,或者向当地清朝官员施压,推动其宣布和平独立。

　　江浙地区商会在 1911 年所参加的两种不同形式反清革命运[189]动是它们长期以来为其精英商人的私人和公共利益与清政府进行多种形式互动的继续和集中表现。至 1911 年末,这些商会的网络扩张也导致其中精英商人领袖直接或间接地接触了孙中山的同盟会或浙江革命党人领导的另一反清组织光复会。[2] 1911

---

[1] R. Keith Schoppa(萧邦奇), *Chinese Elites and Political Change：Zhejiang Province in the Early Twentieth Century*(《中国精英与政治变迁：20 世纪初的浙江》), pp. 145 - 154；Marie-Claire Bergère(白吉尔), *The Golden Age of the Chinese Bourgeoisie*(《中国资产阶级的黄金时代》), pp. 191 - 201.

[2] 关于这两个革命党在长江下游地区的活动,见 Mary Backus Rankin(冉枚铄), *Early Chinese Revolutionaries*(《中国早期革命者》).

年前后,江浙商会与这些不同的社会政治力量之间的互动典型地展示了它们社团网络力量。

由于上海、苏南和浙北商会的一些领袖在 1911 年之前就与革命党发展了各种关系,辛亥革命中诞生的新政权也很快就给这些精英商人带来了政途上升机会和社会稳定的希望,他们因此成为反清革命的支持者。陈其美是长江下游地区同盟会的主要领导人之一,1908 年他从日本回到上海。通过湖州同乡、上海商务总会董事杨信之的帮助,他在上海找到了一份教书的工作。辛亥革命发生之前,陈其美等革命党人至少吸收了上海商务总会和沪南商务分会的 6 位前任和现任领导人物,即沈缦云、王震、虞洽卿、叶惠钧、顾馨一和李厚佑。李氏的兄弟李征五也是上海商务总会的会友,并于 1911 年加入同盟会。①

1911 年初,同盟会东京总部决定成立国民军和国民会作为外围组织。因此,沈缦云、叶惠钧等已经投身反清革命的精英商人便积极发展这两个组织及其与江浙商会的联系。3 月,他们帮助成立了全国商团公会,声称其宗旨是为了救亡图存而促进军事训练。作为秘密的同盟会主要领袖之一,宋教仁应邀在全国商团成立大会上讲话,同时李钟珏被选举为这一商人武装团体的会长。尽管李氏并非一名革命党人,但他是沪南商务分会的董事之一,也是上海自治公所的主要领袖。全国商团公会统一了上海的商团力量,并很快与苏北地区的通州直隶州和浙北硖石镇商团建

190

---

① 《辛亥上海光复前后》,第 10—11 页;Ding Richu(丁日初),"Shanghai Capitalists before the 1911 Revolution"(《辛亥革命前的上海资本家》),pp. 66 - 74;上海市工商业联合会、复旦大学历史系编:《上海总商会组织史资料汇编》上册,第 94—95、120、125 页。

立了联盟。① 所以，后来通州和硖石的商会和商团领导人物均分别响应了上海和杭州的反清革命起义。

6月，沈缦云和上海同盟会的一些成员进而组建了中国国民总会，沈氏并被选为会长。由于同盟会的秘密会员褚辅成在当时担任嘉兴商务分会总理和浙江省谘议局议员，他帮助中国国民总会在嘉兴府城和浙江省城杭州均成立了分支机构。② 杭州商务总会并呼吁浙江省的商务分会帮助该组织建立商团。如此一来，这个革命党外围组织很快就在湖州、宁波和浙江其他地区建立了分会。它的湖州分会主要由当地商务分会领袖发起，并与后者在同一地点办公。湖州商会领袖也利用这个机会，计划组建一个商团。③ 因此，不管是有意还是无意，这些精英商人在辛亥革命前都充当了江浙商会和同盟会之间的纽带。

当武昌起义爆发后，陈其美所领导的同盟会很快就以沈缦云为中介，联系了李钟珏及其他上海两个商会和自治公所的领导人物，将他们带入反清起义的联合行动计划。11月3日下午，上海起义开始之际，陈其美领导敢死队向驻守江南制造局的清军发动进攻。与此同时，李钟珏利用商团接管了上海县城的衙门，并维持了华界社会秩序。但是，陈其美对江南制造局的进攻失利，被清军俘

① Kojima Yoshio（小岛淑男），"The Chinese National Association and the 1911 Revolution"（《中国国民会与辛亥革命》），pp. 177 - 182；《新闻报》1911 年 3 月 13 日、5 月 19 日、7 月 13 日；上海市工商业联合会、复旦大学历史系编：《上海总商会组织史资料汇编》上册，第 125 页；杨逸编：《上海市自治志》，"董事会职员表"第 1a 页。

② Ding Richu（丁日初），"Shanghai Capitalists before the 1911 Revolution"（《辛亥革命前的上海资本家》），pp. 70 - 71；《民立报》1911 年 6 月 11 日、6 月 12 日、6 月 17 日、7 月 6 日；《时报》1910 年 7 月 12 日。关于褚辅成的简要生平，见 May Backus Rankin（冉枚铄），*Elite Activism and Political Transformation in China*（《（中国精英行动主义与政治转型）》），p. 374，note57。

③《时报》1911 年 7 月 6 日；《民立报》1911 年 7 月 18 日；《全浙公报》1911 年 7 月 8 日、7 月 11 日。

获。此后,李钟珏和王震仍与江南制造局的清军将领保持联系,并试图用沪南商务分会和上海自治公所名义保释陈氏。谈判失败后,他们便动员商团公会成员,再度攻击江南制造局。他们所领导的商团与光复会领袖李燮和指挥的起义清军及投诚警察联合行动,终于在4日凌晨击败江南制造局的清军,将陈其美从狱中释放。①

191

上海商会和其他地方精英社团领袖的支持不仅对于该地反清起义的胜利至关重要,而且对随之而来的同盟会和光复会之间的权力斗争也有关键的影响。李燮和领导的光复会首先在上海县城成立了军政府,并要求上海商务总会帮助维持市场秩序。但是,他并没有得到上海精英的支持,甚至并未得到他们的邀请参加另一个军政府的选举会议。由于李钟珏和上海两个商会、自治公所、商团及消防队的其他领导人物已经在上海起义前后与陈其美等同盟会的革命党人发展了密切关系,他们共同举行了建立新的军政府会议,并选举陈其美为军政府都督。这两个上海商会和上海自治公所的领袖如李钟珏、沈缦云和王震等人很快进入这个军政府,担任民政、财政、交通等部总长。上海商务总会前总理周晋镳和前协理朱葆三也随后加入了陈其美为首的军政府。②

① 李平书:《李平书七十自叙》,第58—59页;上海社会科学院历史研究所编:《辛亥革命在上海史料选辑》,第149—152、203—205页。

② 上海社会科学院历史研究所编:《辛亥革命在上海史料选辑》,第136、285—288、307—309、537、617—620页;中国史学会编:《辛亥革命》第7册,第48—49页;上海市工商业联合会、复旦大学历史系编:《上海总商会组织史资料汇编》上册,第95、125页;《辛亥上海光复前后》,第7—8页;许奇松、李宗武:《争夺沪军都督现场目击记》,第29—31页。这些史料称这次选举会议在11月4日或6日召开,尚有互相矛盾之处。但是,该会议显然是在11月6日召开,所以其选举结果出现于次日的上海报纸。关于陈其美的同党用武器胁迫其他出席此次会议人员,使他选为都督的说法也是这些史料之中一个具有争议的问题。但以上所引用的一份资料显示,陈其美首先在该会议上被选举为"军政长",然后他的支持者使用了恐吓手段,让他在会议结束前成为都督。不论如何,陈其美的军政府在开始之际确实获得了上海精英商人的大力支持。

　　这些精英商人慷慨解囊,为新的革命政府组织了各种筹款活动。仅沈缦云一人就从他所经理的信成银行为新政府筹措了30多万银元。但信成银行的主要股东实际是上海商务总会的另外一位长期董事周廷弼。他们还帮助组建了中华银行,作为军政府的金融机构。沪南商务分会为此特别召开了一次会议,敦促商人支持这家革命银行,接受其发行的纸币,并在该银行存款。上海商务总会特别帮助陈其美都督领导下的军政府从当地商人借款300多万银元,用以支付其巨额开支。由于陈其美和同盟会得到上海精英全力支持,李燮和及光复会所属的军政府只得迁往上海附近长江口的吴淞镇,但当地的商会分会总理也加入了这个分立的革命政权。①

　　陈其美和李燮和的军政府都派遣了革命军到附近的府县接管地方政权,而当地商务分会领袖等地方精英通常积极配合了这种军事接管。李燮和所派出的革命军就受到通崇海泰商务总会的欢迎,并因此与该商会前任总理张謇一起在通州成立了一个新的军政府。在上海附近的松江府和通州附近的如皋县等地,商会分会领袖和其他地方精英或者与当地革命党人合作,或者支持上海、吴淞而来的革命军,对于当地清朝政府实行了军事接管。②

　　杭州的革命党人也仿效上海先例,于 1911 年 11 月 4 日夜间 *192* 发动了反清武装起义。同盟会在沪、杭两城和浙江新军中的领袖

① 上海社会科学院历史研究所编:《辛亥革命在上海史料选辑》,第 290、414—416、614—620、624—625、983 页;《申报》1911 年 11 月 20 日;徐鼎新、钱小明:《上海总商会史 1902—1929》,第 161 页;中国史学会编:《辛亥革命》第 7 册,第 45 页。

② 上海社会科学院历史研究所编:《辛亥革命在上海史料选辑》,第 154—155、165 页;扬州师范学院历史系编:《辛亥革命江苏地区史料》,第 217—219、230—231 页;李平书:《李平书七十自叙》,第 58 页;《农工商部统计表(第一次)》第 4 册,第 4b—5a、25b 页。

一起策划了这场武装起义,并将身为嘉兴商务分会总理的同盟会员褚辅成带入这场密谋。褚辅成进而利用他的浙江省谘议局议员身份,将该局主要领袖带入起义筹备工作。他和其他革命党人还联系硖石镇的商务分会和商团的两名领导人物,向该商团借了4 000发子弹,用于杭州起义。因此,杭州的反清武装起义得到浙江省城及其周边商会领袖和其他改革精英的大力支持。11月5日杭州起义胜利后,硖石及邻镇的商会领袖和其他地方精英纷纷响应,升起革命旗帜。硖石的商团在后来还加入革命军,参与在嘉兴府城和江宁省城与清军的战斗。①

虽然杭州商务总会没有参加在浙江省城的反清武装起义,它仍然是新成立的军政府不可或缺的依靠力量。在此起义之前,该商务总会已经与浙江省谘议局合作,计划成立一个全省民团总局,但该计划未能得到官方批准。尽管如此,杭州商务总会仍然组建了所属的商团。该商团有一个总部,下设6个分所。杭州起义后,这支商团开始携步枪巡街,有效地保障了这一动荡时期的商业秩序和公共治安。11月下旬,新的军政府陷入了严重财政危机。它付不出军饷,也不能约束士兵,于是士兵们便勒索当铺。在这一关键时刻,杭州商务总会一再努力阻止商人罢市。它还通过在杭州市场发行军用债券,为军政府组织一家新的银行,帮助解决了财政危机。②

商会领袖和革命党人之间的合作也影响了宁波的辛亥革命。

---

① 中国史学会编:《辛亥革命》第7册,第129—134、154—156页;吴欣木:《辛亥革命时期的硖石商团和工兵铁道大队》,第170—173页;《农工商部统计表(第一次)》第4册,第32a页;《海宁州志稿》第40卷,第28a页。
② 政协浙江省萧山市委员会文史工作委员会编:《汤寿潜史料专辑》,第200—201页;《神州日报》1911年11月7日;《申报》1911年11月2日、11月5日、11月27日、11月28日、12月2—5日、12月12日。

宁波商务总会的主要领袖已经在 1911 年 7 月帮助当地同盟会秘密会员组织了中国国民总会宁波分会，并任名誉董事。10 月下旬，他们还向革命党人控制下的民团提供财政支持。革命党人反过来鼓励宁波商务总会，成立了一个商团组织。这些地方精英和革命党人的联盟甚至赢得宁波的汉人知府的支持，从而吓跑了满人道台。随后，该商务总会领袖与当地革命党人及反正清官一道，加入了维持社会秩序的"保安会"。他们实际上从 11 月初就控制了当地的军事和行政事务。至 11 月 5 日，革命党人成功地利用当地民团接管宁波，并在原有的保安会基础上组建新的军政府。这个新的军政府沿袭上海先例，吸收宁波商务总会和地方自治公所的领导人物参加。这些地方精英组织不仅为宁波军政府提供了商团力量、财政支持和其他资源，还帮助这一革命政权获得了社会承认。①

　　除了参与上海模式的反清武装起义或支持新的革命政权，苏州商务总会和其他的地方精英社团领袖还开创了另一模式的反清运动，即推动该地清朝政府官员宣布从清廷和平独立。苏州模式的和平独立影响了江苏许多城镇及南方绝大多数省份的辛亥革命运动。② 在这种形式的革命运动中，反正的清朝官员很难像革命党人那样，为他们的反清行为辩护、并使其新的政权合法化。因此，他们更多地依赖于商会和其他社会精英社团来提供其新政权的合法性，并需要在其他方面得到帮助和支持。

---

① 林端辅：《宁波光复亲历记》，第 175—180 页；魏伯桢：《辛亥宁波光复的回忆》，第 205—217 页；中国史学会编：《辛亥革命》第 7 册，第 161—163 页。
② 关于苏州开始的"和平独立"反清运动及其对于其他省份辛亥革命的影响，见 Wang Laidi（王来棣），"The 'Peaceful Independence' of the Constitutionalists and the 1911 Revolution"（《立宪派的"和平独立"与辛亥革命》），pp. 4 - 15。

在 1911 年反清革命爆发之前和革命期间,由于苏州及其周边城镇中的革命党人很少,而且并不活跃,当地商会当然无法与他们合作举行武装起义。但是,商会领袖和其他立宪派精英对民众的暴力革命都有着强烈的恐惧,他们也与立宪派官员逐渐结成了反对清廷利用宪政改革加强中央专制集权的联盟。作为江苏省谘议局议长及省内众多立宪派社团领袖,张謇在 10 月 10 日晚亲眼看见了武昌起义的爆发,但他的最早反应是要求清政府镇压革命起义,以挽救立宪改革运动。从 10 月 14 日至 15 日,张謇从武汉回到江宁之后与该地清朝官员多次会晤,但未能说服他们增兵武昌。16 日他到达苏州之后,特别拜访江苏巡抚程德全,并帮助他起草了一份致清廷电报,敦促清廷改组内阁,颁布宪法,从而遏制革命浪潮。但清廷反应冷淡,打破了张謇和程德全的幻想。程德全同时也对清廷歧视汉人官员和在宪政改革中强化中央集权的措施感到不满。①

与此同时,苏州商务总会自 1911 年 9 月以来已多次收到来自附近城镇商务分会和商务分所关于民众抢米骚乱的报告,并在武昌起义爆发后直接面临苏州内部的金融和社会危机。10 月下旬,大批失业的丝织工人已经开始威胁要暴动。随着反清革命起义从长江中游向下游蔓延,苏州居民开始逃离城市。② 11 月 3 日爆发的上海反清武装起义进一步震撼了苏州的社会精英和清朝

① 扬州师范学院历史系编:《辛亥革命江苏地区史料》,第 127 页。张謇:《张謇全集》第 1 卷,第 175—177、180 页;第 6 卷,第 658—661 页。Wang Laidi(王来棣),"The 'Peaceful Independence' of the Constitutionalists and the 1911 Revolution"(《立宪派的"和平独立"与辛亥革命》), p. 8.

② 章开沅、刘望龄、叶万忠主编:《苏州商会档案丛编 1905—1911》,第 657—659、1155—1170、1291—1305 页;叶昌炽:《缘督庐日记钞》第 14 卷,第 36b—38b 页;章开沅、朱英、祖苏、叶万忠编:《苏州商团档案汇编 1905—1911》上册,第 233 页。

官员,而且次日就有大约 50 名革命士兵从上海来到苏州,动员当地新军发动兵变。在这个关键时刻,苏州的社会精英们在一所书院举行了一次特别会议,所有与会者都赞成从清廷和平独立。同日,苏州商务总会的总理尤先甲与当地教育会和自治公所的领袖一起,先后三次会见了江苏巡抚程德全。他们不仅劝程氏采取权宜之计,以免使江苏民众受害,而且还帮助该巡抚安排了苏省独立事宜。当程德全在苏州官员的紧急会议上提出江苏独立计划时,仅有极少数人表示反对。作为杭州商务总会前任总理,现任江苏提学使樊恭煦代表与会官员,表示支持程德全的独立计划。①

在程德全宣布苏省独立前夕,苏州商务总会部署其所属苏商体育会巡逻街道,在此关键时刻维护了社会秩序。11 月 5 日上午,驻守苏州的新军从郊区进入市区,支持程德全出任都督,并在"中华民国"的旗帜下,举行军政府的就职典礼。由于苏州的政治革命比立宪派精英和官员所预期的还要和平,他们故意打碎巡抚衙门房顶的几块瓦片,以显示他们的革命"暴力"。在当天下午一个更具象征意义的仪式上,来自苏州商务总会和自治公所的领导人物正式签署了一份文件,表示对新政府的支持。②

新任苏省都督程德全很快向他以前的所有下属官员发出一 ¹⁹⁵ 份公开电报,命令他们立即宣布其所在府、州、厅、县独立。③ 因此,苏州的和平独立模式很快就影响了苏南的革命运动。各地的

---

① 扬州师范学院历史系编:《辛亥革命江苏地区史料》,第 54—56、123 页;中国史学会编:《辛亥革命》第 7 册,第 5—6 页;张国淦编:《辛亥革命史料》,第 228—229 页。

② 中国史学会编:《辛亥革命》,第 7 册,第 5—6 页;扬州师范学院历史系编:《辛亥革命江苏地区史料》,第 117、125 页;叶昌炽:《缘督庐日记钞》,第 14 卷,第 39a 页。

③ 中国史学会编:《辛亥革命》第 7 册,第 8 页。

商会、自治公所和其他地方精英组织的领导人物也积极敦促地方官员效仿程德全的榜样。在某些地方，他们甚至与前清官员合作，争取和平独立，反对当地革命党人采取军事行动。这种政治活动反映了他们对个人利益和社区安全的关切，但他们的支持对辛亥革命期间的政治变革及由反正官员或革命党人所领导的新政权的稳定都极为重要。

在常州府，恽祖祁是当地商务分会和其他精英社团的主要领袖。11月5日他接到上述新任苏省都督程德全的电报后，立即说服当地的满人知府，将权力移交给汉人知县，并在江防营守军的支持下，组织新政权。然而，当地农会的领导人物已经联系了上海的革命党人，决定使用来自乡村的农团，武力接管常州府城。他们还计划在革命党人的领导下，建立一个新政权，将恽祖祁及其影响下的商团和江防营守军全部排除在外。11月7日晚间，农会领导人物在一所中学秘密开会，决定次日采取行动。①

与此同时，恽祖祁决定采取先发制人的措施。他当晚命令常州城内商人立即升起白旗，并在他竞争对手的计划实施之前，提前宣布常州独立。在给苏州军政府的两封电报中，恽祖祁声称盘踞在当地中学的"土匪"阻止商人悬挂白旗，并请求允许他将这些"土匪"赶出常州府城。尽管恽祖祁向苏州发出的请求没有得到回应，他已经部署江防营进攻农会领袖集中开会的中学。在革命党领导之下的农团以此中学为据点，抵挡了江防营整整一夜的攻击。这番攻击失败后，恽祖祁不得不逃到上海。此后，常州出现

---

① 常州市民建、工商联文史资料办公室编：《武进县商会及工商业发展史略》，第104、110—111页；扬州师范学院历史系编：《辛亥革命江苏地区史料》，第152—153、157页。

了一个以革命党人为主要领袖的军政府。然而，新的军政府强制
商人捐助军饷，很快遭到常州商务分会的强烈抗议，几乎卷入与
该商务分会所属商团的军事冲突之中。常州商务分会的激烈行
动保护了当地商人利益，后来导致当地军政府的革命党人领袖失
去他的职务。①

在常州附近地区，镇江商务分会的领袖在更加危急的情况下
保护了该地城市社区，促进了和平独立的实现。在来自上海和镇
江新军的革命党人策划反清武装起义的同时，当地八旗驻军仍然
决心抵抗任何革命行动。然而，镇江八旗统领与当地商务分会前
任总理吴兆恩、现任总理于鼎源以及他们主导的自治公所等地方
精英组织的领导人物保持着密切的关系。因此，这些地方精英组
织领袖没有像大多数市民那样逃离镇江，而是积极寻求和平解决
办法。在新任苏省都督程德全关于从清廷独立的命令到达镇江
后，这些地方精英领袖与八旗统领及其他本地清朝官员于 11 月
6 日举行了一次特别会议，最终决定遵循苏州先例，宣布和平独
立。镇江商务分会和自治公所还提交了一份书面保证，以确保该
城所有满人的安全，从而说服了八旗统领同意和平投降。②

这些镇江地方精英社团领袖敦促清朝官员同意和平独立后，
他们还在 11 月 7 日就此获得了革命党人的同意。然而，当地新
军在当天已经接到命令，准备次日炮轰、攻击镇江府城。由于这
场和平独立的安排在当天实现，这一即将发生的军事冲突得以及

---

① 常州市民建、工商联文史资料办公室编:《武进县商会及工商业发展史略》,第 111、
118 页;扬州师范学院历史系编:《辛亥革命江苏地区史料》,第 152—154、159—
161 页。
② 扬州师范学院历史系编:《辛亥革命江苏地区史料》,第 266—268、291—292 页;卞
孝萱、唐文权主编:《民国人物碑传集》,第 232 页;中国史学会编:《辛亥革命》,第 7
册,第 266 页。

时幸免。但紧接其后,新军统领在其官署之外发现炸弹,怀疑旗兵所置,所以仍然命令炮轰八旗驻地,血洗旗营,作为报复。在此关键时刻,镇江商务分会总理于鼎源与该新军统领通宵辩论,最终让他收回了成命。此外,于鼎源还通过个人和商会网络,帮助安排了处于长江北岸的扬州府城和平独立。①

于鼎源与扬州商务分会总理周树年原来就有亲戚关系,所以他们在镇江辛亥革命期间保持着频繁个人联系。11 月 7 日镇江实现和平独立的当天,周树年的代表到达该地,邀请刚刚反正的清军统领、原为私盐枭首的徐宝山前往扬州,支持和平独立。但同日,一个自称革命党人的孙天生得到扬州驻防清军支持,占领了扬州。在孙天生忙于从牢房释放囚犯、掠夺官府财物、造成骚乱之际,满族盐务官员已经在其衙门架上大炮,准备进行武力自卫。②

在这个危急时刻,周树年再次派遣一名代表前往镇江寻求帮助。结果,11 月 9 日,徐宝山的军队与一名革命党人和镇江商务分会的一名代表一起进入扬州。在徐宝山的军队弹压了孙天生势力、建立了新的军政府之后,周树年和他的弟弟都加入了该政府。徐宝山的军队后来还接到附近泰州、兴化等县的商务分会等地方精英组织的邀请,镇压了当地的兵变,帮助实现和平独立。在苏北的东台县,商务分会领袖也与当地驻防清军统领合作,于

---

① 扬州师范学院历史系编:《辛亥革命江苏地区史料》,第 254—257、261、268—270、278—279、287 页;卞孝萱、唐文权主编:《民国人物碑传集》,第 232 页;中国史学会编:《辛亥革命》,第 7 册,第 266—267 页。
② 扬州师范学院历史系编:《辛亥革命江苏地区史料》,第 253、294—296、302—303、305—306 页。

11 月 23 日宣布和平独立。①

在商会领袖、其他地方社团精英领导人物以及反正清朝官员的策动下,更多的苏南县城、甚至市镇宣布和平独立。在江阴县,当地商务分会总理和其他地方精英领袖在武昌起义爆发后成立了一个"公团"来控制财政、警察、司法和其他事务。因此,11 月 8 日,他们自然而然地宣布和平独立,但新政府仍然保留了前知县作为负责民政事务的官员。在昆山县,当地商务分会的前任总理方还是江苏省谘议局和资政院的议员,但他接受了满族知县在其家中避难。通过控制当地驻防的清军,方还于 11 月 6 日领导组建了新政府,但将本地少数革命党人排除在外。②

上海的反清武装起义在革命党人领导下取得胜利后,其附近的嘉定县商务分会、商团、自治公所等组织的领导人物仍然继续与当地清朝官员合作,维护了社会秩序。他们后来遵循苏州先例,于 11 月 6 日宣布和平独立。8 日,在上海军政府督军陈其美的命令下,嘉定县终于成立了一个军政分府。不过,在该县的南翔镇,商务分会领袖和其他地方改革精英已经在两天前自行设立一个"民政事务所",并选举了商务分会的前总理和该镇教育会、自治公所的主要领袖李树勋为市长。③ 李树勋等南翔地方精英之所以能够发动这场反清和平革命、顺利建立新的政权,其原因已在此前的讨论中有所说明。如上所述,他们领导的商务分会和教育会在 1909 年之前就已经控制了该镇善堂等社区组织,而他

198

---

① 扬州师范学院历史系编:《辛亥革命江苏地区史料》,第 287、298、303—309、320—328 页。
② 扬州师范学院历史系编:《辛亥革命江苏地区史料》,第 130—132、177—181 页;张朋园:《立宪派与辛亥革命》,第 212、285 页。
③《嘉定县续志》第 2 卷,第 38b 页,"卷末"第 1a—4a 页。

们的社团网络也在此后进一步扩大,进而兼容了地方自治公所。

十分显然,从上海和其他江浙都市到南翔这样的乡镇,商会领袖和其他新式社团的精英领导人物都为暴力或和平的革命运动提供了至关重要的支持,并利用其社团网络帮助建立、巩固了新政权。他们参与建立民国旗帜下新政权的活动实际是他们努力争取在商业立法和司法中分享官方权利,并通过地方自治公所、省谘议局和未实现的国会在立宪运动中追求政治影响的最终结果。因此,江浙商会参与立宪改革和反清革命的政治意义不仅在于它们促进了运动从改良转向革命,从而结束了清王朝及其帝国制度,还在于它们帮助创建了共和政体,使其合法性建立在社会组织和整个社会的认同基础之上。这个在中国经济核心地带的社会政治转型,注定会影响到全国层面的社会与政府关系的变迁。

第七章　全国商会网络和民国时代政府

随着辛亥革命的发生,中国迅速从帝制转向民国时代,江浙
地区的商会也进一步将其社团网络与政治影响扩展到全国范围。
这一趋势促进了全国商人群体的进一步联系及其与不断更替的
民国政府之间更为激烈的互动,并标志着社团网络革命在这个历
史转折时期的极度高涨。通过与民国时代政府的多种互动,江浙
商会的活动和关注的范围远远超越了精英商人阶层和区域地理
局限,从而为更为广大的社会和全国范围的政治变迁提供了历史
发展动力。

1911 年 12 月 2 日,江浙联军攻占江宁,并将该城更名为南
京,至此,辛亥革命基本结束了清政府在长江下游的统治。随后,
各独立省份的谘议局和军政府都督代表们决定组建南京临时政
府,并于 12 月 29 日选举长期从事反清革命的领袖孙中山为临时
大总统。① 为了寻求政治保护并追求政治机会,江浙地区商会最
初热切支持孙中山的南京临时政府及其所属地方革命政权。然
而不久之后,它们就因为商人群体特别是精英商人和这些新的政
权在经济、政治利益上发生冲突,撤回了对南京临时政府及其所

---

① 中国史学会编:《辛亥革命》第 8 册,第 4—5、8 页;刘星楠:《辛亥各省代表会议日
　志》,第 248—249、252 页。

属地方政权的支持。

200　　商会和这些新政权产生矛盾的主要原因在于后者对商人捐助军饷和行政经费的贪得无厌要求。1911 年 12 月初江浙联军将清政府军队驱逐后，江宁商务总会首当其冲，承受了沉重财政负担。该商务总会最初曾热烈欢迎江浙联军入城、以酒肉犒劳联军士兵，并盛赞他们为"最可爱的同胞"。[①] 然而，不到一个月后，江宁商务总会不得不筹集 20 万银元，让这些"可爱的"军人离开南京，不再带来更多骚乱。[②]

　　上海商务总会遭遇了来自同盟会所控制的军政府提出的尤其繁重的捐款要求。它的领袖和成员甚至还成为沪军都督陈其美强制和勒索捐款的受害者。为了获得清政府遗留在上海钱庄的存款，陈其美软禁了担任上海商务总会董事的钱业领袖朱五楼，使得当地商人社区大为震惊。直到 31 家钱庄提供了大量贷款后，沪军都督府才释放了朱五楼。陈其美还绑架了上海商务总会会员、大清银行上海分行经理宋汉章，试图攫取该银行的资产。这次绑架活动迅速引起商人抗议，但陈其美依旧拒绝上海商务总会保释宋汉章的请求。此外，陈其美主持的军政府也未能在 1912 年被撤销前偿还上海商务总会提供的 300 万两白银贷款。[③]

　　这些沉重经济负担迅速削弱了上海商人精英对军政府的支持态度。1911 年 11 月 6 日以陈其美为都督的上海军政府成立

① "中华民国开国五十年"文献编纂委员会编：《"中华民国开国五十年"文献》，第104 页。

② 张謇：《张謇全集》第 6 卷，第 661—662 页；《时报》1912 年 1 月 19 日。

③ 中国人民银行上海市分行编：《上海钱庄史料》，第 71 页；上海社会科学院历史研究所编：《辛亥革命在上海史料选辑》，第 429—431 页；《新闻报》1912 年 3 月 28 日；上海市工商业联合会、复旦大学历史系编：《上海总商会组织史资料汇编》上册，第117、119 页；《上海总商会报告录》，"文牍"第 17—20 页。迫于上海总商会的压力，袁世凯政府于 1913 年以债券形式偿还了这笔贷款。

后,商会等精英社团的领袖如李钟珏、王震、沈缦云和朱葆三曾经热情加入其中。仅一个月之后,沈缦云所经理的信成银行因向军政府提供巨额贷款而破产,他只得辞去其财政总长的职务。朱葆三接任了这一职务,并在此后的两个月中为军政府筹集了60万银元。但在1912年2月,朱葆三和另一位商会领袖——商务总长王震一道辞职,联袂离开了军政府。同时,李钟珏屡次递交辞呈,但迫于陈其美所施加的压力,不得不继续留任。① 此外,1911年11月朱葆三成立了上海商务公所来取代清政府批准的上海商务总会,与新的民国政府合作。1912年2月朱葆三离开军政府后,他的倾向革命的组织吸收了上海商务总会的人员,并主要模仿后者,重新命名为上海总商会。新的上海总商会很快加入了另外10个精英组织,对军政府强加的米麦税提出抗议。② ^201

　　新的政权也因为未能维持社会稳定,进一步失去商会支持。1912年初,南京临时政府任命一名倾向革命的政客来取代曾在辛亥革命期间以前清江苏巡抚身份领导苏州模式和平独立、并在此后担任江苏都督的程德全。但新接任的江苏都督并不受到当地社会精英和驻防军队的信任。3月27日至28日,数百名目无法纪的士兵在苏州发动了一场大规模兵变,导致7人被杀、1人重伤、331家商铺被洗劫一空,造成地方商人高达73万银元的损失。这次暴乱直接扩大了苏州商务总会与当地及南京的新政权

---

① 上海社会科学院历史研究所编:《辛亥革命在上海史料选辑》,第535—537、617、983页;高景嶽,严学熙编:《近代无锡蚕丝业资料选辑》,第36—37页;《新闻报》1912年2月11日。

② 上海市工商业联合会编、复旦大学历史系编:《上海总商会组织史资料汇编》上册,第126—133页;上海社会科学院历史研究所编:《辛亥革命在上海史料选辑》,第725—726页。

之间的分歧。[1]

南京临时政府也因类似问题失去了江浙商会的支持和合作。它在 1912 年 1 月 1 日成立后就遭遇了一场严重财政危机，并试图强迫南京和其他江浙城市的商会筹措 50 万银元。但由于南京临时政府的实业总长张謇长期赞助商会，对此表示反对，这个计划才未得到实现。然而，江宁总商会依然在 1 月支付了上述的 20 万银元，以便江浙联军和平离开，并在此后被迫兑现南京临时政府发行的军需债券，避免了全城商人罢市。尽管南京临时政府急切需要商人支持，但它并未给予商会更多参政权力。3 月，上海总商会曾上书临时大总统孙中山，恳请向临时参议院选派 3 名商会代表。但这一请求没有得到肯定答复，以至江浙商会竟然未能得到在清末资政院中就已取得的同样代表权力。[2]

因此，在 1912 年 2 月袁世凯与南京临时政府达成政治协定，迫使清帝退位后，江浙地区商会领袖及其他社会精英已经准备为了国家和平统一，与袁氏合作。孙中山同意让位于袁世凯后，他和其他革命党领袖坚持袁氏在南京就任总统职位，以便调虎离山。在这个关键问题上，上海总商会和沪南商会并未支持孙中山的要求。这两个商会于 3 月 9 日向孙中山、袁世凯、南京临时参议院、各省都督及谘议局发送了一封公开电报，呼吁为了早日统一全国，应当避免在建都地点问题上的纷争。[3]

中国大陆历史学家通常将这封电报解读为上海商会领袖为

202

---

[1] 马敏、朱英：《传统与近代的二重变奏：晚清苏州商会案例研究》，第 423—432 页；马敏、祖苏编：《苏州商会档案丛编 1912—1919》，第 576、595—610 页。

[2] 张謇：《张謇全集》第 6 卷，第 877 页；《时报》1912 年 1 月 19 日、2 月 3 日；徐鼎新、钱小明：《上海总商会史 1902—1929》，第 187 页；周康燮编：《辛亥革命资料汇辑》第 5 册，第 305 页。

[3] 虞和平：《商会与中国早期现代化》，第 296 页；《新闻报》1912 年 3 月 9 日。

了他们的资产阶级利益而做出的消极政治选择,甚至将其行为视为与袁世凯勾结,背弃孙中山的革命党。① 实际上,这封电报中,上海商会领袖对袁世凯和革命党寄予了同样的希望,敦促双方携手共建一个统一的民国政府。他们在定都地点问题上的立场反映了当时国内一般大众的公共舆论。② 因此,商会起初支持革命党人控制的政权,但在随后选择离开后者,这不仅是出于精英商人的权衡,也出于商会对公共利益的考虑。

更为重要的是,江浙地区商会并未简单地支持袁世凯的北京政府,而是从其开始之际就与之发生了冲突。特别值得注意的是,它们与其他省份的商会一道,在 1912 年 11 月 1 日至 12 月 5 日间的北京全国临时工商会议上集体挑战了袁世凯政府的工商部。为了召开这次会议,工商部发出公开呼吁,计划讨论关于工商业发展的法律、政策和策略。来自 45 个国内外商会的 70 多名代表参加了这次会议,响应了这一呼吁,其中包括 18 名来自 10 个江浙商会的领袖。出席会议的还有其他商业、工业团体的代表以及一些官员和特别代表。③ 江浙地区商会的领袖不仅占全国各地商会代表总数的近 26%,而且还向大会提出了特别重要的议题。

早在 1912 年 6 月,上海总商会就已经联络了汉口总商会,开始策划建立一个全国商会联合会。它们继而将此计划用电报发给全国其他商会,得到绝大多数商会的积极支持。当上海、汉口

---

① 虞和平:《商会与中国早期现代化》,第 296—297 页;徐鼎新、钱小明:《上海总商会史 1902—1929》,第 165—166 页。

② 有关 1912 年初革命党人对于袁世凯的态度以及公众对于首都问题的舆论,见 Ernest P. Young(杨格),"Yuan Shih-kʼaiʼs Rise to the Presidency"(《袁世凯登上总统宝座》),pp. 420-423,436-440。

③《民国初年全国工商会议报告录》,第 23—33、37—52 页。

总商会的领袖在北京会议提出这一计划后,立即获得了其他商会代表的一致支持,但他们在此问题上团结一致的行动直接挑战了工商部只许建立省级商会联合会的官方规定。尽管如此,出席会议的代表仍然于 11 月讨论通过了关于中华全国商会联合会的章程,并由上海、汉口总商会联合请愿,迫使工商部在 12 月 20 日批准了全国商会联合会的成立。虽然这个全国性组织在名义上的总部位于首都北京,但其总事务所在上海总商会。① 因此,上海总商会实际控制了全国商会联合会。

在此次北京会议上,商会代表与工商部也因后者拟定的《商会法》草案发生了冲突。通过这个法案,工商部试图收回此前授予所有商会的公章,消除总会和分会在名称上的区别,将其纳入地方政府管理之下。该部的目的显然是企图切断总商会、分会和分所之间的上下级垂直联系,通过地方政府对它们分而治之。出席会议的全体商会代表强烈反对该项草案,甚至计划举行联合抵制活动,反对工商部关于讨论《商会法》草案的提议。结果,袁世凯政府未能在这次北京会议后通过关于商会的法令。②

商会代表与袁世凯政府在北京会议上的斗争还进一步扩大,涉及关于首届众议院全国大选中的商人选举权以及商会在参议院中代表权力的政治问题。1912 年 8 月袁世凯政府已经颁布了

---

① 天津市档案馆、天津社会科学院历史研究所、天津市工商业联合会编:《天津商会档案汇编 1903—1911》上册,第 291—299 页;《上海总商会报告录》,"文牍"第 21—23 页,"议案"第 3、5、15 页;虞和平:《商会与中国早期现代化》,第 108—109 页。

② 《民国初年全国工商会议报告录》,第 116—158 页,特别是第 147—155 页;天津市档案馆、天津社会科学院历史研究所、天津市工商业联合会编:《天津商会档案汇编 1903—1911》上册,第 296—297 页;朱英:《转型时期的社会与国家——以近代商会为主题的历史透视》,第 477—482 页。

选举法,但该法案将缴纳商税排除在投票人资格之外,以此限制商人的选举权。通过与天津总商会以及其他北方商会的合作,上海总商会带领苏州、南京、汉口和其他南方城市的总商会发起请愿活动,要求对选举法作有利于商人的修改。在此次北京会议上,来自江都县、江浦县、无锡县等江浙地方商会的代表们与来自其他省份商会代表一起,就此问题直接向袁世凯政府提出请愿。①

上海总商会进而提出从全国商会联合会中选出 10 名代表,作为参议院不具投票权的议员,但这 10 名代表将出席所有关于商业问题的讨论会议,并有权审批有关决议。与此相呼应,商会代表在本次北京会议上也提出了这一要求,并威胁如果不能达到这一目的,将停止缴纳商税。不幸的是,他们关于商人选举权和商会在参议院代表权的斗争并不如他们上述关于全国商会联合会和《商会法》草案的抗争同样成功和有效,未能达到目的。②

通过领导此次北京会议中三轮反对袁世凯政府的斗争,江浙 [204] 商会实现了它们建立全国商会联合会作为全国范围商会网络的目标,挫败了北京政权使用法律限制它们相互联系的企图。然而,它们围绕国会选举权和代表权的政治斗争仍然遭到了失败。由于民初国会限制了商会等社会精英团体的政治参与,民众更是被排斥在外,它未能遏止袁世凯的军事独裁统治。作为同盟会的

---

① 天津市档案馆、天津社会科学院历史研究所、天津市工商业联合会编:《天津商会档案汇编 1912—1928》第 4 册,第 4411—4426 页;陈瑞芳、王会娟主编:《天津市历史博物馆藏北洋军阀史料:袁世凯卷》,第 719—721 页。

② 上海市工商业联合会:《上海总商会议事录》第 1 册,第 38 页;虞和平:《商会与中国早期现代化》,第 108—109 页。

后继者，国民党在 1912 年 12 月到 1913 年 1 月的国会选举中所取得的胜利也无济于事。1913 年袁世凯镇压了孙中山领导的二次革命后，他在 1914 年初就悍然解散了国会、各省议会和地方自治机构。[①]

然而，袁世凯的北京政府并未能够解散商会和其他类似的社团。1914 年 9 月，袁世凯政权再次试图通过一部关于商会的法律，企图以此解散全国商会联合会，除去"总商会"的头衔，并减少商会的数量，但该计划立即遭到全国商会的强烈反对。上海总商会不仅多次请愿要求推迟该法律的实施，而且还召开全国商会联合会的紧急会议来协调抗议行动。在这种压力下，袁世凯政府于 1915 年 12 月通过了修改的《商会法》，基本接受了商会的要求。[②] 当袁世凯及其亲信于 1915 年 8 月开始进行帝制复辟运动时，他们特别强迫全国商会联合会及其成员提供支持。但是，直到 1915 年 9 月中旬，在全国将近 1 000 个商会中，只有 24 个屈服于政治压力，勉强发出支持复辟运动的电报。与此相反，许多商会积极参与全国范围的反对复辟帝制的活动，并在 1916 年初协助击败了袁氏的复辟运动。[③]

很显然，这些商会在袁世凯解散国会、各省议会和地方自治机构后仍然保持着它们的社团网络和政治活力。它们甚至在袁氏独裁统治的巅峰时刻还取得了围绕《商会法》斗争的胜利。在关于这场法律的斗争中，袁世凯独裁政府向这些商会的让步展示

---

① Ernest P. Young（杨格），*The Presidency of Yuan Shih-k'ai*（《袁世凯总统》），pp. 113 - 114, 129 - 137, 148 - 152.

② 上海市工商业联合会编：《上海总商会议录》第 1 册，第 351—353、364—366 页；第 2 册，第 491—495、508—509、518—519 页；朱英：《转型时期的社会与国家——以近代商会为主体的历史透视》，第 462—482 页。

③ 虞和平：《商会与中国早期现代化》，第 306—311 页。

了它们的权力更多的是来源于其社会合法性而非国家法律认可。²⁰⁵袁世凯复辟运动对商会支持的依赖进一步显示出任何帝制之后时代的政府也不得不向此类社会组织寻求政治合法性，即使暂时复辟的君主专制政权也是如此。因此，商会在袁世凯独裁之下的政治表现显示：它们的社团网络权力已达到相当程度制度化，也永久地改变了近代中国的社会政治关系。

当然，即便在民国时期的共和、民主制度处于鼎盛时刻的1912 年，这些商会仍未能使得它们的代表进入国会。因此，它们无法阻止国家体制转向袁世凯独裁，继而转向军阀统治。这些精英社团也未能将其网络扩展到广大的乡村，使用新的制度约束地方恶霸或者是杜赞奇所谓的政府在农村中掠夺农民的"赢利型经纪人"。① 然而，从民国初年到军阀割据时期（1916—1928），商会仍然保持着它们的网络力量和影响，正如一位西方观察家在1920 年所见证的那样：

> 中国商会在它们的城市社区内可能已经成为世界上最有权威的商业组织联盟。作为商会成员的优势是如此之大，以至于不论任何行业都无法承受置身其外的后果。

> 中国商会的正式地位是处于全国工商部及省级实业厅与商人阶层之间的中介组织……商会被赋予了对于制造业和工商业相关法律的制定、修改或废除进行建议的权力。

> 一旦发生紧急事件或公共危机，商会对商人阶级的权力就被扩展到所有人口之上……它们构成了中国现今仅有的

---

① Prasenjit Duara(杜赞奇)，*Culture，Power，and the State*(《文化、权力与国家》)，p. 43.

组织化力量，能够与军阀派系抗衡。当学生获得商会支持后，他们便能够影响并改进公共事务。

　　不同于多数中国现存机构，商会是处于实际运行秩序下的代表制机构，由此构成了对于中国未来政治充满希望的活生生的民主制度萌芽。①

由于民国时期整体政治体制的失败，商会未能达到这位西方观察家的期望，在此后领导中国走向民主。但是，它们对国家统一或分裂时期的中国社会以及专制或民主制度下的中国政治都带来了重要变化。正如以上引文所述，商会已经在工商业界和更广大的社会中牢固发展了新的社团网络，成为政府与商界之间，甚至军阀政府和大众社会之间不可或缺的重要力量。

206　　1927 年 4 月，中国国民党通过对军阀的战争建立南京国民政府，随后它便立即开始重新组建上海总商会。12 月，国民政府进一步计划解散所有的商会，代之以它所直接控制的商民协会。为了抵制该项计划，上海总商会号召全国范围内的商会组织于 11 月召开会议，全国商会联合会也随后向南京国民政府多次请愿。这次斗争一直持续到 1929 年中期，最终商会赢得了保留其名称和组织的权力，但它们不得不接受重新组织的过程，并最终沦于南京国民政府的控制之下。②

---

① Upton Close(厄普顿·克罗塞)，"The Chinese Chamber-Power for Progress"(《中国商会推动进步的力量》)，p. 37, pp. 40 - 41.

② Joseph Fewsmith(傅士卓)，*Party, State, and Local Elites in Republican China: Merchant Organizations and Politics in Shanghai, 1890 - 1930*(《民国时期的政党、国家和地方精英：上海商人组织和政治活动 1890—1930》)，pp. 130—165；徐鼎新、钱小明：《上海总商会史 1902—1929》，第 390—401 页；上海市工商业联合会、复旦大学历史系编：《上海总商会组织史资料汇编》下册，第 534—656 页。

　　此前关于近代中国商会的研究论著大多止步于这个历史时刻,认为这些商会的最终命运反映了中国现代化的失败,并将此归结为 20 世纪政府权力支配商人行动的总趋势。① 在关于 20 世纪初期广州的个案研究中,迈克尔·秦(Michael Tsin)典型地表达了这一学术流派的观点。他认为包括商会在内的晚清社团发展主要体现了政府处于衰落时期内非政府组织的短暂周期性活跃,但它们与政府的关系几乎没有取得实质性的变化。②

　　在某种程度上,商会与晚清、民国政府的关系确实反映了这种中国历史上的社会—政府关系的周期性左右摆动。从晚清到民国初期,软弱无力的政府无法对国内外挑战作出积极回应,以至于上层商人和其他社会精英能够扩展他们的社团及其社会政治权力。因此,如以上章节所示,作为精英社团网络先驱和关键,商会在改良、革命、民族主义运动以及经济现代化中发挥了领导作用。

　　然而,直到 20 世纪 20 年代晚期,商会与民国政府的互动结果,不仅是政府权威再次超越社会精英的影响而回升或重现了中国帝制时期一个新生的、强大的、中央集权的王朝诞生之后的情形。更为重要的是,这种互动打破了传统形式的社会—政府关系的周期性摆动。这使商会和其他社会组织保持了国家法律承认的地位,而且它们的社团网络持续地为精英商人和其他社会领袖

---

① 虞和平:《商会与中国早期现代化》,第 334、366 页;徐鼎新、钱小明:《上海总商会史 1902—1929》,第 400—401 页;Xiaobo Zhang(张晓波),"Merchant Associational Activism in Early Twentieth-Century China"(《20 世纪初中国的商人社团行动主义》),pp. 685 - 686。

② Michael Tsin(迈克尔·秦),*Nation, Governance, and Modernity in China*(《中国的民族、政府和现代化》),p. 10, pp. 18 - 19.

提供组织制度化基础,使得他们可以团结起来并集合民众,挑战政府的权力,或为后者提供社会合法性。从这种意义上来说,商会和其他法人社团所领导的网络革命为近代中国的社会政治关系带来了制度化的、不可逆转的历史性变化。

结 论

本书运用“社团网络”的概念分析了20世纪初期商会在江浙 208
地区城镇的发展及其社会政治关系和影响从地方到全国范围的扩大。这一概念反映了商会网络中人际性关系和制度化关系相互联结的客观现实，也揭示了它们的关系制度化、扩大化、多样化及其中成员互动强化所导致的历史性变化。这种关系的变化之所以具有革命性意义，原因在于它不仅触发了国家承认的法人社团及其交织的网络在商人社区和社会各界的空前迅猛发展，而且还影响了从20世纪初开始的全国社会政治变迁。

20世纪初期，由于商人社区和更为广大社会的长期关系变化，特别是由于行会领袖和其他精英商人之间的关系制度化和扩大化，中国商会开始孕育于西方经济侵略直接冲击之下的江浙地区城市。在行会、半官方企业和商务局的组织制度环境之中，该地区精英商人与晚清官员的互动也越来越激化，直接导致最早的中国商会兴起。这些商会的出现开创了一系列新的组织规范和制度化联系，如正式的领导体制、会员制度、定期会议、投票选举和等级性网络。这种组织制度化现象在原有的行会、善堂、学会和其他社会组织中只是偶尔、零星出现，但通过商会而率先发展，并影响了其他后起的新式社团。

正如当代社会学所指出的那样，社会组织制度化的特点是它 209

能够以特定类型的结构自我复制，并组织相对稳定模式的人类活动。[1] 清末以来的商会制度化发展自然使它们能够在中国社会组织史上以空前的速度和规模自我复制其个体机构并扩大其社团网络。因此，江浙商会的率先发展为全国工商界以及农业、教育和其他社会经济领域的新型社团提供了一种制度化范式和关键性联系。这些多种多样的新式社团用新的制度化框架从根本上改变了中国的社会结构，它们的网络扩张也培育了商人社区和更为广大的社会中更为稳定的社会关系。

江浙商会不仅体现了清末以来社会网络的制度化和扩大化，还通过其关系的多元化带来了深刻社会变革。这些商会利用多层次的会员、会议、选举和其他等级制度来吸收越来越多样化的商人尤其是精英商人，而不仅仅是少量、微弱的资产阶级分子。[2] 它们与工商业界内外的越来越多数和多样的社团通过人员和组织的相互渗透，促进了社会精英跨越行业界限进行的整合，尽管同时在新式教育、地方自治和其他方面的改革问题也加剧了这些精英帮派之间的权力斗争。[3] 这种相互关联的社团网络进而导致了更为普遍的社会整合的革命性趋势，促进了社会精英和普通民众在与外国列强和晚清政府的斗争中团结一致。1905 年的全国抵制美货运动和 1907 年前后的江浙铁路运动就是这种社会整合趋势的典型表现。

---

[1] Seumas Miller（苏马斯·米勒），*The Moral Foundations of Social Institutions：A Philosophical Study*（《社会制度道德基础的哲学研究》），p. 12.

[2] 关于中国资产阶级通过商会的制度化框架内日渐整合的观点，见虞和平：《商会与中国早期现代化》，第 99—123 页。

[3] 关于晚清教育改革和地方自治运动中社会精英的权力斗争，见 Barry C. Keenan（秦博理），*Imperial China's Last Classical Academies*（《中华帝国最后的书院》），pp. 125 - 140；Roger R. Thompson（汤若杰），*China's Local Councils in the Age of Constitutional Reform*（《宪法改革时代的中国地方议会》），pp. 137 - 161.

这些商会与民众和政府的互动因其制度化网络的扩大化和多样化而变得更加激烈和复杂,而这种互动反映了晚清以来它们所领导的网络革命中最具活力和最有意义的方面。确实,商会网络在其逐渐扩大的社会空间内的发展使其精英商人能够与民众找到更多的共同点,并为他们提供更多的机会来追求与社会公共利益相关的个人权力和财富。清朝末年,这些商会还将它们的社团关系从地方市场扩大到全国和国际层面的工商实业活动,如南洋劝业会和中美合资企业。这种制度化关系结合了商会的精英商人成员的根本个人利益,即他们对于工商业利润的追求,也结合了他们对国家利益的公共关心,其中包括他们利用跨国实业来推动中美民间外交的愿望。在这些政治化的实业活动中,商会的领袖和会员从他们混合的个人和公共利益出发,与清政府时而对抗、时而合作。由于商会网络有效地动员了社会精英和普通民众来采取集体行动,他们在大多数情况下成功地推进了精英商人的利益,同时增强了他们对公众代表权力的诉求。

在清末的立宪改革和辛亥革命运动中,江浙商会通过与清朝官员和其他社会政治力量的多种形式互动,进一步增强了精英商人的集体支配势力和公众代表权力。他们对清政府领导的立宪改革的响应和挑战都加速了商业立法、地方自治、咨议会选举等改革活动。最终,许多江浙城镇的商会领袖或者支持了革命党人的反清武装起义,或与反正的清朝官员合作,争取从清廷和平独立,从而加速了辛亥革命。

总而言之,由这些商会和其他新式社团领导的网络革命构成了清末民初最为实在和最有意义的社会政治变革之一。它通过日益制度化的网络扩展,帮助整合了精英商人和包括民众在内的更多样化的社会势力,并使这些社会势力特别是新的精英社团能够通过与政府的多种形式互动而对国家政治施加前所未有的影响。这样一场网络革命比辛亥革命更为平静,但它持续的时间更长,也对中国的社会政治格局留下更为深刻的影响。然而,它的意义在以往的研究中尚未得到足够重视。

在关于辛亥革命的一个经典性研究中,周锡瑞将这一革命运动总结为"政治上的进步和社会中的倒退"。这是因为城市改革派精英将他们对清廷虚假立宪改革的不满和失望转化为激进的革命,但社会精英作为一个整体,尤其是那些在地方乡镇的上层人士,加强了他们对于民众的控制。[①] 路康乐也对辛亥革命中广州周围地方精英和普通群众之间的阶级关系进行了分析,提出了类似的悲观看法。[②] 这种学术见解反映了辛亥革命的历史局限性,但不能充分解释这场既推翻了清王朝又终结了帝国制度的政治革命的社会动力和意义。

本书也特别关注商会领袖、会员和其他晚清社会精英增长的权力以及他们在地方市场和改革中同民众的阶级冲突,但它进而揭示出广泛发展的商会等社团网络是如何改变社会精英权力关系和整个社会结构的。商会和其他新式社团的网络发展扩大了这些社会精英特别是其中进步分子的社会关系,使其关系超越了他们的个人派系和地方范围限制,并将他们对于权力和财富的追求与社区和国家事务中的公共利益联系了起来。这种社团网络还导致这些精英商人、其他社会精英和普通民众建立前所未有的

[①] Joseph W. Esherick(周锡瑞),*Reform and Revolution in China: The 1911 Revolution in Hunan and Hubei*(《改良与革命:辛亥革命在两湖》),p. 215, pp. 257-258.

[②] Edward J. M. Rhoads(路康乐),*China's Republican Revolution*(《中国的共和革命》),pp. 276-277.

相互联系,甚至在一个充满派系斗争和阶级冲突的时代促进了社会整合。这种社会变革使这些商会能够在实业和政治上都可以代表地方商人社区和更广大的社会来采取行动,但这并不妨碍它们在社会和政府的互动中采取灵活多变的立场。

在社会与政府的关系中,江浙商会在一定程度上扮演了传统的行会在官商之间的中介角色,它们还将这种角色加以制度化和扩大化,宛如黄宗智的"第三领域"概念所描述的情形。尽管如此,这些商会是精英商人构成的更有活力的社团网络,而不是社会和政府之间保持中立的"第三领域"。① 如上所述,它们在双方的关系中扮演了比制度化调解机构更为多样的历史角色。

就这些商会与政府及其他社会政治势力之间的复杂关系进行深入分析也可以推进近来中国研究领域中关于公共空间和公民社会的学术讨论。从清末开始的商会发展并未导致公共领域和各级政府之间的持续不断斗争,也没有导致公民社会脱离政府的完全自主独立。② 相反,这些商会通过领导不同社会力量与政府进行多种形式互动、而不仅仅是相互斗争或简单合作,大大增强它们的公众代表权力。实际上,商会所追求和得到的是以上所述的"结构性自主"。也就是说,商会与晚清和历届民国政府的互动比此前的工商业行会和其他传统社会组织更为强化,但这种互动关系减少了它们对于不确定的官方赞助的依赖,同时增加了它们对于国家政治和政府政策的影响。

---

① 对于黄宗智所持"第三领域"概念的批评,见 R. Bin Wong(王国斌),"Great Expectations: The 'Public Sphere' and the Search for Modern Times in Chinese History"(《宏伟期待:"公共领域"与中国历史上的近代探索》),pp. 7 - 49。
② 关于以往这些学术讨论的一个批判性综述,见 Frederic Wakeman, Jr.(魏斐德),"The Civil Society and Public Sphere Debate"(《公民社会和公共领域的论争》),pp. 108 - 138。

　　确实,作为最早受到国家法律承认的社团,商会开创了社会组织在法律框架内与政府互动的趋势,并在清末立宪运动、辛亥革命和民国初期政治中进一步推动了法律和政治制度的改革。因此,相对于以往的行会领袖和其他社会精英与地方官员的个人接触,这些商会与政府发展了更加正式的关系,它们与官僚等级系统的多种形式互动也从地方扩大到了国家层面。在民国时期的新型社会与国家关系中,商会和其他社会团体不仅依靠政府法律取得合法地位,而且也成为精英和民众寻求社会团结的新的组织制度基础,甚至成为历届政府追求社会合法性的主要来源。[①]从这个意义上说,由江浙地区商会引发的网络革命不仅改变了政府与商人社区的关系,而且促进了近代中国不同社会力量之间以及它们与政府的互动关系制度化、扩大化和多样化。

　　从民国初期到国民党执政时代,商会受到越来越严格的官方控制,但从它们与这些此起彼伏的政权进行互动的分析中可以看出,这些商人社团并没有完全失去制度化的网络力量,反而在此后继续保持了这种网络活力和韧性。1949 年 10 月中国共产党打败国民党,成立中华人民共和国后,所有商会都被改组、改名为工商联合会。不过,中国大陆进入经济改革时代后,工商联合会又从 1988 年起开始恢复其商会的名称。[②]

　　这些商会组织通过新一代精英商人与政府之间的多种形式互动,首先在长江下游地区重新出现,并迅速在该地区内外发展

---

① Xiaoqun Xu(徐小群), *Chinese Professionals and the Republican State*(《专业人士与民国政府》), p. 1, pp. 15 - 16. 该书将民国政府和专业团体之间互相提供合法性的现象仅仅视为两者之间彼此依赖的表现,但如上所述,商会等专业社团也用它们的社会合法性来挑战了政府权力。

② 马敏:《从工商联合会到商会:当代中国商会的转型》,第 74、81 页。

了新的社团网络。作为全国经济改革的先行者之一,浙江沿海城市温州在 1988 年成立了第一个私营、外资和中外合资企业组成的商会。20 世纪 90 年代末,温州商会已经出现在该地数十个工商贸易行业,并在其他省份温州人经营的企业中得到了发展。1997 年,上海、温州、广州和厦门成为政府在全国推广商会的4 个试点城市。① [213]

当我在 1995 年为了写作本书前往上海、苏州、杭州、南京等江浙城市进行实地调查和研究工作时,商会的招牌已经出现在许多政府大楼之前,与其他民主党派的招牌并排悬挂。当然,20 世纪末年中国商会的复兴并不是清末时期历史的重复,它是在原有商会网络的基础之上进一步发展起来的,也反映了当代中国社会政治关系革命的一个新的阶段。

---

① 郁建兴、王诗宗,黄红华、李建琴:《民间商会与地方政府:基于浙江省温州市的研究》,第 74—76、183—184 页。

附录1 江浙地区商务总会，1904—1911[a]

城市及其等级[b]	成立年份	总理及其任期		协理及其任期	
上海 通商口岸	1904	严信厚	1904—1905	徐润	1904—1905
		曾铸	1906	朱葆三	1906
		李厚佑	1907	孙多森	1907
		周晋镳	1908—1910	李厚佑	1908
				严义彬	1909
				邵琴涛	1910
		陈润夫	1911	贝润生	1911
苏州 省城	1905	尤先甲	1905—1908	倪思九	1905
				吴理杲	1906—1908
		张履谦	1909	倪开鼎	1909
		尤先甲	1910—1911	吴理杲	1910—1911
江宁（南京） 省城	1904	刘士珩	1904—1905	朱钟萱	1904—1908
		苏锡岱	1906—1908		
		宋恩铨	1909—1910	张子林	1909—?
		苏锡岱	1911		
通州（南通） 直隶州城	1904	张謇	1904—1908	刘桂馨	1904—1906
		刘桂馨	1909—?	林世鑫	1907—?
杭州 省城	1906	樊恭煦	1906—1907	顾鸿藻	1906—1907
		金月笙	1908	潘赤文	1907—1908

城市及其等级[b]	成立年份	总理及其任期		协理及其任期	
杭州 省城	1906	潘赤文	1909	顾松庆	1909
		顾松庆	1910—?	王锡荣	1910—1911
宁波 府城 通商口岸	1906	吴传基	1906—1907	顾钊	1906
		秦运炳	1908	郑贤滋	1907—1908
		郑贤滋	1909—?	秦际翰	1909—?

资料来源:

《农工商部统计表(第一次)》第4册,第3b—5a、7a—b页;《农工商部统计表(第二次)》第4册上,第22a—24b页;上海市工商业联合会、复旦大学历史系编:《上海总商会组织史资料汇编》上册,第94—95页;章开沅、刘望龄、叶万忠主编:《苏州商会档案丛编1905—1911》,第46—58、380页;《华商联合报》1909年第11期,"海内外商会同人录"第4—6页,1909年第16期,"海内外商会同人录"第3—4页,1909年第20期,"海内外商会同人录"第1—3页;《商务官报》1909年第29期,第9b页。

注解:

a. 本表没有包括作为上海商务总会前身的上海商业会议公所及江宁商务总会前身的江南商务公会,也没有列出曾经短暂存在的浙江和嘉兴商务总会。关于这些早期商会的信息,见第二章。

b. 上海和宁波分别为县城和府城,但它们是江浙地区两个最早的通商口岸,也因此成立了两个商务总会。附录1—3未注明后来出现的通商口岸。

附录 2 江浙地区商务分会，1904—1911

（以所在地点名称音序排列）

所在地点	所在城镇等级	所属府或直隶州、厅	成立年份[a]
1. 宝应	县城	扬州	1906
2. 常山	县城	衢州	1907
3. 常熟—昭文	县城	苏州	1906
4. 长兴	县城	湖州	1909
5. 常州	府城	常州	1905
6. 陈墓	镇	苏州	1911
7. 崇明	县城	太仓	1904
8. 川沙	厅城	松江	1906
9. 淳安	县城	严州	1909
10. 处州	府城	处州	1908
11. 慈溪	县城	宁波	1906
12. 砀山	县城	徐州	1909
13. 丹阳	县城	镇江	1907
14. 德清	县城	湖州	1907
15. 定海	直隶厅城	定海	1907
16. 东坝	镇	江宁	1908[1906]
17. 东台	县城	扬州	1907
18. 东唐市	镇	苏州	1909[1906]
19. 东阳	县城	金华	1909
20. 丰县	县城	徐州	1907
21. 奉化	县城	宁波	1907
22. 富阳	县城	杭州	1909

续表

所在地点	所在城镇等级	所属府或直隶州、厅	成立年份[a]
23. 高邮	县城	扬州	1910
24. 拱宸桥	省城郊区	杭州	1906
25. 海安	镇	扬州	1908
26. 海门	直隶厅城	海门	1904
27. 海盐	县城	嘉兴	1909
28. 海州—赣榆	直隶州城	海州	1906
29. 华埠	镇	衢州	1908
30. 淮安	府城	淮安	1907
31. 湖州	府城	湖州	1907
32. 嘉定	县城	太仓	1905
33. 建德	县城	严州	1910
34. 江浦	县城	江宁	1907
35. 姜堰	镇	扬州	1909[1908]
36. 江阴	县城	常州	1906
37. 嘉善	县城	嘉兴	1908
38. 嘉兴	府城	嘉兴	1907[1905]
39. 靖江	县城	常州	1908
40. 金华	府城	金华	1908
41. 金坛	县城	镇江	1906
42. 句容	县城	江宁	1908
43. 昆山—新阳	县城	苏州	1907
44. 兰溪	县城	金华	1905
45. 菱湖	镇	湖州	1908
46. 临浦	镇	绍兴	1910
47. 溧水	县城	江宁	1908
48. 浏河	镇	太仓	1906
49. 溧阳	县城	镇江	1906
50. 龙泉	县城	处州	1911
51. 龙游	县城	衢州	1910
52. 六合	县城	江宁	1907

所在地点	所在城镇等级	所属府或直隶州、厅	成立年份[a]
53. 罗店	镇	太仓	1908
54. 洛舍	镇	湖州	1907
55. 潞桥	镇	台州	1908
56. 梅里	镇	苏州	1906
57. 闵行	镇	松江	1906
58. 南汇	县城	松江	1909
59. 南桥	镇	松江	1908
60. 南翔	镇	太仓	1906
61. 宁海	县城	台州	1908
62. 沛县	县城	徐州	1909
63. 平湖	县城	嘉兴	1907
64. 平望	镇	苏州	1906
65. 平阳	县城	温州	1909
66. 瓶窑	镇	杭州	1909
67. 浦江	县城	金华	1910
68. 清江浦	镇	淮安	1906
69. 青浦	县城	松江	1909
70. 青田	县城	处州	1909
71. 衢州	府城	衢州	1906
72. 如皋	县城	通州	1906
73. 瑞安	县城	温州	1907
74. 上柏	镇	湖州	1908
75. 上冈	镇	淮安	1908
76. [上海]沪南	县城	松江	1909[1906]
77. 山阴—会稽	府城附郭县	绍兴	1906
78. 上虞	县城	绍兴	1907
79. 沈荡	镇	嘉兴	1908
80. 嵊县	县城	绍兴	1910
81. 盛泽	镇	苏州	1906
82. 石门	县城	嘉兴	1905

续表

所在地点	所在城镇等级	所属府或直隶州、厅	成立年份[a]
83. 石浦	镇	宁波	1907
84. 寿昌	县城	严州	1911
85. 沭阳	县城	海州	1909
86. 四安	镇	湖州	1911
87. 泗泾	镇	松江	1906
88. 松江	府城	松江	1906
89. 松阳	县城	处州	1908
90. 遂昌	县城	处州	1909
91. 睢宁	县城	徐州	1910
92. 宿迁	县城	徐州	1907
93. 太仓	直隶州城	太仓	1908［1908］
94. 泰兴	县城	通州	1906
95. 泰州	县城	扬州	1906
96. 塘栖	镇	杭州	1907
97. 天台	县城	台州	1909
98. 桐庐	县城	严州	1909
99. 桐乡	县城	嘉兴	1907
100. 通州	直隶州城	通州	1904
101. 外沙	镇	太仓	1908
102. 王店	镇	嘉兴	1908
103. 温州	府城	温州	1906
104. 吴江—震泽	县城	苏州	1906
105. 武康	县城	湖州	1909
106. 乌青	镇	湖州	1907
107. 吴淞	镇	太仓	1909
108. 无锡—金匮	县城	常州	1905
109. 武义	县城	金华	1909
110. 下关	镇	江宁	1911
111. 象山	县城	宁波	1907
112. 孝丰	县城	湖州	1907

所在地点	所在城镇等级	所属府或直隶州、厅	成立年份[a]
113. 萧山	县城	绍兴	1908
114. 萧县	县城	徐州	1908
115. 硖石	镇	杭州	1907
116. 新城	县城	杭州	1906
117. 新塍	镇	嘉兴	1911
118. 兴化	县城	扬州	1908
119. 新市	镇	湖州	1907
120. 莘庄	镇	松江	1907
121. 徐州	府城	徐州	1908
122. 扬州	府城	扬州	1908
123. 窑湾	镇	徐州	1909
124. 叶榭	镇	松江	1908
125. 义桥	镇	绍兴	1910
126. 义乌	县城	金华	1909
127. 宜兴—荆溪	县城	常州	1906
128. 仪征（扬子）	县城	扬州	1907
129. 永康	县城	金华	1909
130. 乐清	县城	温州	1908
131. 余杭	县城	杭州	1908
132. 於潜	县城	杭州	1907
133. 余姚	县城	绍兴	1907
134. 张堰	镇	松江	1905
135. 昭文	县城	苏州	1905
136. 乍浦	镇	嘉兴	1907
137. 镇海	县城	宁波	1906
138. 镇江	府城	镇江	1906
139. 众兴	镇	淮安	1908
140. 周浦	镇	松江	1906
141. 周巷	镇	绍兴	1909
142. 庄行	镇	松江	1906

所在地点	所在城镇等级	所属府或直隶州、厅	成立年份[a]
143. 诸暨	县城	绍兴	1907
144. 朱家角	镇	松江	1909
145. 朱泾	镇	松江	1906

资料来源：

在本表中，有关 139 个商务分会及其成立时间的信息主要来自《农工商部统计表（第一次）》第 4 册，第 18a—20a、21a—b、25a—32a、36b—38a、41a—43a 页；《农工商部统计表（第二次）》第 4 册上，第 10b—12b、15b—17b 页；农商部总务厅统计科编：《中华民国元年第一次农商统计表》上卷，第 180—181、184—185 页。其余 6 个注明从商务分所升级或从商务总会降级为商务分会的信息（见以下注解 a）以及其他补充资料来自章开沅、刘望龄、叶万忠主编：《苏州商会档案丛编 1905—1911》，第 185、193—194 页；《商务官报》1907 年第 11 期，第 10a 页，1909 年第 7 期，第 7b、8a 页，1909 年第 15 期，第 10b 页，1909 年第 19 期，第 9b 页，1909 年第 20 期，第 11b 页，1909 年第 21 期，第 9a 页，1909 年第 22 期，第 9b 页，1909 年第 23 期，第 8a 页，1909 年第 24 期，第 10a 页，1909 年第 25 期，第 11a—b 页，1909 年第 27 期，第 10a 页，1909 年第 30 期，第 7b 页，1910 年第 25 期，第 9a 页；《华商联合报》1909 年第 7 期，"海内外商会纪事"第 11 页；《杭州商业杂志》1909 年第 1 期，"调查录"第 1—4 页；《新闻报》1908 年 12 月 8 日；《南汇县续志》第 3 卷，第 9a 页。

注释

a. 商务分会的成立年份如在不同史料中互有歧异，均以《农工商部统计表（第一次）》《农工商部统计表（第二次）》和《商务官报》的记载为准。以上表中包括 5 个从商务分所升级而来的商务分会，并在方括号内注明了其分所成立年份。但嘉兴商务分会系从商务总会降级而来，详情见第二章。

附录3 江浙地区商务分所，1906—1911

（以所在地点名称音序排列）

所在地点	所在城镇等级[a]	所属府或直隶州、厅	成立年份[b]
1. 安昌	市镇	绍兴	1909
2. 安亭	市镇	太仓	1906
3. 巴城	市镇	苏州	1907
4. 北圻	市镇	苏州	1908
5. 北库	市镇	苏州	1908
6. 伧塘	市镇	绍兴	1910
7. 重固	市镇	松江	1909
8. 大港	市镇	镇江	1908
9. 大桥	市镇	扬州	1907
10. 东山	市镇	苏州	1908
11. 斗门	市镇	绍兴	1910
12. 杜行	市镇	松江	1907
13. 枫泾	市镇	松江	1910
14. 丰利场	市镇	通州	1908
15. 佛堂[c]	市镇	处州	1910
16. 福山	市镇	苏州	1907
17. 瓜州	市镇	扬州	1909
18. 海门	市镇	台州	1909
19. 横扇	市镇	苏州	1908
20. 胡家桥	市镇	松江	1907

续表

所在地点	所在城镇等级^a	所属府或直隶州、厅	成立年份^b
21. 界首	市镇	扬州	1910
22. 金汇桥	市镇	松江	1909
23. 金泽	市镇	松江	1910
24. 柯桥	市镇	绍兴	1910
25. 练塘	市镇	苏州	1908
26. 黎里	市镇	苏州	1908
27. 临泽	市镇	扬州	1910
28. 菉葭浜	市镇	苏州	1907
29. 吕四	市镇	通州	1906
30. 芦墟	市镇	苏州	1908
31. 马桥^d	市镇	松江	1910
32. 马山	市镇	绍兴	1910
33. 梅堰	市镇	苏州	1908
34. 南渡	市镇	宁波	1909
35. 南麻	市镇	苏州	1908
36. 南洋岸	市镇	淮安	1910
37. 内沙堡	市镇	太仓	1908
38. 平望	市镇	苏州	1908
39. 濮院	市镇	嘉兴	1906
40. 阮巷	市镇	松江	1909
41. 三垛	市镇	扬州	1910
42. 三林塘^d	市镇	松江	1907
43. 邵伯	市镇	扬州	1908
44. 莘塔	市镇	苏州	1908
45. 石门湾	市镇	嘉兴	1908
46. 双林	市镇	湖州	1907
47. 松隐	市镇	松江	1907

所在地点	所在城镇等级[a]	所属府或直隶州、厅	成立年份[b]
48. 孙端	市镇	绍兴	1909
49. 泰桥	市镇	宁波	1909
50. 泰日桥	市镇	松江	1909
51. 塘湾[d]	市镇	松江	1911
52. 亭下	市镇	宁波	1909
53. 同里	市镇	苏州	1908
54. 屠甸	市镇	嘉兴	1909
55. 吴江	县城	苏州	1908
56. 仙女庙	市镇	扬州	时间不明
57. 宜陵	市镇	扬州	时间不明
58. 震泽	市镇	苏州	1908
59. 周庄	市镇	苏州	1908

资料来源：

《农工商部统计表(第一次)》第4册,第3b、4b、7b、18a、26a、28a、29a、38a页；《商务官报》1906年第17期,第9a页,1906年第27期,第13a页,1907年第9期,第16a页,1907年第12期,第9a页,1907年第16期,第11b页,1907年第17期,第7b页,1907年第29期,第10a页,1908年第1期,第11a页,1908年第15期,第10b页,1908年第33期,第11a页,1909年第22期,第9a页,1909年第24期,第11a页；章开沅、刘望龄、叶万忠主编《苏州商会档案丛编1905—1911》,第111、160、184—185页；《杭州商业杂志》1909年第1期,"调查录"第2页；《华商联合报》1909年第7期,"海内外商会同人录"第4页、"海内外商会纪事"第10页；1909年第8期,"海内外商会纪事"第3页；1909年第16期,"海内外商会同人录"第9页；《华商联合会报》1910年第3期,"海内外商会纪事"第1b页；《南洋商报》1910年第4期,"文牍"第2页；《全浙公报》1909年7月7日；《申报》1911年2月9日；《江都县续志》第6卷,第1b页；《青浦县续志》第3卷,第6a页；《濮院志》第7卷,第4a页；《三续高邮州志》第1卷,第108b—109a页；《上海县续志》第2卷,第51b—52a页；《双林镇志》第8卷,第4a—b页。

注释

a. 以下所列"市镇"在史料记载中大多为"镇",少数为"市",但也有"市"与"镇"混称的记述。

b. 少数商务分所的成立年份是它们在引用的文献中首先出现的时间。

c. 佛堂商务分所由1910年成立的佛堂商务分会降级而来。

d. 根据《上海县续志》(第2卷,第51b—52a页),马桥、三林塘和塘湾设立了商务分会,但它们实际为商务分所,见《商务官报》1907年第16期,第11b页；《华商联合会报》1910年第4期,"海内外公牍"第2a页。

征引文献①

罕见史料

这一部分所列文献是本书经常引用,但此前的研究很少或从未使用过的档案资料和其他罕见史料。每份文献后括号内均附有收藏单位信息。

《上海商务总会同人录·丙午年(1906年)》,上海,1906年(复旦大学图书馆藏)。

《上海商务总会同人录·丁未年(1907年)》,上海,1908年(复旦大学图书馆藏)。

《上海商务总会同人录·己酉年(1909年)》,上海,1909年(复旦大学图书馆藏)。

---

① 中文版《征引文献》说明:以下中外文献大致按其作者姓氏或撰者不明文献的题目首字拼音字母或罗马字母音序排列。英文文献中的中日作者姓氏也以其罗马字母拼写的音序为准,其姓名仍保留西式拼法或出版物中的姓名排列顺序。但日文文献则按照其作者姓氏中文读音的音序排列,与本书英文版《征引文献》按其日语姓氏发音排序稍有不同。

为了中文读者的方便,本书中文版对注解的体例作了适当调整。本书所附《征引文献》中提供了所引用的中、日、英语文献资料的所有出版信息,但在正文注解中所列文献仅包括作者姓名,书名或篇名以及资料来源页码,以减少重复。日文书名或篇名仅在其意义对于中文读者不明时作适当翻译,其中使用的繁体汉字也仍旧保留。英文注解包括罗马字作者姓名、书名或篇名及资料来源页码,并在括号中提供中文翻译,以便读者可以根据罗马字作者姓名在《征引文献》中找到所引用的英文文献全部出版信息。按照本书原来所使用的芝加哥出版社体例,注解内英文作者的个人名字(given name)置于其姓氏(surname)之前。在《征引文献》中,英文文献则基本按照作者或第一作者姓氏音序排列,并在姓氏之后加逗号和个人名字。但是,第二和第三作者的个人名字仍然置于姓氏之前。没有作者的英文文献按照其首字(a和the冠词除外)音序与作者姓氏一道排列。

《上海商务总会同人录·庚戌年(1910 年)》,上海,1910 年(复旦大学图书馆藏)。

《上海商务总会同人录·辛亥年(1911 年)》,上海,1911 年(复旦大学图书馆藏)。

《上海万国官商士绅职业住址录》,上海:公益书社 1908 年版(上海市历史博物馆藏)。

《寿县孙氏经营阜丰面粉厂及有关财团所属企业史料稿》(上海市工商联档案馆藏,卷号 159)。

《苏路公司五百股以上股东名单》,(南通市档案馆藏,全宗号:B401;目录号:111,卷 24)。

"苏州商会档案",(苏州市档案馆藏,全宗号 2.2;目录号 1)。

自治会编:《南翔近事调查录》,无出版地及年代(上海社会科学院图书馆藏)。

Shanghai [Western] General Chamber of Commerce (上海西商总会). *Annual Report for 1868 - 69* (《1868—1869 年度报告》). Shanghai, 1870 (上海市档案馆藏)。

Shanghai [Western] General Chamber of Commerce (上海西商总会). *Annual Report for 1869 - 70* (《1869—1870 年度报告》). Shanghai, 1871 (上海市档案馆藏)。

Shanghai [Western] General Chamber of Commerce (上海西商总会). *Annual Report for 1876*(《1876 年年度报告》). Shanghai, 1877(上海市档案馆藏)。

Shanghai [Western] General Chamber of Commerce (上海西商总会). *Annual Report for 1880*(《1880 年年度报告》). Shanghai, 1881(上海市档案馆藏)。

Shanghai [Western] General Chamber of Commerce (上海西商总会). *Annual Report for 1890*(《1890 年年度报告》). Shanghai, 1891(上海市档案馆藏)。

Shanghai [Western] General Chamber of Commerce(上海西商总会). *Annual Report for 1891*(《1891 年年度报告》). Shanghai, 1892(上海市档案馆藏)。

Shanghai [Western] General Chamber of Commerce(上海西商总会). *Annual Report for 1892* (《1892 年年度报告》). Shanghai, 1893(上海市档案馆藏)。

Shanghai [Western] General Chamber of Commerce (上海西商总会).

Annual Report for 1896(《1896 年年度报告》). Shanghai，1897(上海市档案馆藏)。

Shanghai〔Western〕General Chamber of Commerce(上海西商总会).
Annual Report for 1897（《1897 年年度报告》）. Shanghai，1898(上海市档案馆藏)。

Shanghai〔Western〕General Chamber of Commerce（上海西商总会）.
Annual Report for 1900（《1900 年年度报告》）. Shanghai，1901(上海市档案馆藏)。

Shanghai〔Western〕General Chamber of Commerce(上海西商总会).
Minutes of the Annual General Meeting，November 26，1869（《1869 年 11 月 26 日年度大会记录》). Shanghai，1870(上海市档案馆藏)。

Shanghai〔Western〕General Chamber of Commerce（上海西商总会）.
Minutes of A General Meeting，December 31，1869（《1869 年 12 月 31 日大会记录》）. Shanghai，1870(上海市档案馆藏)。

Shanghai〔Western〕General Chamber of Commerce(上海西商总会).
Minutes of the Annual General Meeting on March 31，1898（《1898 年 3 月 31 日年度大会记录》）. Shanghai，1899(上海市档案馆藏)。

Shanghai〔Western〕General Chamber of Commerce（上海西商总会）.
Report of the Committee of the Shanghai General Chamber of Commerce for the Year Ended 31 December 1904 and Minutes of the Annual General Meeting of Members held on 27 March 1905（《上海西商总会委员会 1904 年度报告和 1905 年 3 月 27 日年度会员大会记录》）. Shanghai，1905(上海市档案馆藏)。

其他史料

中文资料

包天笑:《钏影楼回忆录》,香港:大华出版社 1971 年版。

《宝山县续志》。无出版地,1921 年版。

卞孝萱、唐文权主编:《民国人物碑传集》。北京:团结出版社 1995 年版。

蔡松编:《双林镇志新补》,载《中国地方志集成:乡镇志专辑》第 22 册(下),南京:江苏古籍出版社 1992 年版。

常州市民建、工商联文史资料办公室编:《武进县商会及工商业发展史略》,《常州地方史料选编》1987 年第 14 辑,第 101—139 页。

陈宝良:《中国的社与会》,杭州:浙江人民出版社 1996 年版。

陈瑞芳、王会娟主编:《天津市历史博物馆藏北洋军阀史料:袁世凯卷》,

天津:天津古籍出版社 1992 年版。

程心锦:《旧时代的杭州商会》,《浙江文史资料选辑》1964 年第 9 辑,第 121—151 页。

《大清法规大全·实业部》,台北:宏业书局 1972 年版。

《东方杂志》,上海:1904—1912 年。

杜恂诚、周元高:《建国以来资产阶级研究概述》,载中华书局编辑部编:《纪念辛亥革命七十周年学术讨论会论文集》下册,北京:中华书局 1983 年版,第 2172—2195 页。

范金民:《明清江南商业的发展》,南京:南京大学出版社 1998 年版。

方志钦编:《康梁与保皇会:谭良在美国所藏资料汇编》,香港:银河出版社 2008 年版。

冯筱才:《中国商会史研究之回顾与反思》,《历史研究》2001 年第 5 期,第 148—167 页。

宓汝成编:《近代中国铁路史资料》,北京:中华书局 1963 年版。

高景嶽、严学熙编:《近代无锡蚕丝业资料选集》,南京:江苏人民出版社、江苏古籍出版社 1987 年版。

葛士濬编:《皇朝经世文续编》,上海:1888 年版。

《各省商会大会纪事》,无出版地,1910 年版。

《工商学报》,上海:1898 年。

顾震涛:《吴门表隐》,南京:江苏古籍出版社 1986 年版。

故宫博物院明清档案部编:《清末筹备立宪档案史料》,北京:中华书局 1979 年版。

郭嵩焘:《伦敦与巴黎日记》,长沙:岳麓书社 1984 年版。

《国会请愿代表第二次呈都察院代奏疏汇录》,无出版地及年代。

国家档案局明清档案馆编:《戊戌变法档案史料》,北京:中华书局 1958 年版。

海宁硖石镇志编纂委员会编:《海宁硖石镇志》,杭州:浙江人民出版社 1992 年版。

《海宁州志稿》,无出版地,1922 年版。

《杭州商业杂志》,杭州:1909 年。

何炳棣:《中国会馆史论》,台北:学生书局 1966 年版。

和作辑:《1905 年反美爱国运动》,《近代史资料》1956 年第 1 期,第 1—90 页。

《华商联合报》,上海:1909—1910 年。

《华商联合会报》,上海:1910 年。

《湖北商务报》,武昌:1899—1900 年。

《沪南商务分会报告题名册》,无出版地及年代。

贾中福:《中美商人团体与近代国民外交1905—1927》,北京:中国社会科学出版社,2008年版。

嘉定县南翔镇志编纂委员会编:《南翔镇志》,上海:上海人民出版社1992年版。

《嘉定县续志》,无出版地,1930年版。

江绍贞:《徐润》,载李新、孙思白编:《民国人物传》第1卷,北京:中华书局1978年版,第266—269页。

《江都县续志》,无出版地,1930年版。

《江南商务报》,江宁:1900—1901年。

《江苏全省教育会一览表》,载江苏教育总会编:《江苏省教育总会文牍三编》下,上海:1908年版,第91—112页。

《江苏教育总会会员姓名一览表》,载江苏教育总会编:《江苏省教育总会章程规则一览表》,上海:1909年版,第1—35页。

江苏省博物馆编:《江苏省明清以来碑刻资料选集》,北京:生活读书新知三联书店1959年版。

江苏省商业厅、中国第二历史档案馆编:《中华民国商业档案资料汇编》,北京:中国商业出版社1991年版。

江苏省苏属地方自治筹办处编:《江苏自治公报类编》,载沈云龙编:《近代中国史料丛刊三编》,台北:文海出版社,无出版年代。

《江苏省谘议局厘金改办认捐文牍》,无出版地及出版年代。

《江苏学务总会文牍》,上海:商务印书馆1906年版。

《江苏谘议局第一年度报告》,无出版地及出版年代。

《嘉兴县商会第一期报告》,无出版地,1935年。

经元善著、虞和平编:《经元善集》,武汉:华中师范大学出版社1988年版。

经济学会编:《浙江全省财政说明书》,无出版地及出版年代。

蒯世勋:《上海公共租界华顾问会的始终》,载《上海通志馆期刊》1934第1卷第4期,第919—930页。

李培德编:《近代中国的商会网络及社会功能》,香港:香港大学出版社2009年版。

李平书:《李平书七十自叙》,载《上海滩与上海人丛书》,上海:上海古籍出版社1989年版。

梁漱溟:《中国文化要义》,成都:鹿鸣书店1949年版。

《寥天一鹤》,上海:1910年版。

林端辅:《宁波光复亲历记》,载中国人民政治协商会议全国委员会文史资料研究全国委员会编:《辛亥革命回忆录》1963年第4集,第174—182页。

刘锦藻编:《清朝续文献通考》,上海:1932 年版;台北:新兴书局 1963 年重版。

刘坤一:《刘坤一遗集》,北京:中华书局 1959 年版。

刘星楠:《辛亥各省代表会议日志》,载中国人民政治协商会议全国委员会文史资料研究全国委员会编:《辛亥革命回忆录》1963 年第 6 集,第 241—260 页。

吕作燮:《明清时期的会馆并非工商业行会》,《中国史研究》1982 年第 2 期,第 66—79 页。

吕作燮:《明清时期苏州的会馆和公所》,《中国社会经济史研究》1984 年第 2 期,第 10—24 页。

马建忠:《适可斋记言》,北京:中华书局 1960 年版。

马敏:《从工商联合会到商会:当代中国商会的转型》,载李培德主编:《商会与近代中国政治变迁》,香港:香港大学出版社 2009 年版,第 73—90 页。

马敏:《官商之间:社会剧烈变迁中的近代绅商》,天津:天津人民出版社 1995 年版。

马敏:《商事裁判与商会:论晚清苏州商事纠纷的调处》,《历史研究》1996 年第 1 期,第 30—43 页。

马敏、朱英:《传统与近代的二重变奏:晚清苏州商会个案研究》,成都:巴蜀书社 1993 年版。

马敏、祖苏主编:《苏州商会档案丛编 1912—1919》,武昌:华中师范大学出版社 2004 年版。

《民国初年全国工商会议报告录》,北京:1913 年;北京:全国图书馆文献缩微复制中心 2009 年重版。

《民立报》,上海:1911。

闵杰:《浙路公司的集资与经营》,《近代史研究》1987 年第 3 期,第 271—290 页。

墨悲编:《江浙铁路风潮》,上海:1907 年;台北:1968 年重版。

《南汇县续志》,无出版地,1929 年版。

《南通地方自治十九年之成绩》,无出版地,1914 年。

《南洋商报》,江宁:1910 年。

《南洋商务报》,江宁:1906—1909 年。

《内阁官报》,北京:1911 年。

《拟中国建立商业总会章程》,《湘学报》1898 年第 26 期,第 25a—27b 页;第 27 期,第 18a—21b 页;第 28 期,第 22a—25b 页。

《农工商部统计表(第一次)》,北京:1908 年。

《农工商部统计表(第二次)》,北京:1909 年。

农商部总务厅统计科编:《中华民国元年第一次农商统计表》,上海:中华书局 1914 年版。

彭泽益编:《中国工商业行会史料集》,北京:中华书局 1995 年版。

彭泽益:《导论:中国工商业行会史研究的几个问题》,载彭泽益编:《中国工商业行会史料集》上册,第 1—32 页。

《濮院志》,无出版地,1927 年版。

祁龙威:《论清末铁路风潮》,《历史研究》1964 年第 2 期,第 33—60 页。

《青浦县续志》,无出版地,1934 年版。

邱百川:《温州商会之创立与沿革》,《温州文史资料》1987 年第 3 集,第 156—164 页。

《劝业会旬报》,江宁:1910 年。

《全浙公报》,杭州:1909—1911 年。

《三续高邮州志》,无出版地,1922 年版。

《商办全浙铁路有限公司中华民国元年份第七届报告》,无出版地,1912 年。

《商办浙江全省铁路有限公司股东会第一次议事录》,无出版地及年代。

上海博物馆图书资料室编:《上海碑刻资料选辑》,上海:上海人民出版社 1981 年版。

《上海仁济堂征信录》,上海:1897 年。

上海社会科学院历史研究所编:《辛亥革命在上海史料选辑》,上海:上海人民出版社 1981 年版。

上海市工商业联合会编:《上海总商会议事录》,上海:上海古籍出版社 2001 年版。

上海市工商业联合会、复旦大学历史系编:《上海总商会组织史资料汇编》,上海:上海古籍出版社 2004 年版。

《上海同仁辅元堂征信录》,上海:1905 年。

上海通社编:《上海研究资料续集》,上海:1936 年版。

上海图书馆编:《汪康年师友信札》,上海:上海古籍出版社 1986 年版。

《上海县续志》,无出版地,1918 年版。

《上海县志》,无出版地,1936 年版。

《上海西商总会章程》,《时务报》1899 年第 23 册,第 17a—25b 页。

《上海总商会报告录》,上海:1913 年。

《上海总商会录印磋商公廨优待华商成案》,上海:1917 年。

《商务报》,北京:1903—1906 年。

《商务官报》,北京:1906—1911 年。

商务印书馆编译所编:《南洋劝业会游记》,上海:商务印书馆 1910 年版。

《商学公会同人录》，上海：1908 年。

沈雨梧：《为宁波帮开路的严信厚》，《浙江文史资料选辑》1989 年第 39 辑集，第 65—71 页。

《申报》，上海：1878 年，1902—1912 年。

盛宣怀：《愚斋存稿》，武进：1939 年；台北：文海出版社 1963 年重版。

《神州日报》，上海：1911 年。

《时报》，上海：1904—1912 年。

《双林镇志》，上海：商务印书馆 1917 年版。

宋美云：《近代天津商会》，天津：天津社会科学院出版社 2002 年版。

苏绍柄编：《山钟集》，上海：鸿文书局 1906 年版。

孙筹成等：《虞洽卿事略》，《浙江文史资料选辑》1986 年第 32 辑，第 104—128 页。

苏州历史博物馆、江苏师范学院历史系编：《明清苏州工商业碑刻集》，南京：江苏人民出版社 1981 年版。

苏州市档案馆编：《苏州市民公社档案选辑》，辛亥革命丛刊编辑组编：《辛亥革命丛刊》第 4 辑，北京：中华书局 1982 年版，第 53—197 页。

汤志钧：《戊戌时期的学会和报刊》，台北：台湾商务印书馆 1993 年版。

天津市档案馆、天津社会科学院历史研究所、天津市工商业联合会编：《天津商会档案汇编 1903—1911》，天津：天津人民出版社 1989 年版。

天津市档案馆、天津社会科学院历史研究所、天津市工商业联合会编：《天津商会档案汇编 1912—1928》，天津：天津人民出版社 1992 年版。

《通崇海商务总会并通州分会试办章程》，载《江南碑贩录》第 5 册，无出版地及年代。

王尔敏：《中国近代之工商致富论与商贸体制之西化》，载中国近代现代史论集编辑委员会编：《中国近代现代史论集》第 9 编，台北：台湾商务印书馆 1985 年版，第 71—150 页。

王尔敏、陈善伟编：《清末议定中外商约交涉：盛宣怀往来函电稿》，香港：香港中文大学出版社 1993 年版。

王国平、唐力行编：《明清以来苏州社会史碑刻集》，苏州：苏州大学出版社 1998 年版。

汪敬虞编：《中国近代工业史资料 1895—1914》，北京：科学出版社 1957 年版。

王君实：《淮阴商会组织简况》，载《淮阴文史资料》1983 年第 1 辑，第 140—142 页。

王树槐：《中国现代化的区域研究：江苏省，1860—1916》，台北："中央研究院"近代史所 1984 年版。

王遂今：《镇海小港李氏家族史略》，载《浙江文史资料选辑》1989 年第

39 辑,第 123—131 页。

魏伯桢:《辛亥宁波光复的回忆》,载中国人民政治协商会议浙江省委员会文史资料研究委员会编:《浙江辛亥革命回忆录》,杭州:浙江人民出版社 1981 年版,第 204—219 页。

沃丘仲子(费行简):《近代名人传》,香港:中山图书公司 1973 年版。

吴琴:《关于尤先甲史料一则》,载《苏州史志资料选辑》1991 年第 17 辑,第 146—150 页。

吴欣木:《辛亥革命时期的碳石商团和工兵铁道大队》,载中国人民政治协商会议全国委员会文史资料研究全国委员会编:《辛亥革命回忆录》1963 年第 4 集,第 170—173 页。

吴义雄:《广州外侨总商会与鸦片战争前夕的中英关系》,《近代史研究》2004 年第 2 期,第 91—116 页。

《吴县志》,无出版地,1933 年版。

席涤尘:《大闹公堂案》,《上海通志馆期刊》1933 年第 1 卷第 2 期,第 407—440 页。

夏东元编:《郑观应集》,上海:上海人民出版社 1982 年版。

《辛亥上海光复前后》,载中国人民政治协商会议全国委员会文史资料研究委员会编:《辛亥革命回忆录》1963 年第 4 集,第 1—19 页。

《新闻报》,上海:1902—1912 年。

许大龄:《清代捐纳制度》,北京:燕京大学 1950 年版。

徐鼎新:《上海工商团体的近代化》,载张仲礼主编:《近代上海城市研究》,上海:上海人民出版社 1990 年版,第 509—591 页。

徐鼎新、钱小明:《上海总商会史 1902—1929》,上海:上海社会科学院出版社 1991 年版。

许奇松、李宗武:《争夺沪军都督现场目击记》,载《20 世纪上海文史资料文库》第 1 册,上海:上海书店出版社 1999 年版,第 29—31 页。

徐润:《徐愚斋自叙年谱》,上海:1927 年版。

徐载平、徐瑞芳编:《清末四十年申报史料》,北京:新华出版社 1988 年版。

《宣统元年份商办全浙铁路有限公司收支账略》,上海:商务印书馆 1910 年版。

学务公所编:《宣统元年份浙江教育统计表》,无出版地,1909 年。

《续纂泰州志》,无出版地,1924 年版。

杨方益:《镇江商会始末》,载《镇江文史资料》1982 年第 4 辑,第 7—28 页。

杨立强、沈渭滨:《上海商团与辛亥革命》,载杨立强:《清末民初资产阶级与社会变动》,上海:上海人民出版社 2003 年版,第 106—137 页。

杨逸编:《上海市自治志》。上海:1915年版。

扬州师范学院历史系编:《辛亥革命江苏地区史料》,南京:江苏人民出版社1961年版。

叶昌炽:《缘督庐日记钞》,上海:1932年版。

《宜荆续志》,无出版地,1912年版。

应莉雅:《天津商会组织网络研究》,厦门:厦门大学出版社2006年版。

《鄞县通志》,无出版地,1933年版。

虞和平:《商会与中国早期现代化》,上海:上海人民出版社1993年版。

郁建兴、王诗宗,黄红华、李建琴:《民间商会与地方政府:基于浙江省温州市的研究》,北京:经济科学出版社2006年版。

《预备立宪公会报》,上海,1908—1909年。

恽毓鼎著、史晓风整理:《恽毓鼎澄斋日记》,杭州:浙江古籍出版社2004年版。

张存武:《光绪卅一年中美工约风潮》,台北:"中央研究院"近代史研究所1982年版。

张国淦编:《辛亥革命史料》,上海:龙门联合书店1958年版。

张国辉:《洋务运动与中国近代企业》,北京:中国社会科学出版社1979年版。

张海林:《苏州早期城市现代化研究》,南京:南京大学出版社,1999年版。

张桓忠:《上海总商会研究1902—1929》,台北:知书房出版社1996年版。

张謇:《张謇全集》,南京:江苏古籍出版社1994年版。

章开沅、刘望龄、叶万忠主编:《苏州商会档案丛编1905—1911》,武昌:华中师范大学出版社1991年版。

章开沅、朱英、祖苏、叶万忠编:《苏州商团档案汇编1905—1911》,成都:巴蜀书社2008年版。

张朋园:《立宪派与辛亥革命》,长春:吉林出版集团有限责任公司2007年版。

张玉法:《清季的立宪团体》,台北:"中央研究院"近代史研究所1971年版。

张玉法:《戊戌时期的学会运动》,《历史研究》1998年第5期,第5—26页。

张之洞:《张文襄公全集》,北京:1937年版;台北:文海出版社1963年重版。

赵金钰:《苏杭甬铁路借款和江浙人民的拒款运动》,《历史研究》1959年第9期,第51—60页。

《浙江官报》,杭州:1909—1911年。

《浙江劝业公所第一届成绩报告书》,无出版地及年份。

《浙江日报》,杭州:1908—1911年。

浙江省辛亥革命史研究会、浙江省图书馆编:《辛亥革命浙江史料选辑》,杭州:浙江人民出版社1981年版。

浙江同乡会编:《浙赣铁路事件》,东京:1905年版。

《浙江谘议局第二届常年会议事录》,无出版地及年份。

《浙路代表旅津绅商废章保律公牍》,无出版地及年份。

《浙路董事局报告》,无出版地,1911年。

郑观应:《盛世危言后编》,上海:1909年版;台北:大同书局1969年重版。

政协浙江省萧山市委员会文史工作委员会编:《汤寿潜史料专辑》,萧山:1993年版。

《政治官报》,北京:1907—1911年。

《镇洋县志》,无出版地,1918年版。

钟天纬:《扩充商务十条》,载葛士濬编:《皇朝经世文续编》第116卷,上海:1888年版,第4a—8a页。

钟祥财:《钟天纬思想论要》,载《上海研究论丛》第6期,上海:上海社会科学院出版社1991年版,第261—269页。

中国第一历史档案馆编:《清末各省设立商会史料》,《历史档案》1996年第2期,第48—60页。

中国人民银行上海市分行编:《上海钱庄史料》,上海:上海人民出版社1960年版。

中国人民银行上海市分行金融研究室编:《中国第一家银行》,北京:中国社会科学出版社1982年版。

中国人民政治协商会议全国委员会文史资料研究委员会编:《辛亥革命回忆录》,北京:中华书局1961—1963年版。

中国史学会编:《戊戌变法》,上海:神州国光社1953年版。

中国史学会编:《辛亥革命》,上海:上海人民出版社1957年版。

"中华民国开国五十年"文献编纂委员会编:《"中华民国开国五十年"文献》第2编,《各省光复》第3册,台北:正中书局1975年版。

《中外日报》,上海:1906—1912年。

"中央研究院"近代史研究所编:《海防档》,台北:"中央研究院"近代史研究所1957年版。

周康燮编:《辛亥革命资料汇辑》,香港:大东图书公司1980年版。

朱英:《辛亥革命前的农会》,《历史研究》1991年第5期,第19—35页。

朱英:《辛亥革命时期新式商人社团研究》,北京:中国人民大学出版社

1991 年版。

朱英：《转型时期的社会与国家：以近代商会为主体的历史透视》，武汉：华中师范大学出版社 1997 年版。

日文资料

倉橋正直「清末の商会と中国のブルジョアジー」（《晚清商会和中国资产阶级》），『歴史学研究』1976 年别册特集，117—126 頁。

東亜同文書院編『清國商業慣習及金融事情』（《清代商业习惯及金融事情》），上海：東亜同文書院 1904 年。

東亞同文會編『支那経済全書』（《中国经济全书》），東京：東亞同文會 1907—1908 年。

東亞同文會編『支那省別全誌』（《中国省别全志》），東京：東亞同文會 1917—1920 年。

夫馬進『中国善会善堂史研究』，京都：同朋社 1997 年。

根岸佶『上海のギルド』（《上海行会》），東京：日本評論社 1951 年。

根岸佶『中國のギルド』（《中国行会》），東京：日本評論新社 1953 年。

藤井正夫「清末江浙における鉄路問題とブルジョア勢力の一側面」（《清末江浙铁路问题和资产阶级势力的表现》），『歴史学研究』1955 年 183 号，22—30 頁。

田原天南（田原禎次郎）編『清末民初中國官紳人名錄』，北京：中國研究會 1918 年。

小浜正子『近代上海の公共性と国家』（《近代上海的公共性与国家》），東京：研文出版 2000 年。

曽田三郎「商会の設立」（《商会的设立》），『歴史学研究』1975 年第 422 号，43—55 頁。

英文资料

Arnold, Julean（朱利安·阿诺德）. *China: A Commercial and Industrial Handbook*（《中国：商业和工业手册》）. Washington, DC: Government Printing Office, 1926.

Associated Chambers of Commerce of the Pacific Coast（太平洋沿岸联合商会）. *A Visit to China*（《中国访问记》）. San Francisco, 1911.

Bergère, Marie-Claire（白吉尔）. *The Golden Age of the Chinese Bourgeoisie, 1911 - 1937*（《中国资产阶级的黄金时代 1911—1937》）. Cambridge, UK: Cambridge University Press, 1989.

Bergère, Marie-Claire（白吉尔）. "The Role of the Bourgeoisie"（《资产阶级的角色》）. In Wright, *China in Revolution*（《革命中的中国》），229 - 295.

Brunnert, H. S.（H. S. 布伦特）and V. V. Hagelstrom（V·V·黑

格尔斯特罗姆）. *Present Day Political Organization of China*（《中国当代政治组织》）, trans. A. Beltchenko. Shanghai: Kelly and Walsh, 1912; repr., New York: Paragon Book Gallery, n. d.

Cameron, Meribeth E.（梅丽贝斯 E. 卡梅伦）*The Reform Movement in China, 1898-1912*（《中国的改革运动 1898—1912》）. Stanford, CA: Stanford University Press, 1931.

Chan, Wellington K. K.（陈锦江）. *Merchants, Mandarins, and Modern Enterprise in Late Ch'ing China*（《清末现代企业与官商关系》）. Cambridge, MA: East Asian Research Center, Harvard University, 1977.

Chang Chung-li（张仲礼）. *The Chinese Gentry: Studies on their Role in Nineteen-century Chinese Society*（《中国绅士:关于其在十九世纪中国社会中作用的研究》）. Seattle, WA: University of Washington Press, 1955.

Chang Chung-li（张仲礼）. *The Income of the Chinese Gentry*（《中国绅士的收入》）. Seattle, WA: University of Washington Press, 1962.

Ch'en, Jerome（陈志让）. *State Economic Policies of the Ch'ing Government, 1840-1895*（《清政府经济政策 1840—1895》）. New York: Garland Publishing Inc. , 1980.

Chen, Zhongping（陈忠平）. "Beneath the Republican Revolution, Beyond Revolutionary Politics: Elite Associations and Social Transformation in Lower Yangzi Towns, 1903-1912"（《深入共和革命,超越革命政治:江南的精英社团与社会转型,1903—1912》）. In *Late Imperial China*（《帝制晚期中国》）28, no. 1 (2007): 92-127.

Chen, Zhongping（陈忠平）. "Business and Politics: Chinese Chambers of Commerce in the Lower Yangzi Region, 1902-1912"（《实业与政治:长江下游地区的商会,1902—1912》）. Ph. D. diss., University of Hawaii, 1998.

Chen, Zhongping（陈忠平）. "The Rise of Chinese Chambers of Commerce in Late Qing: Elite Opinion and Official Policy"（《晚清中国商会的兴起:精英舆论与官方政策》）,郝延平、魏秀梅主编:《近世中国之传统与蜕变》下册,第1091—113 页。台北:"中央研究院"近代史研究所,1998 年。

Chi, Madeleine（玛德琳·齐）. "Shanghai-Hangchow-Ningpo Railway Loan: A Case Study of the Rights Recovery Movement"（《沪杭甬铁路贷款:利权回收运动的个案研究》）. *Modern Asian Studies*（《现代亚洲研究》）7, no. 1 (1973): 85-106.

China: Imperial Maritime Customs（中华帝国海关）. *Decennial Reports, 1892-1901*（《海关十年报告 1892—1901》）. Shanghai, 1906.

Chu, Samuel C.（朱昌峻）. *Reformer in Modern China: Chang*

Chien，*1853‐1926*（《近代中国的改革者：张謇，1853—1926》）. New York：Columbia University Press，1965.

Close，Upton（厄普顿·克罗塞）. "The Chinese Chamber-Power for Progress"（《中国商会推动进步的力量》）. *Transpacific*（《跨太平洋研究》）3，no. 1（1920）：37‐42.

Cochran，Sherman（高家龙）. *Encountering Chinese Networks：Western，Japanese，and Chinese Corporations in China，1880‐1937*（《进入中国网络：在华西方、日本和中国公司，1880—1937》）. Berkeley，CA：University of California Press，2000.

Dillon，Nara（奈拉·狄龙）and Jean C. Oi（戴慕珍），eds. *At the Crossroads of Empires：Middlemen，Social Networks，and State-Building in Republican Shanghai*（《帝国之间的十字路口：民国上海的中介人物、社会网络和国家建设》）. Stanford，CA：Stanford University Press，2008.

Dillon，Nara（奈拉·狄龙），and Jean C. Oi（简 C. 艾）. "Middlemen，Social Networks，and State-Building in Republican Shanghai"（《民国上海的中介人物、社会网络和国家建设》）. In Dillon and Oi，*At the Crossroads of Empires*（《帝国之间的十字路口》），3‐21.

Ding Richu（丁日初）. "Shanghai Capitalists before the 1911 Revolution"（《辛亥革命前的上海资本家》）. In *Chinese Studies in History*（《中国历史研究》）18，no. 3‐4（1985）：33‐82.

Dittmer，Lowell（罗德明）. "Chinese Informal Politics"（《中国的非正式政治》）. *The China Journal*（中国期刊）34（1995）：1‐34.

Dollar，Robert（罗伯特·大来）. *Memoirs of Robert Dollar*（《罗伯特·大来回忆录》）. San Francisco：W. S. Van Cott，1918.

Du，Yongtao（杜永涛）. "Translocal Lineage and the Romance of Homeland Attachment：The Pans of Suzhou in Qing China"（《跨地域的宗族与乡情：清代苏州潘氏宗族》）. In *Late Imperial China*（《帝制晚期中国》）27，no. 1（2006）：37‐65.

Duara，Prasenjit（杜赞奇）. *Culture，Power，and the State：Rural North China，1900‐1942*（《文化、权力与国家：1900—1942 年的华北农村》）. Stanford，CA：Stanford University Press，1988.

Eastman，Lloyd E.（易劳逸）. *The Abortive Revolution：China under Nationalist Rule，1927‐1937*（《流产的革命：1927—1937 国民党统治下的中国》）. Cambridge，MA：Harvard University Press，1974.

Eitel，E. J.（E. I. 艾特尔）. *Europe in China*（《欧洲人在中国》）. London，UK：1895；repr.，Taibei，1968.

Elvin，Mark.（伊懋可）"The Administration of Shanghai，1905‐1914"

（《上海的市政管理 1905—1914》）. In Elvin and Skinner, *The Chinese City between Two Worlds*（《两个世界之间的中国城市》）, 239‑262.

Elvin, Mark.（伊懋可）. "The Gentry Democracy in Chinese Shanghai, 1905‑14"（《上海县城的中国士绅民主制度 1905—1914》）. In Jack Gray（杰克·格雷）ed., *Modern China's Search for a Political Form*（《现代中国政体的探索》）, 41‑65. London, UK: Oxford University Press, 1969.

Elvin, Mark（伊懋可）, and G. William Skinner（施坚雅）, eds. *The Chinese City between Two Worlds*（《两个世界之间的中国城市》）. Stanford, CA: Stanford University Press, 1974.

Esherick, Joseph W.（周锡瑞）"1911: A Review"（《辛亥革命研究评述》）. *Modern China*（《现代中国》）2, no. 2 (1976): 141‑184.

Esherick, Joseph W.（周锡瑞）. *Reform and Revolution in China: The 1911 Revolution in Hunan and Hubei*（《改良与革命:辛亥革命在两湖》）. Berkeley, CA: University of California Press, 1976.

Esherick, Joseph W.（周锡瑞）, and Mary Backus Rankin（冉枚铄）, eds. *Chinese Local Elites and Patterns of Dominance*（《中国地方精英及其社会支配模式》）. Berkeley, CA: University of California Press, 1990.

Esherick, Joseph W.（周锡瑞）, and Mary Backus Rankin（冉枚铄）. "Introduction"（绪论）. In Esherick and Rankin, *Chinese Local Elites and Patterns of Dominance*（《中国地方精英及其社会支配模式》）, 1‑24.

Fairbank, John King（费正清）. *Trade and Diplomacy on the China Coast: The Opening of the Treaty Ports, 1842‑1854*（《中国沿海的贸易与外交:通商口岸的开放, 1842—1854》）. Cambridge, MA: Harvard University Press, 1953.

Fairbank, John King（费正清）, and S. Y. Teng（邓嗣禹）. "On the Types and Uses of Ch'ing Documents"（《清代文献的类型和用途》）. In John K. Fairbank（费正清）and Ssu-Yu Teng（邓嗣禹）eds., *Ch'ing Administration: Three Studies*（《关于清代行政制度的三项研究》）, 36‑106. Cambridge, MA: Harvard University Press, 1961.

Fei Xiaotong（费孝通）. *From the Soil: The Foundation of Chinese Society*（《乡土中国》）, trans. Gary G. Hamilton（韩格理）and Wang Zheng（王政）. Berkeley, CA: University of California Press, 1992.

Feuerwerker, Albert（费维恺）. *China's Early Industrialization: Sheng Hsuan-huai (1844‑1916) and Mandarin Enterprise*（《中国早期工业化:盛宣怀[1844—1916]与官办企业》）. Cambridge, MA: Harvard University Press, 1958.

Fewsmith, Joseph（傅士卓）. *Party, State, and Local Elites in*

Republican China：*Merchant Organizations and Politics in Shanghai*，*1890 - 1930*（《民国时期的政党、国家和地方精英：上海商人组织和政治活动，1890—1930》）. Honolulu, HI：University of Hawaii Press，1985.

Field, Margaret（玛格丽特·菲尔德）. "The Chinese boycott of 1905"（《1905 年的中国抵制运动》）. *Papers on China*（《中国研究论文》），2（1957）：63 - 98.

Fincher, John H.（约翰 H. 芬彻）. *Chinese Democracy*：*The Self-government Movement in Local*，*Provincial and National Politics*，*1905 - 1914*（《中国民主：地方、省级和全国政治中的自治运动，1905—1914》）. Canberra：Australian National University Press，1981.

Garrett, Shirley S.（雪莉 S. 加勒特）"The Chambers of Commerce and the YMCA"（《商会和基督教青年会》）. In Elvin and Skinner, *The Chinese City between Two Worlds*（《两个世界之间的中国城市》），213 - 238.

Geisert, Bradley K.（布拉德利 K. 盖泽特）. *Radicalism and Its Demise*：*The Chinese Nationalist Party*，*Factionalism*，*and Local Elites in Jiangsu Province*，*1924 - 1931*（《激进主义及其消亡：江苏省的中国国民党、派系主义和地方精英，1924—1931》）. Ann Arbor, MI：University of Michigan Center for Chinese Studies，2001.

Golas, Peter J.（葛平德）. "Early Ch'ing Guilds"（《清初行会》）. In Skinner, *The City in Late Imperial China*（《中华帝国晚期的城市》），555 - 580.

Gold, Thomas（高棣民），Doug Guthrie（顾道格），and David Wank（王达伟），eds. *Social Connections in China*：*Institutions*，*Culture and the Changing Nature of* Guanxi（《中国的社会联系：制度、文化和关系性质的变化》）. Cambridge, UK：Cambridge University Press，2002.

Gold, Thomas（高棣民），Doug Guthrie（顾道格），and David Wank（王达伟）. "An Introduction to the Study of *Guanxi*"（《关系研究导论》）. In Gold, Guthrie, and Wank, *Social Connections in China*（《中国的社会联系》），3 - 20.

Goodman, Bryna（顾德曼）. *Native Place*，*City*，*and Nation*：*Regional Networks and Identities in Shanghai*，*1853 - 1937*（《家乡、城市和国家：上海的地缘网络与认同，1853—1937》）. Berkeley, CA：University of California Press，1995.

Gordon, Stwart（斯图尔特·戈登）. "Social Networking in Pre-modern Asian History"（《传统亚洲历史中的社会网络》）. *IIAS*（International Institute for Asian Studies）*Newsletter*（《国际亚洲研究所通讯》）48（2008）：16.

Grove, Linda （顾 琳）. *A Chinese Economic Revolution: Rural Entrepreneurship in the Twentieth Century*（《中国经济革命：二十世纪的农村企业》）. Lanham, MD: Roman & Littlefield Publishers, 2006.

Habermas, Jürgen（尤尔根·哈贝马斯）. *The Structural Transformation of the Public Sphere: An Inquiry into a Category of Bourgeois Society*（《公共领域的结构转型：资产阶级社会范畴研究》）. Cambridge, MA: MIT Press, 1989.

Hamilton, Gary G.（韩格理）ed. *Asian Business Networks*（《亚洲商业网络》）. Berlin: Walter de Gruyter, 1996.

Hinde, Robert A.（罗伯特·亨德）*Towards Understanding Relationships*（《走向关系研究》）. London, UK: Academic Press, 1979.

Huang, Philip C. C.（黄宗智）. "'Public Sphere'/'Civil Society' in China? The Third Realm between State and Society"（《中国的"公共领域"或"公民社会"？政府与社会之间的第三领域》）. *Modern China*（《现代中国》）19, no. 2 (1993): 216 - 240.

Ichiko, Chūzō（市古宙三）. "The Role of the Gentry: An Hypothesis"（《绅士的角色推论》）. In Wright, *China in Revolution*（《革命中的中国》）, 297 - 317.

Ikegami, Eiko（池上英子）. *Bonds of Civility: Aesthetic Networks and the Political Origins of Japanese Culture*（《文明纽带：艺术网络和日本文化的政治起源》）. New York: Cambridge University Press, 2005.

Ji, Zhaojin（季肇瑾）. *A History of Modern Shanghai Banking: The Rise and Decline of China's Finance Capitalism*（《近代上海银行史：中国金融资本主义的兴衰》）. Armonk, NY: M. E. Sharpe, 2003.

Jones, Susan Mann（曼素恩）. "The Ningpo Pang and Financial Power at Shanghai"（《宁波帮及其在上海的金融势力》）. In Elvin and Skinner, *The Chinese City between Two Worlds*（《两个世界之间的中国城市》）, 73 - 96.

Judge, Joan（季家珍）. *Print and Politics: Shibao and the Culture of Reform in Late Qing China*（《媒体与政治：〈时报〉与晚清中国的改革文化》）. Stanford, CA: Stanford University Press, 1996.

Keenan, Barry C.（秦博理）. *Imperial China's Last Classical Academies: Social Change in the Lower Yangzi, 1864 - 1911*（《中华帝国最后的书院：长江下游的社会变迁，1864—1911》）. Berkeley, CA: Institute of East Asian Studies, University of California, 1994.

Kipnis, Andrew B.（任柯安）. *Producing Guanxi: Sentiment, Self and Subculture in a North China Village*（《建立关系：一个华北村庄内的

情感、自我及亚文化》). Durham, NC: Duke University Press, 1997.

Knoke, David.（大卫·诺克）. "Networks of Elite Structure and Decision Making"（《精英结构和决策网络》). In Stanley Wasserman and Joseph Galaskiewicz eds., *Advances in Social Network Analysis: Research in the Social and Behavioral Sciences*（《社会网络分析的进展：社会和行为科学研究》）, 274 – 294. London, UK: Sage Publications, 1994.

Kojima, Yoshio（小岛淑男）. "The Chinese National Association and the 1911 Revolution"（《中国国民会与辛亥革命》). In Etō Shinkichi and Harold Z. Schiffrin eds., *The 1911 Revolution in China: Interpretive Essays*（《1911 年的中国革命：解析论文集》）, 175 – 192. Tokyo: University of Tokyo Press, 1984.

Köll, Elisabeth（柯丽莎）. *From Cotton Mill to Business Empire: The Emergence of Regional Enterprises in Modern China*（《从棉纺工厂到商业帝国：近代中国区域性企业的兴起》）. Cambridge, MA: The Harvard University Asia Center, 2003.

Kotenev, A. M.（A. M. 科特涅夫）. *Shanghai: Its Mixed Court and Council*（《上海会审公廨和委员会》）. Shanghai, 1925.

Kuhn, Philip.（孔飞力）. *Rebellion and Its Enemies in Late Imperial China: Militarization and Social Structure, 1796 – 1864*（《中华帝国晚期的叛乱及其敌人：1796—1864 年的军事化与社会结构》）. Cambridge, MA: Harvard University Press, 1970.

Larson, Jane Leung.（谭精义）. "The Chinese Empire Reform Association（Baohuanghui）and the 1905 Anti-American Boycott: The Power of a Voluntary Association"（《保皇会和 1905 年的抵制美货运动：民众结社的力量》）. In Susie Lan Cassel ed., *The Chinese in America: A History from Gold Mountain to the New Millennium*（《美国华人：从旧金山到新世纪的历史》）, 195 – 216. Walnut Creek, CA: AltaMira Press, 2002.

Lee, En-han（李恩涵）. "The Chekiang Gentry-merchants vs. the Peking Court Officials: China's Struggle for Recovery of the British Soochow-Hangchow-Ningpo Railway Concession, 1905 – 1911"（《浙江绅商与北京朝廷官员：1905—1911 年间中国收回英国苏杭甬铁路利权的斗争》）. 载《"中央研究院"近代史研究所季刊》1972 年第 3 卷第 1 期，第 223—268 页。

Leung Yuen Sang（梁元生）. "Regional Rivalry in Mid-Nineteenth Century Shanghai: Cantonese vs. Ningpo Men"（《19 世纪中叶上海的广东帮与宁波帮竞争》）. In *Ch'ing-shih wen-t'i*（《清史问题》）, 4（1982）: 29 – 50.

Liu, Kwang-ching（刘广京）. "Chinese Merchant Guilds: An Historical Inquiry"（《中国商人行会的历史探索》）. *Pacific Historical Review*（《太平洋历史评论》）57, no. 1 (1988): 1 - 23.

MacGowan, D. J. (D. J. 玛高温). "Chinese Guilds or Chambers of Commerce and Trades Unions"（《中国行会或商会与工会》）. *Journal of the China Branch of the Royal Asiatic Society*（《皇家亚洲学会杂志》）21, no. 3 (1886—1887): 133 - 192.

Miller, Seumas（苏马斯·米勒）. *The Moral Foundations of Social Institutions: A Philosophical Study*（《社会制度道德基础的哲学研究》）. New York: Cambridge University Press, 2010.

Min Tu-ki.（闵斗基）. "The Late-Ch'ing Provincial Assembly"（《晚清各省咨议会》）. In Min, *National Polity and Local Power: The Transformation of Late Imperial China*（《国家政治和地方权力:晚期中华帝国的转型》）, ed. by Philip A. Kuhn and Timothy Brook, 137 - 179. Cambridge, MA: The Council on East Asian Studies, Harvard University, 1989.

Morse, Hosea Ballou（马士）. *The Gilds of China*（《中国的行会》）. London, UK: 1909.

Morse, Hosea Ballou（马士）. *The Trade and Administration of China*（《中国贸易和行政管理》）. New York: Russell & Russell, 1967.

Murphey, Rhoads.（罗兹·墨菲）. *Shanghai: Key to Modern China*（《上海:现代中国的钥匙》）. Cambridge, MA: Harvard University Press, 1953.

Nathan, Andrew J.（黎安友）. "A Factionalism Model for CCP Politics"（《中共政治的派系模式》）*The China Quarterly*（《中国季刊》）53 (1973): 34 - 66.

Nathan, Andrew J.（黎安友）. *Peking Politics, 1918 - 1923: Factionalism and the Failure of Constitutionalism*（《北京政治:1918—1923年派系主义和宪政的失败》）. Berkeley, CA: University of California Press, 1976.

North China Herald（《北华捷报》）. Shanghai, 1902 - 1905.

Perlman, Daniel（丹尼尔·帕尔曼）, and Anita L. Vangelisti（安妮塔 L. 万杰利斯蒂）. "Personal Relationships: An Introduction"（《人际关系研究导论》）. In Anita L. Vangelisti and Daniel Perlman, eds. *The Cambridge Handbook of Personal Relationships*（《剑桥人际关系手册》）, 3 - 7. New York: Cambridge University Press, 2006.

Perry, Elizabeth J.（裴宜理）. *Shanghai on Strike: The Politics of*

Chinese Labor（《上海罢工：中国劳工政治》）. Stanford，CA：Stanford University Press，1993.

Pugach，Noel H.（诺埃尔 H. 普加奇）. "Keep An Idea Alive：The Establishment of a Sino-American Bank，1910 - 1920"（《念念在兹：中美银行的建立，1910—1920》）. *The Business History Review*（《商业历史评论》） 56，no. 2（1982）：265 - 293.

Pusey，James Reeve（浦嘉珉）. *China and Charles Darwin*（《中国和查尔斯·达尔文》）. Cambridge，MA：Council on East Asian Studies，Harvard University Press，1984.

Rankin，Mary Backus（冉枚铄）. *Early Chinese Revolutionaries：Radical Intellectuals in Shanghai and Chekiang，1902 - 1911*（《中国早期革命者：上海和浙江的激进知识分子，1902—1911》）. Cambridge，MA：Harvard University Press，1971.

Rankin，Mary Backus（冉枚铄）. *Elite Activism and Political Transformation in China：Zhejiang Province，1865 - 1911*（《中国精英行动主义与政治转型：浙江省，1865—1911 年》）. Stanford，CA：Stanford University Press，1986.

Rankin，Mary Backus（冉枚铄）. "Some Observations on a Chinese Public Sphere"（《对中国公共领域的一些观察》）. In *Modern China*（《现代中国》） 19，no. 2（1993）：158 - 182.

Redding，S. Gordon（S. 戈登·雷丁）. *The Spirit of Chinese Capitalism*（《中国资本主义精神》）. Berlin：Walter de Gruyter，1990.

Reynolds，Douglas R.（任达）. *China，1898 - 1912：The Xinzheng Revolution and Japan*（《中国，1898—1912：新政革命和日本》）. Cambridge，MA：Council on East Asian Studies，Harvard University，1993.

Rhoads，Edward J. M.（路康乐）. *China's Republican Revolution：The Case of Kwangtung，1895 - 1913*（《中国的共和革命：1895—1913 年的广东个案研究》）. Cambridge，MA：Harvard University Press，1975.

Rowe，William T.（罗威廉）. *Hankow：Commerce and Society in a Chinese City，1796 - 1889*（《汉口：中国城市的商业与社会，1796—1889》）. Stanford，CA：Stanford University Press，1984.

Rowe，William T.（罗威廉）. *Hankow：Conflict and Community in a Chinese City，1796 - 1895*（《汉口：中国城市的冲突与社区，1796—1895》）. Stanford，CA：Stanford University Press，1989.

Rowe，William T.（罗威廉）. "The Problem of 'Civil Society' in Late Imperial China"（《中华帝国晚期的"公民社会"问题》）. *Modern China*（《现代中国》） 19，no. 2（1993）：139 - 157.

Schoppa, R. Keith（萧邦奇）. *Chinese Elites and Political Change*：*Zhejiang Province in the Early Twentieth Century*（《中国精英与政治变迁：20 世纪初的浙江》）. Cambridge, MA：Harvard University Press, 1982.

Scott, John（约翰·斯科特）. *Social Network Analysis*：*A Handbook*（《社会网络分析介绍》）. London, UK：SAGE Publications, 1991.

Shils, Edward（爱德华·希尔斯）. "The Virtue of Civil Society"（《公民社会的美德》）. *Government and Opposition*（《政府和反对党》）26, no. 1（1991）：3 - 20.

Skinner, G. William（施坚雅）, ed. *The City in Late Imperial China*（《中华帝国晚期的城市》）. Stanford, CA：Stanford University Press, 1977.

Skinner, G. William（施坚雅）. "Regional Urbanization in Nineteenth-Century China"（《19 世纪中国的区域性城市化》）. In G. William Skinner, *The City in Late Imperial China*（《中华帝国晚期的城市》）, 211 - 249.

Strand, David（史谦德）. *Rickshaw Beijing*：*City People and Politics in the 1920s*（《北京人力车夫：1920 年代的市民与政治》）. Berkeley, CA：University of California Press, 1989.

Sun, E-tu Zen（任以都）. "The Shanghai-Hangchow-Ningpo Railway Loan of 1908"（《1908 年沪杭甬铁路贷款》）. In the *Far Eastern Quarterly*（《远东研究季刊》）10, no. 2（1951）：136 - 150.

Szonyi, Michael（宋怡明）. *Practicing Kinship*：*Lineage and Descent in Late Imperial China*（《实践宗亲关系：中华帝国晚期的宗族与后代》）. Stanford, CA：Stanford University Press, 2002.

Thelen, Kathleen（凯瑟琳·泰伦）, and Sven Steinmo（斯文·斯坦莫）. "Historical Institutionalism in Comparative Politics"（《比较政治中的历史制度主义》）. In Sven Steinmo（斯文·斯坦莫）, Kathleen Thelen（凯瑟琳·泰伦）, and Frank Longstreth（弗兰克·朗斯特雷斯）, eds. *Structuring Politics*：*Historical Institutionalism in Comparative Analysis*（《构建政治：比较分析中的历史制度主义》）, 1 - 32. New York：Cambridge University Press, 1992.

Thompson, Roger R.（汤若杰）. *China's Local Councils in the Age of Constitutional Reform*, *1898 - 1911*（《宪法改革时代的中国地方议会 1898—1911》）. Cambridge, MA：The Council on East Asian Studies, Harvard University, 1995.

Tsai, Shih-shan Henry（蔡石山）. *China and the Overseas Chinese in the United States*, *1868 - 1911*（《中国和在美华侨 1868—1911》）.

Fayetteville, AR：University of Arkansas Press，1983.

Tsin, Michael（迈克尔·秦）. *Nation, Governance, and Modernity in China：Canton, 1900 - 1927*（《中国的民族、政府和现代化 1868—1911》）. Stanford, CA：Stanford University Press，1999.

Tsou, Tang（邹谠）. "Prolegomenon to the Study of Informal Groups in CCP Politics"（《中共政治中非正式团体研究导论》）. *The China Quarterly*（《中国季刊》）65（1976）：98 - 114.

Wakeman, Frederic. Jr.（魏斐德）. "The Civil Society and Public Sphere Debate"（《公民社会和公共领域的论争》）. *Modern China*（《现代中国》）19，no. 2（1993）：108 - 138.

Wang, Guanhua（王冠华）. *In Search of Justice：The 1905 - 1906 Chinese Anti-American Boycott*（《寻求正义：1905—1906 年中国抵制美货运动》）. Cambridge, MA：Harvard University Press，2001.

Wang, Yeh-chien（王业键）. *Land Taxation in Imperial China*，1750 - 1911（《中华帝国的土地税收 1750—1911》）. Cambridge, MA：Harvard University Press，1973.

Wang Laidi（王来棣）. "The 'Peaceful Independence' of the Constitutionalists and the 1911 Revolution"（《立宪派的"和平独立"与辛亥革命》）. *Chinese Studies in History*（《中国历史研究》）18，no. 3 - 4（1985）：3 - 32.

Wasserman, Stanley（斯坦利·沃瑟曼），and Katherine Faust（凯瑟琳·福斯特）. *Social Network Analysis：Methods and Applications*（《社会网络分析：方法和应用》）. Cambridge, UK：Cambridge University Press，1994.

Wellman, Barry（巴里·威尔曼）. "Structural Analysis：From Method and Metaphor to Theory and Substance"（《结构分析：从方法和隐喻到理论和实质》）. In Barry Wellman（巴里·威尔曼）and S. D. Berkowitz（S. D. 伯科威茨），eds. *Social Structures：A Network Approach*（《社会结构：网络分析方法》），19 - 61. Cambridge, UK：Cambridge University Press，1988.

Wellman, Barry（巴里·威尔曼），Wenhong Chen（陈文泓），and Dong Weizhen（董渭贞）. "Networking *Guanxi*"（《网络化的"关系"》）. In Gold, Guthrie, and Wank, *Social Connections in China*（《中国的社会联系》），221 - 241.

Williams, S. Wells（卫三畏）. *The Middle Kingdom*（《中国》）. New York：Charles Scribner's Sons，1883.

Wong, Owen Hong-hin（黄康显）. *The First Chinese Minister to Great*

Britain（《首位中国驻英国公使》）. Hong Kong：Chung Hwa Book Co.，1987.

Wong，R. Bin（王国斌）. "Great Expectations：The 'Public Sphere' and the Search for Modern Times in Chinese History"（《宏伟期待："公共领域"与中国历史上的近代探索》）. *Studies in Chinese History*（《中国历史研究》）3（1993）：7－49.

Wong Sin Kiong（黄贤强）. *China's Anti-American Boycott in 1905：A Study of Urban Protest*（《1905 年的中国的抵制美货运动：城市抗议研究》）. New York：Peter Lang，2002.

Wright，Mary Clabaugh（芮玛丽）. *China in Revolution：The First Phase，1900－1913*（《革命中的中国：第一阶段，1900—1913》）. New Haven，CT：Yale University Press，1968.

Xu，Xiaoqun（徐小群）. *Chinese Professionals and the Republican State：The Rise of Professional Associations in Shanghai，1912－1937*（《专业人士与民国政府：上海职业团体的兴起，1912—1937》）. Cambridge，UK：Cambridge University Press，2001.

Yan，Yunxiang（阎云翔）. *The Flow of Gifts：Reciprocity and Social Networks in a Chinese Village*（《礼物的流动：一个中国村庄中的互惠原则与社会网络》）. Stanford，CA：Stanford University Press，1996.

Yang，Mayfair Mei-hui（杨美惠）. *Gifts，Favors，and Banquets：The Art of Social Relationships in China*（《礼物、关系学与国家：中国人际关系与主体性建构》）. Ithaca，NY：Cornell University Press，1994.

Yeh，Wen-hsin（叶文心）. "Huang Yanpei and the Chinese Society of Vocational Education in Shanghai Networking"（《黄彦培与中国职业教育学会在上海的网络》）. In Dillon and Oi，*At the Crossroads of Empires*（《在帝国的十字路口》），25－44.

Young，Ernest P.（杨格）. *The Presidency of Yuan Shih-k'ai：Liberalism and Dictatorship in Early Republican China*（《袁世凯总统：民国早期的自由主义和专制政府》）. Ann Arbor，MI：The University of Michigan Press，1977.

Young，Ernest P.（杨格）. "Yuan Shih-k'ai's Rise to the Presidency"（《袁世凯登上总统宝座》）. In Wright，*China in Revolution*（《革命中的中国》），419－442.

Zhang Kaiyuan（章开沅）. "The 1911 Revolution and the Jiang-Zhe Bourgeoisie"（《辛亥革命与江浙资产阶级》）. In *Chinese Studies in History*（《中国历史研究》）18，no. 3－4（1985）：83－133.

Zhang，Xiaobo（张晓波）. "Merchant Associational Activism in Early

Twentieth-Century China：The Tianjin General Chamber of Commerce，1904－1928"(《20 世纪初中国的商人社团行动主义：天津总商会，1904—1928》). Ph. D. dissertation，Columbia University，1995.

索　引

（索引中的页码为英文原书页码，即本书边码）

"海外中国研究丛书"书目